农村实用法律解读系列丛书
NONGCUN SHIYONG FALU JIEDU XILIE CONGSHU

农村实用刑法解读

胡志斌◎编著

北京师范大学出版集团
BEIJING NORMAL UNIVERSITY PUBLISHING GROUP
安徽大学出版社

图书在版编目(CIP)数据

农村实用刑法解读/胡志斌编著. 一合肥:安徽大学出版社,2014.5
(农村实用法律解读系列丛书)
ISBN 978-7-5664-0755-9

Ⅰ.①农… Ⅱ.①胡… Ⅲ.①刑法—基本知识—中国 Ⅳ.①D924

中国版本图书馆 CIP 数据核字(2014)第 096970 号

农村实用刑法解读

胡志斌 编著

出版发行:	北京师范大学出版集团 安 徽 大 学 出 版 社 (安徽省合肥市肥西路 3 号 邮编 230039) www.bnupg.com.cn www.ahupress.com.cn
印 刷:	合肥现代印务有限公司
经 销:	全国新华书店
开 本:	170mm×240mm
印 张:	17.25
字 数:	306 千字
版 次:	2014 年 5 月第 1 版
印 次:	2014 年 5 月第 1 次印刷
定 价:	25.00 元

ISBN 978-7-5664-0755-9

策划编辑:朱丽琴 方 青	装帧设计:李 军 金伶智
责任编辑:李加凯	美术编辑:李 军
责任校对:程中业	责任印制:陈 如

版权所有 侵权必究

反盗版、侵权举报电话:0551-65106311
外埠邮购电话:0551-65107716
本书如有印装质量问题,请与印制管理部联系调换。
印制管理部电话:0551-65106311

MULU 目录

犯罪基本制度

1. 什么是犯罪？犯罪与违法有什么区别？ / 1
2. 我国刑法对刑事责任年龄是如何规定的？ / 2
3. 精神病人实施犯罪行为应否承担刑事责任？ / 3
4. 醉酒的人实施犯罪行为是否承担刑事责任？ / 5
5. 又聋又哑的人或者盲人犯罪，承担刑事责任吗？ / 5
6. 法律对未成年人犯罪的刑事责任有何特殊规定？ / 6
7. 法律对老年人犯罪的刑事责任有什么特殊规定？ / 7
8. 法律对审判时怀孕的妇女的刑事责任有哪些特殊规定？ / 8
9. 什么是故意犯罪？ / 9
10. 什么是过失犯罪？ / 9
11. 意外事件中的行为人承担刑事责任吗？ / 10
12. 什么是正当防卫，正当防卫应具备哪些条件？ / 11
13. 什么是防卫过当，防卫过当如何承担刑事责任？ / 12
14. 什么是无限防卫，无限防卫承担刑事责任吗？ / 12
15. 什么是紧急避险，紧急避险应具备哪些条件？ / 13
16. 什么是犯罪预备，对其如何处罚？ / 14
17. 什么是犯罪未遂，对其如何处罚？ / 14
18. 什么是犯罪中止，对其如何处罚？ / 16
19. 什么是共同犯罪，对其如何处罚？ / 17

20. 什么是主犯,对其如何处罚? / 19
21. 什么是从犯,对其如何处罚? / 20
22. 什么是胁从犯,对其如何处罚? / 20
23. 什么是教唆犯,对其如何处罚? / 21
24. 什么是单位犯罪,它有哪些特点? / 23

刑罚基本制度

25. 我国刑法规定了哪几种主刑? / 24
26. 什么是无期徒刑,它有哪些特点? / 25
27. 适用死刑应当具备哪些条件? / 25
28. 什么是死缓,它的适用条件有哪些? / 28
29. 什么是拘役,其内容有哪些? / 29
30. 什么是管制,它有哪些特点? / 31
31. 什么是附加刑,它包括哪些种类? / 31
32. 什么是附加刑中的剥夺政治权利? / 32
33. 什么是罚金刑,它有哪些特点? / 34
34. 什么是附加刑中的没收财产? / 35
35. 犯罪分子因其犯罪行为使被害人遭受经济损失的,如何承担民事责任? / 36
36. 对犯罪情节轻微不需要判处刑罚的犯罪分子,如何处理? / 37
37. 法院对犯罪分子量刑时应坚持哪些原则? / 37
38. 如何理解和适用从重处罚、从轻处罚情节? / 38
39. 如何正确理解和适用减轻处罚的规定? / 39
40. 什么是累犯,对累犯的处罚原则是什么? / 40
41. 什么是自首,对自首犯的处罚原则是什么? / 41
42. 什么是立功,立功如何减轻处罚? / 42
43. 坦白依法从宽处罚吗? / 43
44. 判决宣告以前一人犯数罪的,应当如何决定执行刑罚? / 43
45. 判决宣告后,刑罚执行完毕前,发现被判刑的犯罪分子还有遗漏罪行,应如何处理? / 44
46. 犯罪分子在刑罚执行的过程中又犯新罪的,应当如何数罪并罚? / 45

47. 判处缓刑应当具备哪些条件? / 46
48. 减刑应当具备哪些条件? / 47
49. 什么是假释,假释应当具备哪些条件? / 48
50. 犯罪行为没有被公安司法机关发现,经过多长时间就不再追诉了? / 49
51. 刑法中所规定的国家工作人员包括哪些人? / 50
52. 刑法中所规定的司法工作人员包括哪些人? / 51
53. 什么是刑法中所规定的重伤? / 51
54. 什么是告诉才处理的犯罪? / 52

常见的危害国家罪

55. 什么是背叛国家罪,对其如何认定和处罚? / 54
56. 什么是武装叛乱、暴乱罪,对其如何认定和处罚? / 55
57. 什么是叛逃罪,对其如何认定和处罚? / 56
58. 什么是间谍罪,对其如何认定和处罚? / 56

常见的危害公共安全罪

59. 什么是放火罪,对其如何认定和处罚? / 58
60. 什么是决水罪,对其如何认定和处罚? / 59
61. 什么是爆炸罪,对其如何认定和处罚? / 59
62. 什么是投放危险物质罪,对其如何认定和处罚? / 60
63. 什么是以危险的方法危害公共安全罪,对其如何认定和处罚? / 61
64. 什么是失火罪,对其如何认定和处罚? / 62
65. 什么是过失爆炸罪,对其如何认定和处罚? / 63
66. 什么是过失决水罪,对其如何认定和处罚? / 64
67. 什么是破坏交通工具罪,对其如何认定和处罚? / 65
68. 什么是破坏交通设施罪,对其如何认定和处罚? / 66
69. 什么是破坏电力设备罪,对其如何认定和处罚? / 67
70. 什么是破坏易燃易爆设备罪,对其如何认定和处罚? / 67
71. 什么是劫持航空器罪,对其如何认定和处罚? / 68
72. 什么是劫持船只、汽车罪,对其如何认定和处罚? / 69

73. 什么是破坏广播电视设施、公用电信设施罪,对其如何认定和处罚? / 70
74. 什么是非法制造、买卖、运输、邮寄、储存枪支、弹药、爆炸物罪,对其如何认定和处罚? / 71
75. 什么是违规制造、销售枪支罪,对其如何认定和处罚? / 72
76. 什么是盗窃、抢夺枪支、弹药、爆炸物、危险物质罪,对其如何认定和处罚? / 73
77. 什么是抢劫枪支、弹药、爆炸物、危险物质罪,对其如何认定和处罚? / 74
78. 什么是非法持有、私藏枪支、弹药罪,对其如何认定和处罚? / 75
79. 什么是非法出租、出借枪支罪,对其如何认定和处罚? / 76
80. 什么是非法携带枪支、弹药、管制刀具、危险物品危及公共安全罪,对其如何认定和处罚? / 77
81. 什么是交通肇事罪,对其如何认定和处罚? / 78
82. 如何认定交通肇事逃逸? / 79
83. 什么是危险驾驶罪,对其如何认定和处罚? / 79
84. 危险驾驶罪和交通肇事罪有哪些区别? / 80
85. 什么是重大责任事故罪,对其如何认定和处罚? / 81
86. 什么是强令违章冒险作业罪,对其如何认定和处罚? / 81
87. 什么是重大劳动安全事故罪,对其如何认定和处罚? / 82
88. 什么是大型群众性活动重大安全事故罪,对其如何认定和处罚? / 83
89. 什么是危险物品肇事罪,对其如何认定和处罚? / 84
90. 什么是工程重大安全事故罪,对其如何认定和处罚? / 85
91. 什么是教育设施重大安全事故罪,对其如何认定和处罚? / 86

常见的破坏社会主义市场经济秩序罪

92. 什么是生产、销售伪劣产品罪,对其如何认定和处罚? / 87
93. 什么是生产、销售假药罪,对其如何认定和处罚? / 88
94. 什么是生产、销售劣药罪,对其如何认定和处罚? / 89
95. 什么是生产、销售不符合安全标准的食品罪,对其如何认定和处罚? / 90
96. 什么是生产、销售有毒、有害食品罪,对其如何认定和处罚? / 91
97. 什么是生产、销售不符合安全标准的产品罪,对其如何认定和处罚? / 93

98. 什么是生产、销售伪劣农药、兽药、化肥、种子罪,对其如何认定和处罚?
/ 94
99. 什么是虚报注册资本罪,对其如何认定和处罚? / 96
100. 什么是虚假出资、抽逃出资罪,对其如何认定和处罚? / 97
101. 什么是非国家工作人员受贿罪,对其如何认定和处罚? / 98
102. 什么是对非国家工作人员行贿罪,对其如何认定和处罚? / 99
103. 什么是伪造货币罪,对其如何认定和处罚? / 100
104. 什么是出售、购买、运输假币罪,对其如何认定和处罚? / 101
105. 什么是持有、使用假币罪,对其如何认定和处罚? / 103
106. 什么是变造货币罪,对其如何认定和处罚? / 104
107. 什么是高利转贷罪,对其如何认定和处罚? / 105
108. 什么是骗取贷款罪,对其如何认定和处罚? / 106
109. 什么是非法吸收公众存款罪,对其如何定罪和处罚? / 106
110. 什么是洗钱罪,对其如何认定和处罚? / 108
111. 什么是集资诈骗罪,对其如何认定和处罚? / 109
112. 什么是贷款诈骗罪,对其如何认定和处罚? / 110
113. 什么是信用卡诈骗罪,对其如何认定和处罚? / 111
114. 什么是保险诈骗罪,对其如何认定和处罚? / 113
115. 什么是逃税罪,对其如何认定和处罚? / 115
116. 什么是抗税罪,对其如何认定和处罚? / 116
117. 什么是假冒注册商标罪,对其如何认定和处罚? / 117
118. 什么是销售假冒注册商标的商品罪,对其如何认定和处罚? / 118
119. 什么是非法制造、销售非法制造的注册商标标识罪,对其如何认定
和处罚? / 119
120. 什么是虚假广告罪,对其如何认定和处罚? / 120
121. 什么是合同诈骗罪,对其如何认定和处罚? / 121
122. 什么是组织、领导传销活动罪,对其如何认定和处罚? / 123
123. 什么是非法经营罪,对其如何认定和处罚? / 124
124. 什么是强迫交易罪,对其如何认定和处罚? / 126

常见的侵犯公民人身权利、民主权利罪

125. 什么是故意杀人罪,对其如何认定和处罚? /128
126. 什么是过失致人死亡罪,对其如何认定和处罚? /128
127. 什么是故意伤害罪,对其如何认定和处罚? /129
128. 什么是组织出卖人体器官罪,对其如何认定和处罚? /130
129. 什么是过失致人重伤罪,对其如何认定和处罚? /131
130. 什么是强奸罪,对其如何认定和处罚? /131
131. 什么是强制猥亵、侮辱妇女罪,对其如何认定和处罚? /132
132. 什么是非法拘禁罪,对其如何认定和处罚? /133
133. 什么是绑架罪,对其如何认定和处罚? /135
134. 什么是拐卖妇女、儿童罪,对其如何认定和处罚? /136
135. 什么是收买被拐卖的妇女、儿童罪,对其如何认定和处罚? /137
136. 什么是聚众阻碍解救被收买的妇女、儿童罪,对其如何认定和处罚? /138
137. 什么是诬告陷害罪,对其如何认定和处罚? /139
138. 什么是强迫劳动罪,对其如何认定和处罚? /140
139. 什么是雇用童工从事危重劳动罪,对其如何认定和处罚? /141
140. 什么是非法搜查罪,对其如何认定和处罚? /142
141. 什么是非法侵入住宅罪,对其如何认定和处罚? /142
142. 什么是侮辱罪,对其如何认定和处罚? /143
143. 什么是诽谤罪,它与侮辱罪有何区别? /144
144. 什么是刑讯逼供罪,对其如何认定和处罚? /144
145. 什么是暴力取证罪,对其如何认定和处罚? /145
146. 什么是报复陷害罪,对其如何认定和处罚? /146
147. 什么是破坏选举罪,对其如何认定和处罚? /146
148. 什么是暴力干涉婚姻自由罪,对其如何认定和处罚? /147
149. 什么是重婚罪,对其如何认定和处罚? /148
150. 什么是破坏军婚罪,对其如何认定和处罚? /148
151. 什么是虐待罪,对其如何认定和处罚? /149
152. 什么是遗弃罪,对其如何认定和处罚? /150
153. 什么是拐骗儿童罪,对其如何认定和处罚? /151
154. 什么是组织残疾人、儿童乞讨罪,对其如何认定和处罚? /151

常见的侵犯财产罪

155. 什么是抢劫罪,对其如何认定和处罚? /153
156. 如何正确认识抢劫杀人案件? /155
157. 对于抢劫罪,在哪些情形下可以判处死刑? /155
158. 什么是盗窃罪,对其如何认定和处罚? /156
159. 什么是诈骗罪,对其如何认定和处罚? /158
160. 什么是抢夺罪,对其如何认定和处罚? /159
161. 抢劫罪与抢夺罪有哪些区别? /160
162. 什么是聚众哄抢罪,对其如何认定和处罚? /161
163. 什么是转化型抢劫罪? /162
164. 什么是侵占罪,对其如何认定和处罚? /163
165. 什么是职务侵占罪,对其如何认定和处罚? /164
166. 职务侵占罪与贪污罪有哪些区别? /165
167. 什么是挪用资金罪,对其如何认定和处罚? /166
168. 什么是挪用特定款物罪,对其如何认定和处罚? /167
169. 什么是敲诈勒索罪,对其如何认定和处罚? /168
170. 什么是故意毁坏财物罪,对其如何认定和处罚? /169
171. 什么是破坏生产经营罪,对其如何认定和处罚? /169
172. 什么是拒不支付劳动报酬罪,对其如何认定和处罚? /170

常见的妨害社会管理秩序罪

173. 什么是妨害公务罪,对其如何认定和处罚? /172
174. 什么是招摇撞骗罪,对其如何认定和处罚? /172
175. 什么是聚众扰乱社会秩序罪,对其如何认定和处罚? /173
176. 什么是聚众冲击国家机关罪,对其如何认定和处罚? /174
177. 什么是聚众斗殴罪,对其如何认定和处罚? /175
178. 什么是寻衅滋事罪,对其如何认定和处罚? /175
179. 什么是传授犯罪方法罪,对其如何认定和处罚? /176
180. 什么是组织、利用会道门、邪教组织、利用迷信破坏法律实施罪,对其如何认定和处罚? /177

181. 什么是赌博罪,对其如何认定和处罚? /178
182. 什么是开设赌场罪,对其如何认定和处罚? /178
183. 什么是伪证罪,对其如何认定和处罚? /179
184. 什么是窝藏、包庇罪,对其如何认定和处罚? /180
185. 什么是掩饰、隐瞒犯罪所得、犯罪所得收益罪,对其如何认定和处罚? /181
186. 什么是非法组织卖血罪,对其如何认定和处罚? /181
187. 什么是医疗事故罪,对其如何认定和处罚? /182
188. 什么是非法行医罪,对其如何认定和处罚? /183
189. 什么是非法进行节育手术罪,对其如何认定和处罚? /184
190. 什么是污染环境罪,对其如何认定和处罚? /186
191. 什么是非法捕捞水产品罪,对其如何认定和处罚? /186
192. 什么是非法猎捕、杀害珍贵、濒危野生动物罪,对其如何认定和处罚? /187
193. 什么是非法占用农用地罪,对其如何认定和处罚? /188
194. 什么是非法采矿罪,对其如何认定和处罚? /189
195. 什么是盗伐林木罪,对其如何认定和处罚? /190
196. 什么是非法持有毒品罪,对其如何认定和处罚? /192
197. 什么是非法种植毒品原植物罪,对其如何认定和处罚? /192

常见的贪污贿赂罪

198. 什么是贪污罪,对其如何认定和处罚? /194
199. 什么是受贿罪,对其如何认定和处罚? /195
200. 什么是行贿罪,对其如何认定和处罚? /196

附 录

中华人民共和国刑法(节选) /198

参考文献 /263

后 记 /264

犯罪基本制度

1. 什么是犯罪？犯罪与违法有什么区别？

犯罪是指具有严重社会危害性，触犯刑法并应当受到刑罚制裁的行为。它有三个基本特征：第一，犯罪是危害社会的行为，行为对社会的危害性，是犯罪最本质的特征；第二，犯罪是触犯刑律的行为，也就是说，危害社会的行为必须同时是触犯刑法的行为，才构成犯罪；第三，犯罪必须是应受刑罚处罚的行为，只有应受刑罚处罚的危害社会的行为，才被认为是犯罪。

犯罪与违法的区别在于：第一，对社会的危害程度不同。违法的情节比较轻微，对社会危害性不大，没有触犯刑法，违法违反的是刑法以外的法律、法规，主要包括民事违法、行政违法等；而犯罪具有严重的社会危害性，触犯了刑法，应受刑罚处罚。第二，处罚的方法不同。民事违法行为的处罚方法就是承担民事责任，如赔偿损失、赔礼道歉等，行政违法行为的处罚方法最严厉的就是行政拘留，其他行政制裁措施有警告、罚款、责令停产停业等；而犯罪则是由人民法院依法判处刑罚，包括生命刑（即死刑）、自由刑（包括无期徒刑、有期徒刑、拘役、管制）、财产刑（包括没收财产、罚金）以及资格刑（即剥夺政治权利）。第三，法律责任的解决程序不同。民事责任既可以由双方当事人和解，也可以通过调解、仲裁和民事诉讼的方式解决；行政责任主要通过行政处罚、行政处分、行政诉讼等方式解决，按照我国目前的法律制度规定，行政责任不能适用和解、调解和仲裁；而犯罪则是按照刑事诉讼法的规定依法追究，除了少数告诉才处理的案件以及简单轻微的刑事案件准许自诉外，一般由公安机关立案侦查、检察院提起公诉、法院依法判决。

>> **法条链接** >>

《中华人民共和国刑法》（以下简称《刑法》）第十三条：一切危害国家主权、领土完整和安全，分裂国家、颠覆人民民主专政的政权和推翻社会主义制度，破坏社会秩序和经济秩序，侵犯国有财产或者劳动群众集体所有的财产，侵犯公民私人所有的财产，侵犯公民的人身权利、民主权利和其他权利，以及其他危害社会的行为,依照法律应当受刑罚处罚的,都是犯罪,但是情节显著轻微危害不大的,不认为是犯罪。

2. 我国刑法对刑事责任年龄是如何规定的?

犯罪的年龄又称之为"刑事责任年龄",即刑法所规定的行为人对自己实施刑法禁止的危害社会行为负刑事责任所必须达到的年龄。刑事犯罪责任年龄是判断犯罪是否成立以及追究刑事责任的主体要件。按照我国刑法的规定,有关犯罪和刑事责任年龄的规定如下:

(1)已满十六周岁的人犯罪,应当负刑事责任,即为完全负刑事责任年龄。

(2)已满十四周岁不满十六周岁的人,犯故意杀人、故意伤害致人重伤或者死亡、强奸、抢劫、贩卖毒品、放火、爆炸、投放危险物质罪的,应当负刑事责任,即为相对负刑事责任年龄。十四周岁至十六周岁的人不犯上述之罪的,不追究刑事责任。

(3)不满十四周岁的人,不管实施何种危害社会的行为,都不负刑事责任,即为完全不负刑事责任年龄。

(4)已满十四周岁不满十八周岁的人犯罪,应当从轻或者减轻处罚。

(5)实施犯罪时的年龄,一律按照公历的年、月、日计算。过了周岁生日,从第二天起,为已满多少周岁。

(6)因不满十六周岁不予刑事处罚的,责令他的家长或者监护人加以管教。

(7)审理未成年人刑事案件,对犯罪时的年龄没有查清,而又关系到应否追究刑事责任和判处何种刑罚的公诉案件,应当退回检察院补充侦查。

(8)犯罪的时候不满十八周岁的人和审判的时候怀孕的妇女,不适用死刑及死缓。

(9)已满七十五周岁故意犯罪的,可以从轻或减轻处罚;过失犯罪的,应当从轻或者减轻处罚。

(10)审判的时候已满七十五周岁的人,不适用死刑,但以特别残忍手段致人死亡的除外。

≫ **法条链接** ≫

《刑法》第十七条:已满十六周岁的人犯罪,应当负刑事责任。

已满十四周岁不满十六周岁的人,犯故意杀人、故意伤害致人重伤或者死亡、强奸、抢劫、贩卖毒品、放火、爆炸、投毒罪的,应当负刑事责任。

已满十四周岁不满十八周岁的人犯罪,应当从轻或者减轻处罚。

因不满十六周岁不予刑事处罚的,责令他的家长或者监护人加以管教……

《刑法》第四十九条:犯罪的时候不满十八周岁的人和审判的时候怀孕的妇女,不适用死刑。

审判的时候已满七十五周岁的人,不适用死刑,但以特别残忍手段致人死亡的除外。

≫案例分析≫

案情回放:纪某在十四岁之前盗窃各类财物总计约七千余元。十四岁生日那天,纪某邀集几个朋友到一饭馆吃饭。饭后回家途中,纪某看到一行人手拿一个提包,即掏出随身携带的弹簧刀将持包人刺伤把包抢走,包内有手提电话一部、现金五千余元。第二天纪某出门游逛,见路边停着一辆吉普车,即设法打开车门,将车开走。行驶途中,因操作生疏,将在车站候车的三人撞倒,二死一伤。纪某不仅未停车,反而加大油门逃走。当日下午,纪某将汽车以两万元的价格卖出,后被抓获。问题:对纪某的上述各行为从刑法角度进行分析并说明理由。

法理分析:根据刑法规定,对纪某行为的性质分析如下:

(1)纪某十四岁之前盗窃约七千余元财物不构成犯罪,因为纪某未满十六周岁,没有达到刑事责任年龄。

(2)纪某十四岁生日那天的行为是抢劫行为。但因为刑法规定的刑事责任年龄是按实足年龄,只有过了十四、十六周岁生日,从第二天起,才认为已满十四、十六周岁。纪某实施抢劫行为时未满十四周岁,不负刑事责任。

(3)纪某偷开汽车并造成重大交通事故的行为是交通肇事行为,但纪某未满十六周岁,根据法律规定,不负刑事责任。

(4)纪某偷开汽车并出卖的行为是盗窃行为,因其未满十六周岁,根据法律规定,纪某不负刑事责任。

(5)因不满十六周岁不负刑事处罚的,责令他的家长或者监护人加以管教。

3. 精神病人实施犯罪行为应否承担刑事责任?

不能一概而论。按照我国刑法的规定,精神病人的刑事责任分为三种情况,即完全的精神病人、间歇性的精神病人、尚未完全丧失辨认或者控制自己行为能力的精神病人。这三种情况下的精神病人刑事责任的法律规定不一样。

(1)完全无刑事责任的精神病人。即不能辨认或者不能控制自己行为的精神病人,如果其实施了刑法规定的危害行为,造成危害结果的,不负刑事责任。这是因为这种精神病人的危害行为,缺乏犯罪构成的主观要件,精神病人由于不具有辨别是非、判断善恶以及对自己行为的控制能力,他对自己的行为,就谈不上故意或过失,没有主观上的罪过。同时,对犯罪人判处刑罚,也是为了对其进行教育改造,而这对于这种精神病人来说,也没有实际意义。

确定行为人是不是完全的精神病人,必须经过法定程序进行鉴定,即经过医学鉴定确认其危害结果是在行为人不能辨认或者不能控制自己行为的时候发生的。按照刑事诉讼法规定,对于精神病人的医学鉴定,由省级人民政府指定的医院进行,鉴定人进行鉴定后,应当写出鉴定意见,并且由鉴定人签名,医院加盖公章,法律同时还规定,鉴定人故意作虚假鉴定的,应当承担法律责任。对于经法定程序鉴定属于完全不能辨认或者控制自己行为的精神病人不负刑事责任的,刑法规定应当责令他的家属或者监护人严加看管和医疗,在必要的时候,由政府强制治疗。

(2)完全负刑事责任的精神病人。这种精神病人也称"间歇性精神病人",是指一个人的精神并非一直处于错乱状态而完全丧失辨认或者不能控制自己行为能力的精神病人。其特点是:精神时而正常,时而不正常,在精神正常的情况下,头脑是清醒的,具有辨认或者控制自己行为的能力;在发病的时候,就丧失了辨认是非和控制自己行为的能力,即其精神病是处于间断性发作的状态。对此,刑法规定,间歇性精神病人在精神正常的时候实施了刑法规定的犯罪行为,造成危害结果的,应当负刑事责任,因为这时他具有与正常人同样的行为能力;而在其发病期间,由于丧失辨认是非和控制自己行为能力,此时,如果该种精神病人实施了刑法规定的犯罪行为,造成危害结果的,不负刑事责任。判断一个人是否属于间歇性精神病人,需要按照法定程序进行鉴定。

(3)限制刑事责任的精神病人。即尚未完全丧失辨认或者控制自己行为能力的精神病人。这种精神病人由于患有精神疾病,致使辨认或者控制自己行为的能力明显削弱。他们既不是无刑事责任能力人,也不是完全刑事责任能力人,而是限制刑事责任能力人,他们在实施危害社会的行为时,仍然具有一定的辨认或者控制自己行为的能力,应当承担刑事责任。为此,刑法规定尚未完全丧失辨认或者控制自己行为能力的精神病人犯罪的,应当负刑事责任,但是可以从轻或者减轻处罚。

> **》法条链接》**
>
> 《刑法》第十八条：精神病人在不能辨认或者不能控制自己行为的时候造成危害结果，经法定程序鉴定确认的，不负刑事责任，但是应当责令他的家属或者监护人严加看管和医疗；在必要的时候，由政府强制医疗。
>
> 间歇性的精神病人在精神正常的时候犯罪，应当负刑事责任。
>
> 尚未完全丧失辨认或者控制自己行为能力的精神病人犯罪的，应当负刑事责任，但是可以从轻或者减轻处罚。……

4. 醉酒的人实施犯罪行为是否承担刑事责任？

醉酒分为生理性醉酒和病理性醉酒。由于病理性醉酒属于精神病范畴，这里不做介绍。所谓"生理醉酒"，即饮酒过量，导致酒精中毒出现精神失常的情况。在醉酒状态下，行为人在某种程度上可能减弱判断力和控制自己行为的能力，但并不会丧失辨认和控制自己行为的能力。而且醉酒的人对自己行为控制能力的减弱是人为的，是醉酒前应当预见并可以得到控制的。所以，醉酒的人不属于无责任能力的人。刑法规定醉酒的人犯罪，应当负刑事责任，对于预防犯罪，控制酗酒，是有积极意义的。

> **》法条链接》**
>
> 《刑法》第十八条：……醉酒的人犯罪，应当负刑事责任。

5. 又聋又哑的人或者盲人犯罪，承担刑事责任吗？

又聋又哑的人，也称"聋哑人"，是指丧失听觉能力和口头语言能力的人。"盲人"是指丧失视觉能力的人。按照我国刑法的规定，又聋又哑的人或者盲人犯罪，是要负刑事责任的，但是可以从轻、减轻或者免除处罚。法律之所以这样规定，主要是考虑到又聋又哑或者盲人虽然存在生理上的缺陷，但其精神或智力是健全的，尤其是在现代科学技术高速发展的今天，根据他们的经济条件和所处的环境不同，有的可能受到一定程度的教育，有的可能受到良好的教育，并不会因为身体的残疾而完全丧失辨认是非和控制自己行为的能力，因此，又聋又哑的人或者盲人犯罪，应当与正常人一样负刑事责任。但是，考虑到盲人或者聋哑人毕竟有生理缺陷，其中许多人因生理上的障碍不仅会使他们在生活中会遇到许多困难，也会给他们接受教育带来不便，影响其对事物的理解和对是非的判断，所以，对他们的处罚可以轻于正常人。但由于具有上述生理缺陷的人实施犯罪的情节，造成危害结果的严重程度，以及行为人具有的生理缺陷等具体情况不同，处罚的轻重程度也应不同，因此，刑法规定对"又聋又哑或者盲人犯罪，可以从轻、减轻或者免除处罚"。这里应当注意的是，刑法规定"可以"从轻、减轻或者免除处罚，而不是"应当"，即必须根据行为人的犯罪行为和其他具体情况，决定是否从轻、减轻或者免除处罚。

>> **法条链接** >>

《刑法》第十九条：又聋又哑的人或者盲人犯罪，可以从轻、减轻或者免除处罚。

6. 法律对未成年人犯罪的刑事责任有何特殊规定？

综合我国刑法的规定，未成年人犯罪的刑事责任有以下几方面的特殊性规定：

（1）从宽处罚。按照刑法规定，已满十四周岁不满十八周岁的人犯罪，应当从轻或者减轻处罚。"从轻处罚"是指在法定刑的限定内判处较轻的刑罚。"减轻处罚"是低于法定刑判处刑罚。这一处罚原则的规定主要是基于未成年人犯罪时的责任能力不完备的特点而确立的，体现了罪责刑相适应原则和刑罚目的的基本要求。

（2）不适用死刑。按照刑法规定，犯罪时不满十八周岁的人不适用死刑，包括死刑立即执行和判处死刑缓期二年执行。另外，不适用死刑也不是说等到未成年罪犯到了十八周岁再对其判处死刑。

（3）不成立累犯。累犯是指由于故意犯罪曾受过一定的刑罚处罚，在其刑罚执行完毕或被赦免以后，在法定期限（五年）内又故意犯一定之罪的罪犯。一般而言，累犯者所犯罪行被判处的刑罚会比一般的犯罪要重。按照刑法规定，对于累犯应当从重处罚。但是，按照刑法修正案（八）的规定，不满十八周岁的人不按照累犯处理。

（4）从宽适用缓刑。"缓刑"是指对犯罪人判处刑罚，但在一定时间内暂缓执行刑罚的制度。缓刑的基本特点是：判处刑罚，同时宣告暂缓执行，但又在一定期限内保持执行的可能性。按照刑法修正案（八）的规定，对于被判处拘役、三年以下有期徒刑的犯罪分子，如果犯罪情节较轻、有悔罪表现、没有再犯罪的危险、宣告缓刑对所居住社区没有重大不良影响,并且不满十八周岁的人,应当宣告缓刑。

(5)免除前科报告义务。按照刑法规定,依法受过刑事处罚的人,在入伍、就业的时候,应当如实向有关单位报告自己曾受过刑事处罚,不得隐瞒。这就是所谓"前科报告制度"。但是按照刑法修正案(八)的规定,犯罪的时候不满十八周岁被判处五年有期徒刑以下刑罚的人,免除法定的报告义务。

>> **法条链接** >>

《刑法》第十七条:……已满十四周岁不满十八周岁的人犯罪,应当从轻或者减轻处罚。……

《刑法》第四十九条:犯罪的时候不满十八周岁的人和审判的时候怀孕的妇女,不适用死刑。……

《刑法修正案(八)》第六条:累犯,应当从重处罚,但是过失犯罪和不满十八周岁的人犯罪的除外。

《刑法修正案(八)》第十一条:对于被判处拘役、三年以下有期徒刑的犯罪分子,同时符合下列条件的,可以宣告缓刑,对其中不满十八周岁的人、怀孕的妇女和已满七十五周岁的人,应当宣告缓刑……

《刑法修正案(八)》第十九条:犯罪的时候不满十八周岁被判处五年有期徒刑以下刑罚的人,免除前款规定的报告义务。

7. 法律对老年人犯罪的刑事责任有什么特殊规定?

综合我国刑法的规定,对于七十五周岁以上的老年人犯罪的刑事责任有以下几方面的特殊规定:

(1)从宽处罚。在量刑标准上,按照刑法规定,已满七十五周岁的人故意犯罪的,可以从轻或者减轻处罚;过失犯罪的,应当从轻或者减轻处罚。"故意犯罪"是指行为人在故意的心理状态下实施的犯罪,是犯罪构成要件中主观方面的一种心理状态。这里所说的"故意"既包括直接故意,也包括间接故意。"过失"是指在过失心理支配之下实施的,根据刑法的规定已经构成犯罪的行为。这里的"过失"包括疏忽大意的过失和过于自信的过失。

(2)原则上不适用死刑。即对于七十五周岁以上的老年人犯罪,审判的时候已满七十五周岁的人,不适用死刑,但以特别残忍手段致人死亡的除外。这里所说的"特别残忍手段",是指故意使被害人严重残疾而采用毁容、挖人眼睛、砍掉双脚等特别残忍的手段伤害他人的行为。例如,将被害人伤害后又故意砍下被害人手脚或者伤害脚筋的;挖人眼睛致人失明的;割人耳鼻或刻骷骨的;持枪射击被害人生殖部位的;长时间暴力伤害折磨的;以爆炸、放火、驾驶机动车等危险方式或冷冻、火烧等极其残忍方法实施伤害等等。

(3)从宽适用缓刑。按照刑法修正案(八)的规定,对于被判处拘役、三年以下有期徒刑的犯罪分子,同时符合下列条件的,可以宣告缓刑,对于已满七十五周岁的人,应当宣告缓刑:①犯罪情节较轻;②有悔罪表现;③没有再犯罪的危险;④宣告缓刑对所居住社区没有重大不良影响。

≫**法条链接**≫

《刑法修正案(八)》第三条:审判的时候已满七十五周岁的人,不适用死刑,但以特别残忍手段致人死亡的除外。

《刑法修正案(八)》第十一条:对于被判处拘役、三年以下有期徒刑的犯罪分子,同时符合下列条件的,可以宣告缓刑,对其中不满十八周岁的人、怀孕的妇女和已满七十五周岁的人,应当宣告缓刑……

8. 法律对审判时怀孕的妇女的刑事责任有哪些特殊规定?

综合我国刑法的规定,对审判时怀孕的妇女的刑事责任有以下几方面的特殊规定:

(1)不适用死刑。刑法规定,审判的时候怀孕的妇女,不适用死刑。这一规定体现了对孕妇的特殊保护。审判的时候怀孕的妇女既包括在法院审判时怀孕的妇女,也包括审判前在羁押受审时怀孕的妇女。在被羁押或受审期间,无论其怀孕是否违反国家计划生育政策,也不论其是否自然流产或者人工流产,以及流产后移送起诉或审判期间的长短,仍应视同审判时怀孕的妇女。

(2)从宽适用缓刑。按照刑法修正案(八)的规定,对于被判处拘役、三年以下有期徒刑的犯罪分子,同时符合下列条件的,可以宣告缓刑,对怀孕的妇女,应当宣告缓刑:①犯罪情节较轻;②有悔罪表现;③没有再犯罪的危险;④宣告缓刑对所居住社区没有重大不良影响。

≫**法条链接**≫

《刑法》第四十九条:犯罪的时候不满十八周岁的人和审判的时候怀孕的妇女,不适用死刑。

《刑法修正案(八)》第十一条:对于被判处拘役、三年以下有期徒刑的犯罪分子,同时符合下列条件的,可以宣告缓刑,对其中不满十八周岁的人、怀孕的妇女和已满七十五周岁的人,应当宣告缓刑……

9. 什么是故意犯罪?

刑法中的"故意"是指明知自己的行为会发生危害社会的结果,并且希望或者放任这种结果发生的一种心理态度。它具有两个特征:第一,在认识因素上,行为人对自己的行为会发生危害社会的结果,必须是明知的;第二,在意志因素上,行为人的心理必须处于希望或者放任的状态。根据我国刑法理论,故意分为直接故意和间接故意。"直接故意"是指行为人明知自己的行为必然或者可能会发生危害社会的结果,而且希望这种结果的发生;"间接故意"是指行为人明知自己的行为可能会发生危害社会的结果,而采取漠不关心,听之任之的放任态度。

按照我国刑法的规定,故意犯罪应当负刑事责任。"刑事责任"是指犯罪行为人实施刑事法律禁止的行为所必须承担的法律后果。刑事责任是刑罚适用的前提条件,只有对负有刑事责任的人,才能适用刑罚。"故意犯罪"是实施危害社会行为的人,主观上对其行为会发生危害社会的后果处于故意的心理状态而实施的犯罪,已具备犯罪构成的主观要件,因此,故意犯罪依法应当负刑事责任。

≫**法条链接**≫

《刑法》第十四条:明知自己的行为会发生危害社会的结果,并且希望或者放任这种结果发生,因而构成犯罪的,是故意犯罪。

故意犯罪,应当负刑事责任。

10. 什么是过失犯罪?

过失犯罪分为以下两类:

(1)疏忽大意的过失犯罪。即行为人应当预见自己的行为可能发生危害社会的结果,因为疏忽大意而没有预见,以致发生了这种危害社会的结果,构成犯罪的。"应当预见"是指行为人对其行为结果可认识的能力。这种能力与行为人的年龄、责任能力、文化程度、知识的广度和深度、职业专长、工作经验、社会经验等有着一定的关系。疏忽大意过失的特征有两点:一是行为人对自己的行为可能发生危害社会的结果具有可认识的能力,即应当预见;二是由于行为人主观上粗心大意,忽略了对行为后果的认真考虑,盲目实施了这种行为,以致发生了危害社会的结果。

(2)过于自信的过失犯罪。即行为人已经预见到自己的行为可能发生危害社会的结果而轻信能够避免,以致发生了这种危害社会的结果,构成犯罪的。其特点:一是行为人已经预见到自己的行为可能会发生危害社会的结果;二是由于行为人过高地估计自己的能力,相信自己能够避免这种结果的发生,以致发生了这种危害结果。

不论是疏忽大意过失,还是过于自信过失,其共同特点是行为人都不希望危害社会的结果发生,即主观上都没有危害社会的意图。刑法没有将行为人过失造成危害结果的,都规定为犯罪,只将对社会危害比较大,需要用刑罚手段处理的过失造成危害结果的行为规定为犯罪。只有刑法分则明确规定的过失犯罪才承担刑事责任。

≫ **法条链接** ≫

《刑法》第十五条:应当预见自己的行为可能发生危害社会的结果,因为疏忽大意而没有预见,或者已经预见而轻信能够避免,以致发生这种结果的,是过失犯罪。

过失犯罪,法律有规定的才负刑事责任。

11. 意外事件中的行为人承担刑事责任吗?

所谓"意外事件",是指由于不以行为人主观意志为转移,行为人无法预料的原因而发生的意外事故。即行为人的行为虽然在客观上造成了损害结果,但是由于不能抗拒或者不能预见的原因引起的,其主观上没有故意或者过失的情形。现实中,意外事件有两种情况:一是由于不可抗拒的原因而发生了损害结果,如自然灾害、突发事件及其他行为人无法阻挡的原因造成了损害结果。"不可抗拒"是指不以行为人的意志为转移,行为人无法阻挡或控制损害结果的发生。如由于某种机械力量的撞击、自然灾害的阻挡、突发病的影响等行为人意志以外的原因,使其无法避免损害结果的发生;二是由于不能预见的原因造成了损害结果,即根据损害结果发生当时的主客观情况,行为人没有预见,也不可能预见会发生损害结果。"不能预见"是指根据行为人的主观情况和发生损害结果当时的客观情况,行为人不具有能够预见的条件和能力,损害结果的发生完全出乎行为人的意料之外。

由于行为人主观上没有故意或过失,对实际发生的损害结果没有罪过,因此,按照刑法规定,不应当负刑事责任。

≫**法条链接**≫

《刑法》第十六条:行为在客观上虽然造成了损害结果,但是不是出于故意或者过失,而是由于不能抗拒或者不能预见的原因所引起的,不是犯罪。

≫**案例分析**≫

案情回放:成年人张某一日上午驾驶小轿车开往长江边码头,车内乘坐供销社主任及其妻、女和其他亲属共5人。小车行至离江边29米的斜坡上时,总泵皮碗突然破裂,刹车失灵。张某踩了三下脚刹车。并立即拉了手闸刹车,均不能把车刹住,汽车遂俯冲落入长江,4人淹死,仅主任的女儿和张某被打捞得救。经技术鉴定,总泵皮碗破裂致使刹车失灵,系机械故障。请分析张某的行为是过失犯罪还是意外事件?

法理分析:张某的行为属于意外事件。对于刹车失灵导致汽车坠入长江致人死亡,张某事先主观上没有预见。意外事件是指行为人之所以没有预见到自己的行为会发生危害社会的结果,原因是根据他的认识能力和当时的具体条件,他不可能预见到,即没有认识能力。本案中,张某驾车失灵,是因为汽车发生机械故障所引起的,张某对该故障的发生没有预见能力,因而属于意外事件。

12. 什么是正当防卫,正当防卫应具备哪些条件?

"正当防卫"是指为了使国家、公共利益、本人或者他人的人身、财产和其他权利免受正在进行的不法侵害,而采取的制止不法侵害的行为,对不法侵害人造成损害而不负刑事责任的情形。正当防卫的成立必须具备以下几方面的条件:(1)必须有不法侵害行为,且不法侵害必须是实际存在的,这是正当防卫的起因条件;(2)不法侵害必须正在进行,这是正当防卫成立的时间条件;(3)防卫行为必须针对不法侵害人本人实行,这是正当防卫成立的对象条件;(4)必须是为了使国家、公共利益、本人或者他人的人身和财产或其他权利免受正在进行的不法侵害才能施以正当防卫,这是正当防卫成立的主观条件;(5)防卫不能明显超过必要的限度造成重大损害,这是正当防卫成立的限度条件。

≫**法条链接**≫

《刑法》第二十条:为了使国家、公共利益、本人或者他人的人身、财产和其他权利免受正在进行的不法侵害,而采取的制止不法侵害的行为,对不法侵害人造成损害的,属于正当防卫,不负刑事责任。……

13. 什么是防卫过当,防卫过当如何承担刑事责任?

"防卫过当"是指防卫行为明显超过必要限度造成重大损害而应当负刑事责任的犯罪行为。防卫过当不同于正当防卫,它的特点是:第一,在客观上具有防卫过当的行为,并对不法侵害人造成了重大的损害;第二,在主观上对其过当结果具有罪过,这是防卫过当应负刑事责任的根据。

按照刑法规定,对于防卫过当应当减轻或者免除处罚。如何减轻处罚或者免除处罚,刑法并没有明文规定。在司法实践中,对防卫过当行为裁量减轻或者免除处罚时,应综合考虑的情况有防卫行为的起因,防卫所保护利益的性质,防卫过当所明显超过限度的程度及造成危害的轻重,防卫人主观上的罪过形式及当时的处境,造成防卫过当的原因等。

≫**法条链接**≫

《刑法》第二十条:……正当防卫明显超过必要限度造成重大损害的,应当负刑事责任,但是应当减轻或者免除处罚。……

14. 什么是无限防卫,无限防卫承担刑事责任吗?

"无限防卫"是指公民在某些情况下所实施的正当防卫行为,没有必要限度的要求,对其防卫行为的任何后果均不负刑事责任。无限防卫权是公民在特定情况下可采取无强度限制的防卫行为的权利。由于无限防卫权是法律在某种情况下赋予公民的特殊的防卫权,因而必须严格掌握,以防滥用。无限防卫权的成立必须具备以下条件:

(1)主体条件。包括受到严重危及人身安全的暴力犯罪侵犯的受害人和其他任何公民。如果无限防卫的主体仅限于受害人,将会极大缩小无限防卫的主体范围,不利于保护公民的合法权益,并且也有悖于立法精神。

(2)对象条件。即必须是针对行凶、杀人、抢劫、强奸、绑架及其他严重危及人身安全的暴力犯罪的不法侵害人。如果正在进行行凶等暴力行为的行为人不具备刑事责任能力,那么防卫人是否可以对其行使无限防卫权,法律并没有做出明确的规定。事实上,在人身安全遭到严重侵犯或威胁的紧急时刻,要求防卫人在防卫前必须了解侵害人的刑事责任能力无疑是不公平的,也是不可能的。但如果防卫人明知行凶等暴力行为的行为人缺乏刑事责任能力,则不应行使无限防卫权,此时可以行使一般的正当防卫或紧急避险。

(3)范围条件。即必须是针对行凶、杀人、抢劫、强奸、绑架及其他严重危及人身安全的暴力犯罪。即无限防卫所针对的必须是性质严重、时间紧迫、情况危险的暴力行为。

(4)时机条件。即行凶、杀人、抢劫、强奸、绑架以及其他严重危及人身安全的暴力犯罪已经开始,尚未结束,正在进行之中。如果暴力犯罪尚未开始或者已经结束,则不能进行无限防卫。

(5)主观条件。即行为人故意侵害对方的心理如果仅仅是侵害,而缺乏主观条件的限制,则不能认为是行使无限防卫权。行使无限防卫权的防卫人必须具有防卫的认识和防卫的目的。在防卫挑拨、相互斗殴等行为中,由于行为人不具有正当防卫的目的,因此,不能认定无限防卫的成立和存在。

>> **法条链接** >>

《刑法》第二十条:……对正在进行行凶、杀人、抢劫、强奸、绑架以及其他严重危及人身安全的暴力犯罪,采取防卫行为,造成不法侵害人伤亡的,不属于防卫过当,不负刑事责任。

15. 什么是紧急避险,紧急避险应具备哪些条件?

"紧急避险"是指为了使国家、公共利益、本人或者他人的人身、财产和其他权利免受正在发生的危险,不得已采取的紧急避险行为,造成损害的,不负刑事责任。紧急避险必须具有以下条件才不承担刑事责任:

(1)必须存在紧急危险。人的行为构成紧急危险,必须是违法行为。

(2)危险必须是正在发生。对尚未发生的危险、已经结束的危险,以及假想的危险或者推测的危险,都不能采取紧急避险行为。

(3)所采取的行为应当是避免危险所必需的。

(4)所保全的必须是法律所保护的权利。

(5)不可超过必要的限度。就是说,所损害的利益应当小于所保全的利益,紧急避险才不负法律责任。

(6)不适用于职务上、业务上负有特定责任的人。即担任的职务或者从事的业务要求其对一定的危险负有排除的职责,同一定危险作斗争是其职业义务。如负有追捕持枪罪犯的公安人员,不能为了自己免受枪击而逃离现场;民航驾驶员不能因飞机发生故障有坠机危险,而不顾乘客的安危自己跳伞逃生等。

≫**法条链接**≫

《刑法》第二十一条：为了使国家、公共利益、本人或者他人的人身、财产和其他权利免受正在发生的危险，不得已采取的紧急避险行为，造成损害的，不负刑事责任。

紧急避险超过必要限度造成不应有的损害的，应当负刑事责任，但是应当减轻或者免除处罚。

第一款中关于避免本人危险的规定，不适用于职务上、业务上负有特定责任的人。

16. 什么是犯罪预备，对其如何处罚？

"犯罪预备"是为实施犯罪准备工具、制造条件的行为。犯罪预备的构成要件或者特征是：(1)行为人主观上具有犯罪的故意。即犯罪预备的目的，是为了顺利地进行犯罪活动，实现犯罪意图，体现了预备犯的主观恶性，形成了对预备犯追究刑事责任的主观依据；(2)犯罪预备是为实行犯罪准备工具、制造条件的行为。"准备工具"是指准备为实施犯罪所必需的作案工具和其他物品。准备包括收集、购买、制造，以及非法获取等活动。"制造条件"是指除准备犯罪工具和其他物品以外的为顺利进行犯罪活动、达到犯罪目的而创造条件的行为。从准备工具对实施犯罪所起的作用来看，准备犯罪工具也是为实施犯罪制造条件。

准备工具、制造条件等准备犯罪的行为具有社会危害性，因此，对预备犯，应当追究其刑事责任。由于预备犯仅处于犯罪的预备阶段，犯罪结果尚未发生，其社会危害程度要小于既遂犯，为了体现罪责刑相适应的原则，对预备犯的处罚要轻于既遂犯。按照刑法规定，对预备犯，可以比照既遂犯从轻、减轻处罚或者免除处罚。

在认定犯罪预备行为时，应当注意划清犯罪预备与犯罪未遂的界限。二者的主要区别是：犯罪预备发生在行为人着手实施犯罪行为之前；而犯罪未遂发生在着手实施犯罪行为之后，即行为人已经着手实施犯罪，但因其意志以外的原因而没有达到犯罪的目的。犯罪未遂的危害性要大于前者。因此，处罚相对较重。

≫**法条链接**≫

《刑法》第二十二条：为了犯罪，准备工具、制造条件的，是犯罪预备。

对于预备犯，可以比照既遂犯从轻、减轻处罚或者免除处罚。

17. 什么是犯罪未遂，对其如何处罚？

"犯罪未遂"是指已经着手实施犯罪，由于犯罪分子意志以外的原因而未得逞的情形。犯罪未遂的构成要件或者特征如下：

(1)犯罪分子已经着手实施犯罪。这是同犯罪预备相区别的主要标志。已经着手实施犯罪，表明行为人已经从犯罪预备阶段进入实行阶段，即行为人从为实施犯罪创造条件进入了开始完成犯罪故意的阶段，其犯罪意图已经通过着手实行的犯罪行为开始体现出来。

(2)犯罪未得逞。即犯罪分子没有实现刑法分则规定的具体犯罪的犯罪构成的客观要件。这是犯罪未遂与犯罪既遂相区别的主要标志。具体包括三种情形：①犯罪既遂要求有犯罪分子所追求的损害结果发生，但并未出现这种结果，如故意杀人未遂；②犯罪既遂要求犯罪行为在客观上造成了发生某种危害结果的危险状态，但客观上并未出现这种危险状态；③犯罪既遂不要求发生实际损害结果，只要求完成了法定的犯罪行为，但危害行为并未实施完毕。

(3)犯罪未得逞是由于犯罪分子意志以外的原因。这是犯罪未遂与犯罪中止相区别的主要标志。犯罪分子意志以外的原因是指不以犯罪分子的主观意志为转移的一切原因。它既包括外界的客观原因，如被害人的反抗、第三人的阻止、客观情况的变化等，也包括犯罪分子本人的原因，如对自己实施犯罪的能力、方法、手段估计不足，对事实判断错误等。犯罪未得逞是违背犯罪分子意志的。如果是犯罪分子自动放弃继续犯罪，或者自动有效地防止犯罪结果的发生，属于自动中止，而不是犯罪未遂。

由于犯罪未遂的结果是犯罪未能得逞，其社会危害性要小于犯罪既遂，因此，刑法规定对未遂犯，可以比照既遂犯从轻或者减轻处罚。

≫**法条链接**≫

《刑法》第二十三条：已经着手实行犯罪，由于犯罪分子意志以外的原因而未得逞的，是犯罪未遂。

对于未遂犯，可以比照既遂犯从轻或者减轻处罚。

≫**案例分析**≫

案情回放：被告人杜路鲁，男，34岁，铝锭厂工人。1992年5月13日，被告人杜路鲁盗窃本厂铝锭29块（价值3000元），偷偷沉入铝锭厂附近的河水中，打算以后方便时运走。由于六七月份连降几场大雨，河水暴涨，杜一直没有机会将赃物取走。直到洪水过后,被告人杜路鲁才有机会来取赃物。但是,由于洪水将铝锭冲离了原来的位置,被告人杜路鲁没能捞到原来隐藏在河水中的铝锭。问题:被告人杜路鲁的行为构成盗窃罪既遂还是盗窃罪未遂?

法理分析: 被告人杜路鲁的行为构成盗窃罪(既遂)。主要理由如下:盗窃罪,是指以非法占有为目的,秘密窃取数额较大的公私财物的行为。区分盗窃罪既遂与未遂的标准应当是,行为人通过实施盗窃行为,是否实现了非法占有公私财物的犯罪结果。具体来说,就是指行为人是否实现了对所盗财物的实际控制,财物所有人或管理人是否丧失了对财物的实际控制。具体到本案来说,被告人杜路鲁从铝锭隐匿于河中,已经使铝锭脱离了铝锭厂的支配范围,并置于自己的控制之下,因而构成盗窃案罪既遂。本案中,虽然由于洪水的原因,被告人杜路鲁最终没有能实际取得该批铝锭,似乎是犯罪尚未得逞;但是,从本质上讲,被告人杜路鲁已经将所盗铝锭置于自己的实际控制之下,这主要表现在铝锭藏匿于河底的位置只有被告人自己知道,他完全可以伺机捞出予以处理。铝锭被洪水冲走,这属于被告人杜路鲁实际控制了铝锭以后发生的事情,不能影响犯罪既遂形态的成立。

18. 什么是犯罪中止,对其如何处罚?

"犯罪中止"是指在犯罪过程中,行为人自动放弃犯罪或者自动有效地防止犯罪结果发生的犯罪停止形态。犯罪中止的构成条件或特征包括以下几方面:

(1)犯罪中止发生在犯罪过程中。"犯罪过程中"是指犯罪既遂之前的整个犯罪过程。犯罪中止是故意犯罪发展过程中的一种犯罪形态,它可能发生在犯罪的预备阶段,也可能发生在犯罪的实行阶段。

(2)犯罪中止必须是犯罪分子自动放弃犯罪或者自动有效地防止犯罪结果的发生。"自动放弃犯罪"是指犯罪分子在着手实行犯罪之前,主动放弃犯罪意图和为犯罪创造条件,停止着手实施犯罪,或者在着手实施犯罪之后、犯罪结果发生之前,主动放弃继续犯罪,中止犯罪行为。而"自动有效地防止犯罪结果的发生"则是指犯罪人在已经着手实施犯罪后,犯罪结果发生之前,主动放弃继续犯罪,并主动采取积极措施防止了犯罪结果的发生。例如,投毒杀人,在受害人中毒身亡之前,行为人突然后悔并将受害人积极送往医院抢救,从而挽救了受害人的生命。但是如果犯罪人虽然采取了积极措施,但是没有避免被害人死亡的结果,则不能认定为犯罪中止。

由于犯罪中止避免了犯罪结果的发生,减轻了其犯罪行为的社会危害性,因此,刑法规定,对于中止犯,没有造成损害的,应当免除处罚;造成损害的,应当减轻处罚。这一规定也体现了刑法的罪责刑相一致原则。

≫**法条链接**≫

《刑法》第二十四条:在犯罪过程中,自动放弃犯罪或者自动有效地防止犯罪结果发生的,是犯罪中止。

对于中止犯,没有造成损害的,应当免除处罚;造成损害的,应当减轻处罚。

19. 什么是共同犯罪,对其如何处罚?

"共同犯罪"是指两人以上共同故意犯罪。共同犯罪的构成要件或者特征包括以下几方面:

(1)共同犯罪的犯罪主体必须是二人以上。首先,共同犯罪必须是两人以上共同实施的犯罪,一个人单独犯罪不存在共同犯罪问题。其次,二人以上必须达到刑事责任年龄和具备刑事责任能力。如果两人中其中一个是不具备刑事责任年龄或者刑事责任能力,也不构成共同犯罪。

(2)共同犯罪必须是共同故意犯罪。即几个犯罪人都明知自己的行为会发生危害社会的结果,并希望或者有意放任这种结果的发生,而且这几个犯罪人相互明知,或者几个犯罪人都认识到自己和其他行为人在共同进行某一犯罪活动,即相互之间存在通谋或者合意。

(3)几个犯罪人必须有共同的犯罪行为。所谓"共同的犯罪行为",是指各个犯罪人的犯罪行为具有共同性。即犯罪人各自的犯罪行为都是在他们的共同故意支配下,围绕共同的犯罪对象,实现共同的犯罪目的而实施的。各个共同犯罪人所实施的犯罪行为都同危害结果具有因果关系,是完成统一犯罪活动不可缺少的组成部分。

(4)共同犯罪具有共同的犯罪客体。即共同犯罪人的犯罪行为必须指向同一犯罪客体,这是共同犯罪的成立必须有共同的犯罪故意和共同的犯罪行为的必然要求。

对于共同犯罪的,应当按照每一个共同犯罪人在犯罪中所起的作用和所处的位置,依据罪责刑相一致原则给予刑罚处罚。

≫**法条链接**≫

《刑法》第二十五条：共同犯罪是指二人以上共同故意犯罪。

二人以上共同过失犯罪，不以共同犯罪论处；应当负刑事责任的，按照他们所犯的罪分别处罚。

≫**案例分析**≫

案情回放：甲男与乙男于2004年7月28日共谋入室抢劫某中学暑假留守女教师丙的财物。7月30日晚，乙在该中学校园外望风，甲翻院墙进入校园内。甲持水果刀闯入丙居住的房间后，发现房间内除有简易书桌、单人床、炊具、餐具外，没有其他贵重财物，便以水果刀相威胁，喝令丙摘下手表（价值2100元）给自己。丙一边摘手表一边说："我是老师，不能没有手表。你拿走其他东西都可以，只要不抢走我的手表就行。"甲立即将刀装入自己的口袋，然后对丙说："好吧，我不抢你的手表，也不拿走其他东西，让我看看你脱光衣服的样子我就走。"丙不同意，甲又以刀相威胁，逼迫丙脱光衣服。丙一边顺手将已摘下的手表放在桌子上，一边流着泪脱完衣服。甲不顾丙的反抗强行摸了丙的乳房后对丙说："好吧，你可以穿上衣服了。"在丙背对着甲穿衣服时，甲乘机将丙放在桌上的手表拿走。甲逃出校园后与乙碰头，乙问抢了什么东西，甲说就抢了一只手表。甲将手表交给乙出卖，乙以1000元价格卖给他人后，甲与乙各分得500元。

问题：请根据刑法规定与刑法原理，对本案进行全面分析。

法理分析：纵观全案，问题分析如下：

(1)甲、乙构成抢劫罪共犯。因二人有抢劫的共同故意和抢劫的共同行为。甲、乙的抢劫属于入户抢劫，因为丙的房间属于其生活的与外界相对隔离的住所；由于乙与甲共谋入户，甲事实上也实施了入户抢劫行为，所以乙虽没有入户，对乙也应适用入户抢劫的法定刑。

综合本案主客观方面的事实，可以认定甲为主犯，乙为从犯，对于从犯乙应当从轻、减轻或者免除处罚。

(2)甲、乙虽构成抢劫罪共犯，但二人的犯罪形态不同：①甲的抢劫属于犯罪中止。因为在当时的情况下，甲完全能够达到抢劫既遂，但他自动放弃了抢劫行为；由于抢劫中止行为没有造成任何损害，所以，对于甲的抢劫中止，应当免除处罚。②乙的抢劫属于犯罪未遂。一方面，不能因为甲事实上取得了手表，就认定乙抢劫既遂，因为该手表并非甲抢劫既遂所得的财物；

另一方面,乙并没有自动放弃自己的抢劫行为,甲的中止行为对于乙来说,属于意志以外的原因。根据刑法规定,对于未遂犯乙,可以比照既遂犯从轻或者减轻处罚。

(3)甲逼迫丙脱光衣服并猥亵丙的行为,成立强制猥亵妇女罪。另外,甲乘机拿走丙手表的行为,成立盗窃罪。因为拿走手表的行为完全符合盗窃罪的构成要件。拿走手表已不属于抢劫罪中的强取财物的行为,即不属于因暴力、胁迫或其他方法压制或足以压制了被害人反抗而取得手表的情形。所以,不能将取得手表的事实评价在抢劫罪中,而应另认定为盗窃罪。

(4)乙的行为不成立盗窃罪。乙客观上为甲盗窃手表起到了一定作用(望风),但乙并不明知甲会盗窃财物,所以,乙并不与甲构成盗窃罪的共犯。另外,乙的行为也不成立强制猥亵妇女罪的共犯。

20. 什么是主犯,对其如何处罚?

"主犯"是指组织领导犯罪集团进行犯罪活动或者在共同犯罪中其主要作用的共同犯罪人。按照刑法规定,主犯包括两种人:一种是组织、领导犯罪集团进行犯罪活动的首要分子,即组织犯罪集团,领导、策划、指挥犯罪集团成员进行犯罪活动的组织、领导者,这种主犯可能是一个人,也可能是数个人。其中,犯罪集团应当具备三个条件:第一,必须由三人以上组成;第二,为了共同进行犯罪活动而组成;第三,有较为固定的组织形式,即参与犯罪的人员基本固定和犯罪组织形式基本固定。另一种是在共同犯罪中起主要作用的人。所谓"起主要作用的人"是指在共同犯罪中,出谋划策或者对发生危害结果起重要作用的犯罪分子。

关于主犯的处罚问题,按照刑法规定,对组织、领导犯罪集团的首要分子,按照集团所犯的全部罪行处罚,即首要分子要对他所组织、领导的犯罪集团进行犯罪活动的全部罪行承担刑事责任。所谓"组织、领导犯罪集团的首要分子"是指在犯罪集团进行犯罪活动中,起组织、领导、策划、指挥作用的主犯。

一般主犯是在首要分子的组织、领导下,在共同犯罪中起主要作用的,其行为的社会危害性相对首要分子来说要小些。因此,对于其他的一般主犯处罚,刑法规定,对除组织、领导犯罪集团的首要分子以外的主犯,应当按照该主犯在共同犯罪活动中所参与的或者由他组织、指挥的全部犯罪处罚。

≫法条链接≫

《刑法》第二十六条:组织、领导犯罪集团进行犯罪活动的或者在共同犯罪中起主要作用的,是主犯。

三人以上为共同实施犯罪而组成的较为固定的犯罪组织,是犯罪集团。

对组织、领导犯罪集团的首要分子,按照集团所犯的全部罪行处罚。

对于第三款规定以外的主犯,应当按照其所参与的或者组织、指挥的全部犯罪处罚。

21. 什么是从犯,对其如何处罚?

"从犯"是指在共同犯罪中起次要或者辅助作用的共同犯罪人。按照刑法规定,从犯有两种类型:

(1)在共同犯罪中起次要作用的犯罪分子。所谓"起次要作用的"是指在整个共同犯罪活动中,处于从属于主犯的地位,对主犯的犯罪意图表示赞成、附和、服从,听从主犯的领导、指挥,不参与有关犯罪的决策和谋划;在实施具体犯罪中,在主犯的组织、指挥下进行某一方面的犯罪活动,情节较轻,对整个犯罪结果的发生,只起了次要的作用。

(2)在共同犯罪中起辅助作用的犯罪分子。这种从犯的特点是不直接参与具体犯罪行为的实施,在共同犯罪活动中,为完成共同犯罪只起了提供物质或者精神帮助的作用。如提供作案工具、为实行犯采点望风、指示犯罪地点和犯罪对象、消除犯罪障碍等。他们的行为对完成共同犯罪,只起了辅助作用。

由于从犯在共同犯罪中所起的作用和其行为的社会危害性比主犯小,因此,根据刑法规定,对于从犯,应当从轻、减轻处罚或者免除处罚。

>>**法条链接**>>

《刑法》第二十七条:在共同犯罪中起次要或者辅助作用的,是从犯。

对于从犯,应当从轻、减轻处罚或者免除处罚。

22. 什么是胁从犯,对其如何处罚?

"胁从犯"是指被胁迫参加犯罪的共同犯罪人。所谓"被胁迫参加犯罪的"是指行为人在他人对其施加精神强制,处于恐惧状态下,不敢不参加犯罪。对这种犯罪之所以应当追究刑事责任,是因为虽然他参加犯罪有违背意志,不得已的一面,但最后参加犯罪仍是由其意志决定,其人身并未受到强制,主观上仍有意志自由,只是畏于自身遭到危险。由于被胁迫参加犯罪的人主观上是有一定罪过的,所以,应当负刑事责任。只是其人身危险性较小,按照刑法规定,对于被胁迫参加犯罪的,应当按照他的犯罪情节减轻处罚或者免除处罚。

>> **法条链接** >>

《刑法》第二十八条:对于被胁迫参加犯罪的,应当按照他的犯罪情节减轻处罚或者免除处罚。

23. 什么是教唆犯,对其如何处罚?

"教唆犯"是指故意唆使他人实行犯罪的人。对教唆犯的处罚原则分为以下三种不同情形:

(1)一般处罚原则。按照刑法规定,对教唆犯,应当按照他在共同犯罪中所起的作用处罚。所谓"在共同犯罪中所起的作用",是指教唆犯罪的人教唆的方法、手段、教唆的程度,对完成共同犯罪所起的作用,即在实行所教唆的犯罪中所起的作用。由于教唆犯教唆的方法、手段及教唆的程度不同,对完成所教唆的犯罪所起的作用不同,其行为的危害程度也不同。因此,刑法规定"应当按照他在共同犯罪中所起的作用处罚"。教唆犯在共同犯罪中起主要作用的,按主犯处罚;起次要作用的,按从犯处罚。

(2)从重处罚原则。即教唆犯如果教唆不满十八周岁的人犯罪,则应当从重处罚。

(3)从宽处罚原则。如果被教唆人没有犯被教唆的罪,对于教唆犯,可以从轻或者减轻处罚。被教唆人没有犯被教唆的罪又分为两种情况:一是教唆犯的教唆,对被教唆人没有起到促成犯意,实施犯罪的作用,被教唆人既没有实施教唆犯教唆的犯罪,也没有实施其他犯罪,其教唆行为没有造成直接的犯罪结果;二是被教唆人没有犯所教唆的罪,而犯了其他罪。不论哪一种情况,都是教唆犯罪,应当承担刑事责任。

>> **法条链接** >>

《刑法》第二十九条:教唆他人犯罪的,应当按照他在共同犯罪中所起的作用处罚。教唆不满十八周岁的人犯罪的,应当从重处罚。

如果被教唆的人没有犯被教唆的罪,对于教唆犯,可以从轻或者减轻处罚。

>> **案例分析** >>

案情回放:赵某(男,17岁)在录像厅里遇到父亲的同事黄某(男,34

岁),当赵某向黄某诉苦说自己中学毕业后没有工作,父母给的零用钱又不够花时,黄某回答说:"男子汉顶天立地,怎么还要靠父母养,有'本事'就去偷去抢。"赵某深受启发。第二天,赵某纠集了陈某(男,18 岁)、沈某(男,16岁)各带上匕首,躲藏在弄堂暗处,适逢一女青年路过,赵某便用匕首将该女青年逼入里弄,又叫沈某到弄口望风,叫陈某去搜身,陈某从女青年身上搜出现金 200 元,赵某于是取下她的手表。接着,赵、陈二人又将该女青年奸污。问题如下:

(1)对黄某的行为如何定性?应按什么原则处理?

(2)对赵某、陈某和沈某的行为如何定性和处理?

(3)假如赵某只有十五周岁,对赵某的行为该如何处理?为什么?

法理分析:根据刑法规定和刑法原理,上述问题分别分析如下:

(1)黄某唆使赵某进行偷窃罪和抢劫,已构成犯罪,是教唆犯,应按其所教唆的罪,即盗窃罪和抢劫罪论处。但量刑时应考虑以下情形:①赵某黄某教唆未满十八周岁的人犯罪,应当从重处罚,故对抢劫罪、盗窃罪均应当从重处罚;②赵某未犯黄某教唆的盗窃罪,故量刑时,对其盗窃罪可以从轻或者减轻处罚;③对黄某的盗窃罪、抢劫罪分别定罪量刑后,按照刑法关于数罪并罚的规定决定处罚。

(2)赵某的行为构成抢劫罪、强奸罪。对其量刑时应考虑以下情形:①赵某是抢劫罪的主犯,应当按抢劫罪从重处罚;②轮奸妇女,对其强奸罪应当从重处罚;③赵某犯罪时未满十八周岁,对抢劫罪、强奸罪应当从轻或者减轻处罚。

陈某的行为构成抢劫罪、强奸罪。对其量刑时应考虑以下情节:①陈某是抢劫罪的主犯,应当按抢劫罪从重处罚;②轮奸妇女,对其强奸罪应当从重处罚。

沈某的行为构成抢劫罪。对其量刑时应考虑以下情形:①沈某是抢劫罪的从犯,应当比照主犯从轻、减轻处罚或者免除处罚;②沈某犯罪时未满十八周岁,对抢劫罪应当从轻或减轻处罚。

(3)赵某仍应负刑事责任。因为根据刑法规定,已满十四周岁不满十六周岁的人犯抢劫罪、强奸罪,仍应负刑事责任。

24. 什么是单位犯罪,它有哪些特点?

"单位犯罪"是指公司、企业、事业单位、机关、团体以自己的名义所实施的危害社会并触犯刑法的行为。其特点是:

(1)单位犯罪的主体包括公司、企业、事业单位、机关、团体。公司、企业、事业单位是指所有的公司、企业、事业单位,既包括国有的公司、企业、事业单位,也包括集体所有的公司、企业、事业单位以及合资或独资的公司、企业、事业单位。机关是指国家机关,包括权力机关、行政机关、司法机关以及军事机关等。团体主要是指人民团体和社会团体。

(2)只有法律规定为单位犯罪的,才负刑事责任。所谓"法律规定"是指刑法或者其他有关法律的规定。

按照刑法规定,对单位犯罪,一般采取双罚制的原则,即单位犯罪的,对单位判处罚金,同时对单位直接负责的主管人员和其他直接责任人员判处刑罚。这是我国刑法对单位犯罪比较普遍适用的处罚原则。当然,在刑法分则中有的规定了单罚制,即单位犯某种罪的,对单位不判处罚金,只对直接责任人员作处罚。

≫**法条链接**≫

《刑法》第三十条:公司、企业、事业单位、机关、团体实施的危害社会的行为,法律规定为单位犯罪的,应当负刑事责任。

《刑法》第三十一条:单位犯罪的,对单位判处罚金,并对其直接负责的主管人员和其他直接责任人员判处刑罚。本法分则和其他法律另有规定的,依照规定。

刑罚基本制度

25. 我国刑法规定了哪几种主刑?

"主刑"是指对犯罪行为适用的主要刑罚方法。主刑的特点是:只能独立适用,而不能附加适用,而且对于一种犯罪只能适用一种主刑。根据我国刑法的规定,主刑共有以下五种:

(1)管制。管制是对犯罪分子不实行关押,但限制其一定自由,由公安机关依靠群众监督执行的刑罚方法。

(2)拘役。拘役是对犯罪分子短期剥夺人身自由,实行就近关押改造的刑罚方法,适用罪行较轻的犯罪分子。

(3)有期徒刑。有期徒刑是对犯罪分子剥夺一定时期人身自由,并实行强制劳动改造的刑罚方法。

(4)无期徒刑。无期徒刑是剥夺犯罪分子终身自由的刑罚方法,是仅次于死刑的一种严厉的刑罚方法,只适用于严重的犯罪。

(5)死刑。死刑包括死刑立即执行和死刑缓期执行,是剥夺犯罪分子生命的刑罚方法,是一种最严厉的刑罚。适用于危害特别严重,罪大恶极的犯罪分子。

≫**法条链接**≫

《刑法》第三十三条:主刑的种类如下:

(一)管制;

(二)拘役;

(三)有期徒刑;

(四)无期徒刑;

(五)死刑。

26. 什么是无期徒刑,它有哪些特点?

"无期徒刑"是剥夺犯罪分子终身自由,并强制劳动改造的刑罚方法。无期徒刑主要适用于那些不必判处死刑,而又需要与社会永久隔离、罪行严重的各类犯罪分子。根据刑法规定,无期徒刑的特点如下:

(1)剥夺犯罪分子的自由。即将犯罪分子关押在一定的场所,使其没有人身自由。

(2)剥夺自由是没有期限的。即剥夺犯罪分子的终身自由。当然剥夺犯罪分子的终身自由并非将所有被判处无期徒刑的犯罪分子都关押到死,而是只要犯罪分子有悔过自新的表现,就可以回归社会。根据刑法规定,被判处无期徒刑的犯罪分子,在服刑期间的表现符合法定条件的,可以适用减刑或假释。此外,符合特赦条件的无期徒刑罪犯,可以被特赦释放。从我国执行无期徒刑的实际情况来看,大量的罪犯并没有被关押到死,而是回到了社会。

(3)强迫参加劳动,接受教育改造。被判处无期徒刑的犯罪分子,除无劳动能力的外,都必须参加无偿劳动,接受教育和改造。

(4)羁押时间不能折抵刑期。由于无期徒刑无刑期可言,因此判决执行之前先行羁押的时间不存在折抵刑期的问题。

(5)必须附加剥夺政治权利。根据《刑法》第五十七条的规定,被判处无期徒刑的犯罪分子,必须附加剥夺政治权利终身。

>> 法条链接 >>

《刑法》第四十六条:被判处有期徒刑、无期徒刑的犯罪分子,在监狱或者其他执行场所执行;凡有劳动能力的,都应当参加劳动,接受教育和改造。

27. 适用死刑应当具备哪些条件?

"死刑",又称为"生命刑",是剥夺犯罪分子生命的刑罚方法。我国刑法贯彻保留死刑、坚决少杀、防止错杀的政策,适用死刑必须非常慎重。根据刑法规定,死刑的适用条件包括:

(1)死刑只适用于罪行极其严重的犯罪分子。即适用死刑的犯罪分子通常都具有对国家、社会危害特别严重;致人重伤、死亡或者使公私财产遭受重大损失;手段特别残忍、后果特别严重、社会影响特别恶劣等情节。

(2)死刑案件判决后,必须经过复核程序核准。刑法规定,死刑除依法由最高人民法院判决的以外,都应当报请最高人民法院核准。这对于保证死刑的正确适用,防止冤假错案的发生,有重要作用。

(3)死刑的执行程序。根据刑事诉讼法的规定,死刑立即执行的判决,应由最高人民法院院长或者授权的高级人民法院院长签发执行死刑的命令,以便最后把关,防止差错。在执行死刑过程中,发现可能有错误的,应停止执行,报告最高人民法院。

(4)死刑对象上的限制。即犯罪的时候不满十八周岁的人和审判的时候怀孕的妇女,不适用死刑。审判的时候已满七十五周岁的人,不适用死刑,但以特别残忍手段致人死亡的除外。

≫**法条链接**≫

《刑法》第四十八条:死刑只适用于罪行极其严重的犯罪分子。对于应当判处死刑的犯罪分子,如果不是必须立即执行的,可以判处死刑同时宣告缓期二年执行。

死刑除依法由最高人民法院判决的以外,都应当报请最高人民法院核准。死刑缓期执行的,可以由高级人民法院判决或者核准。

《刑法》第四十九条:犯罪的时候不满十八周岁的人和审判的时候怀孕的妇女,不适用死刑。

审判的时候已满七十五周岁的人,不适用死刑,但以特别残忍手段致人死亡的除外。

可以适用死刑的罪名:
《刑法分则》第一章　危害国家安全罪(7个)

1. 背叛国家罪
2. 分裂国家罪
3. 武装叛乱、暴乱罪
4. 投敌叛变罪
5. 间谍罪
6. 为境外的机构、组织、人员窃取、刺探、收买、非法提供国家秘密或者情报罪
7. 资敌罪

《刑法分则》第二章　危害公共安全罪(14个)

8. 放火罪
9. 决水罪
10. 爆炸罪

11. 投毒罪

12. 投放危险物质罪

13. 以危险方法危害公共安全罪

14. 破坏电力设备罪

15. 破坏易燃易爆设备罪

16. 劫持航空器罪

17. 非法制造、买卖、运输、邮寄、储存枪支、弹药、爆炸物罪

18. 非法买卖、运输核材料罪

19. 非法制造、买卖、运输、储存危险物质罪

20. 盗窃、抢夺枪支、弹药、爆炸物、危险物质罪

21. 抢劫枪支、弹药、爆炸物、危险物质罪

《刑法分则》第三章　破坏社会主义市场经济秩序罪(7个)

第一节　生产、销售伪劣商品罪(2个)

22. 生产、销售假药罪

23. 生产、销售有毒、有害食品罪

第二节　走私罪(3个)

24. 走私武器、弹药罪

25. 走私核材料罪

26. 走私假币罪

第四节　破坏金融管理秩序罪(1个)

27. 伪造货币罪

第五节　金融诈骗罪(1个)

28. 集资诈骗罪

《刑法分则》第四章　侵犯公民人身权利、民主权利罪(5个)

29. 故意杀人罪

30. 故意伤害罪

31. 强奸罪

32. 绑架罪

33. 拐卖妇女、儿童罪

《刑法分则》第五章　侵犯财产罪(1个)

34. 抢劫罪

《刑法分则》第六章　妨害社会管理秩序罪(5个)

第二节　妨害司法罪(2个)

35. 暴动越狱罪

36. 聚众持械劫狱罪

第七节　走私、贩卖、运输、制造毒品罪(1个)

37. 走私、贩卖、运输、制造毒品罪

第八节　组织、强迫、引诱、容留、介绍卖淫罪(2个)

38. 组织卖淫罪

39. 强迫卖淫罪

《刑法分则》第七章　危害国防利益罪(2个)

40. 破坏武器装备、军事设施、军事通信罪

41. 提供不合格的武器装备、军事设施罪

《刑法分则》第八章　贪污贿赂罪(2个)

42. 贪污罪

43. 受贿罪

《刑法分则》第十章　军人违反职责罪(12个)

44. 战时违抗命令罪

45. 隐瞒、谎报军情罪

46. 拒传、假传军令罪

47. 投降罪

48. 战时临阵脱逃罪

49. 阻碍指挥人员或者值班、值勤人员执行职务罪

50. 驾驶航空器、舰船叛逃罪

51. 为境外的机构、组织、人员窃取、刺探、收买、非法提供军事秘密罪

52. 战时造谣惑众罪

53. 盗窃、抢夺武器装备、军用物资罪

54. 非法出卖、转让军队武器装备罪

55. 战时残害居民、掠夺居民财物罪

28. 什么是死缓,它的适用条件有哪些?

"死缓"是死刑缓期二年执行的简称,它不是一种独立的刑罚种类,但属于死刑的一种执行方式。适用死缓必须具备两个条件:一是罪该处死;二是不是必须

立即执行死刑的。

对于被判处死刑缓期二年执行的有以下四种处理方法：(1)在死刑缓期执行期间，如果没有故意犯罪，二年期满以后，减为无期徒刑；(2)如果确有重大立功表现，二年期满以后，减为二十五年有期徒刑；(3)如果属于故意犯罪，情节严重，查证属实的，由最高人民法院核准，执行死刑；(4)如果是累犯以及故意杀人、故意伤害致人重伤或者死亡、强奸、抢劫、贩卖毒品、放火、爆炸、投放危险物质罪的，可限制减刑。

死缓减刑的法律要求包括：(1)死刑缓期执行的期间，从核准死刑缓期执行宣告之日起计算；(2)对死刑缓期执行罪犯的减刑，应当依法及时报送和裁定；(3)死刑缓期执行减为无期徒刑的，无期徒刑的刑期，从生效的法律文书宣告或送达之日起计算，原剥夺政治权利终身的附加刑不变；(4)死刑缓期执行减为有期徒刑的，刑期从死刑缓期执行期满之日起计算，原剥夺政治权利终身的附加刑改为剥夺政治权利三年以上十年以下。

≫**法条链接**≫

《刑法》第四十八条：死刑只适用于罪行极其严重的犯罪分子。对于应当判处死刑的犯罪分子，如果不是必须立即执行的，可以判处死刑同时宣告缓期二年执行。

《刑法》第五十条：判处死刑缓期执行的，在死刑缓期执行期间，如果没有故意犯罪，二年期满以后，减为无期徒刑；如果确有重大立功表现，二年期满以后，减为二十五年有期徒刑；如果故意犯罪，查证属实的，由最高人民法院核准，执行死刑。

对被判处死刑缓期执行的累犯以及因故意杀人、强奸、抢劫、绑架、放火、爆炸、投放危险物质或者有组织的暴力性犯罪被判处死刑缓期执行的犯罪分子，人民法院根据犯罪情节等情况可以同时决定对其限制减刑。

《刑法》第五十一条：死刑缓期执行的期间，从判决确定之日起计算。死刑缓期执行减为有期徒刑的刑期，从死刑缓期执行期满之日起计算。

29. 什么是拘役，其内容有哪些？

"拘役"是主刑的一种，由人民法院判决，公安机关就近执行的，短期剥夺犯罪分子人身自由、强制劳动改造的刑罚。拘役作为一种介于管制与有期徒刑之间的主刑，其特点有：①拘役是一种短期自由刑，拘役的刑期最短不少于一个月，最长不超过六个月;②拘役适用于罪行较轻但需要短期关押改造的罪犯;③拘役是由公安机关就近执行的刑罚方法。

拘役由公安机关在就近的拘役所、看守所或者其他监管场所执行;在执行期间,受刑人每月可以回家一天至两天;参加劳动的,可以酌量发给报酬。

拘役期限为一个月以上六个月以下,数罪并罚不得超过一年。被判拘役,刑期从人民法院的判决执行之日起计算,但在宣判前被先行羁押的,其羁押一日折抵刑期一日。

在理解和适用拘役时,应注意"拘役"与一字之差的"拘留"(包括刑事拘留、民事拘留和行政拘留)明显不同,具体表现为以下几方面:

(1)性质不同。拘役是刑罚方法;而刑事拘留是刑事诉讼中公安机关在紧急情况下依法临时剥夺现行犯或重大犯罪嫌疑分子人身自由的一种刑事强制措施,以防止其逃避侦查、审判或继续进行犯罪活动。民事拘留是民事诉讼中的一种强制措施,具有司法性质,又称"司法拘留"。行政拘留是对违反治安管理的行为人所适用的一种行政处罚方法。

(2)适用对象不同。拘役适用于罪行较轻的犯罪分子;刑事拘留适用于具有刑事诉讼法规定的七种情形之一的现行犯或重大嫌疑分子。民事拘留适用于民事诉讼法规定的六种妨害民事诉讼行为之一的诉讼参与人或者其他人。行政拘留的对象是不构成犯罪但违反治安管理规定的行为人。

(3)适用的机关不同。拘役由人民法院判决;民事拘留须经人民法院院长批准,期限为十五日以下,被拘留人由人民法院交公安机关看管;而刑事拘留、行政拘留由公安机关直接适用。

(4)法律依据不同。拘役的依据是刑法;刑事拘留的依据是刑事诉讼法;民事拘留的依据是民事诉讼法;而行政拘留的依据则是治安管理处罚法。

≫法条链接≫

《刑法》第四十二条:拘役的期限,为一个月以上六个月以下。

《刑法》第四十三条:被判处拘役的犯罪分子,由公安机关就近执行。

在执行期间,被判处拘役的犯罪分子每月可以回家一天至两天;参加劳动的,可以酌量发给报酬。

《刑法》第四十四条:拘役的刑期,从判决执行之日起计算;判决执行以前先行羁押的,羁押一日折抵刑期一日。

30. 什么是管制,它有哪些特点?

"管制"是主刑的一种,是指对犯罪分子不实行关押,交由公安机关管束和人民群众监督,限制其一定自由的刑罚方法。它具有以下几方面的特点:

(1)对犯罪分子不予关押,不剥夺其人身自由。被判处管制的犯罪分子在服刑期间,不羁押在监狱、看守所等执行场所中,仍留在原工作单位或居住地,也不离开自己的家庭,不中断与社会的正常交往。这是管制刑与其他刑罚方法的重要区别。

(2)被判处管制刑的罪犯须在公安机关管束和群众监督下进行劳动改造,其自由受到一定限制。限制罪犯自由主要表现在限制罪犯的政治自由、担任领导职务、外出经商、迁居等自由。

(3)被判管制的罪犯可以参加劳动或就业,并且依法可以同工同酬。

(4)对判处管制的犯罪分子,依法实行社区矫正。即管制由县级司法行政部门执行社区矫正。

在司法实践中,管制刑通常适用于罪行性质轻、危害小的犯罪分子。根据刑法规定,被判处管制的犯罪分子,在执行期间,应当遵守下列规定:(1)遵守法律、行政法规,服从监督;(2)未经执行机关批准,不得行使言论、出版、集会、结社、游行、示威自由的权利;(3)按照执行机关的规定报告自己的活动情况;(4)遵守执行机关关于会客的规定;(5)离开所居住的市、县或者迁居,应当报告执行机关批准。

如果被管制的犯罪分子需要剥夺政治权利的,应当把剥夺政治权利作为附加刑判处,其期限与管制的期限相等,同时执行。被判处管制的犯罪分子,管制期满,执行机关即应向本人和其所在单位或居住地的群众宣布解除管制,并且发给本人解除通知书。附加剥夺政治权利的,同时宣布恢复政治权利。

≫**法条链接**≫

《刑法》第三十八条:管制的期限,为三个月以上二年以下。

判处管制,可以根据犯罪情况,同时禁止犯罪分子在执行期间从事特定活动,进入特定区域、场所,接触特定的人。

对判处管制的犯罪分子,依法实行社区矫正。……

31. 什么是附加刑,它包括哪些种类?

"附加刑"是指补充主刑适用的刑罚方法,其特点是既可以独立适用,也可以

附加在主刑中适用。对于一种犯罪,可以适用两种以上的附加刑。按照我国刑法规定,附加刑有以下几种:

(1)罚金。"罚金"是强制犯罪分子向国家缴纳一定数额金钱,对罪犯进行经济制裁的一种刑罚方法。主要适用于破坏社会主义经济秩序的犯罪和其他非法牟利的犯罪。

(2)剥夺政治权利。"剥夺政治权利"是指依法剥夺犯罪分子一定期限参加国家管理和政治活动权利的刑罚方法。主要适用于危害国家安全和其他严重危害社会治安的犯罪分子。

(3)没收财产。"没收财产"是指将犯罪分子个人所有的财产的一部分或者全部强行无偿地收归国有的一种刑罚方法。主要适用于危害国家安全罪、破坏社会主义经济秩序罪、侵犯财产罪及妨害社会管理秩序罪中较严重的犯罪。

≫**法条链接**≫

《刑法》第三十四条:附加刑的种类如下:

(一)罚金;

(二)剥夺政治权利;

(三)没收财产。

附加刑也可以独立适用。

32. 什么是附加刑中的剥夺政治权利?

"剥夺政治权利"是一种附加刑,是指剥夺犯罪分子参加国家管理和政治活动权利的刑罚方法。根据刑法规定,剥夺政治权利是指剥夺犯罪分子下列四项权利:(1)选举权和被选举权;(2)言论、出版、集会、结社、游行、示威自由的权利;(3)担任国家机关职务的权利;(4)担任国有公司、企业、事业单位和人民团体领导职务的权利。剥夺政治权利既可以附加适用,也可以独立适用。

附加适用剥夺政治权利的对象主要是以下三种犯罪分子:(1)危害国家安全的犯罪分子;(2)故意杀人、强奸、放火、爆炸、投毒、抢劫等严重破坏社会秩序的犯罪分子;(3)被判处死刑和无期徒刑的犯罪分子,对该类犯罪分子应当剥夺政治权利终身。

独立适用剥夺政治权利的条文均在刑法分则当中有规定,主要有以下几种犯罪:(1)危害国家安全罪中的分裂国家罪,煽动分裂国家罪,武装叛乱或者武装暴乱罪,煽动颠覆政权罪,资敌罪;(2)侵犯公民人身权利、民主权利罪中的非法剥夺他人人身自由罪,侮辱、诽谤罪,煽动民族仇恨、民族歧视罪,破坏选举罪;(3)妨害社会管理秩序罪中的妨害公务罪,招摇撞骗罪,伪造、变造或者盗窃、抢夺、毁灭国家机关公文、证件、印章罪,伪造公司、企业、事业单位、人民团体印章罪,伪造、变造居民身份证罪,聚众"打砸抢"罪,扰乱社会秩序罪,聚众扰乱社会秩序罪,聚众扰乱公共场所秩序、交通秩序罪,组织黑社会性质组织罪,非法集会、游行、示威罪,非法携带武器、管制刀具或者爆炸物参加集会、游行、示威罪,破坏依法举行的集会、游行、示威罪,侮辱国旗、国徽罪;(4)危害国防利益罪中的聚众扰乱军事禁区、军事管理区罪,伪造、变造、买卖或者盗窃、抢夺武装部队公文、证件、印章罪;(5)渎职罪中的泄露国家秘密罪,司法工作人员徇私枉法罪。刑法分则条文中没有规定剥夺政治权利的犯罪,不得独立适用剥夺政治权利。

在剥夺政治权利的期限问题上,除独立适用的以外,依所附加的主刑不同而有所不同。根据刑法规定,剥夺政治权利的期限有定期与终身之分,包括以下四种情况:(1)判处管制附加剥夺政治权利,剥夺政治权利的期限与管制的期限相等,同时执行,即三个月以上二年以下;(2)判处拘役、有期徒刑附加剥夺政治权利或者单处剥夺政治权利的期限,为一年以上五年以下;(3)判处死刑、无期徒刑的犯罪分子,应当剥夺政治权利终身;(4)死刑缓期执行或者无期徒刑减为有期徒刑的,附加剥夺政治权利的期限改为三年以上十年以下。

≫法条链接≫

《刑法》第五十四条:剥夺政治权利是剥夺下列权利:

(一)选举权和被选举权;

(二)言论、出版、集会、结社、游行、示威自由的权利;

(三)担任国家机关职务的权利;

(四)担任国有公司、企业、事业单位和人民团体领导职务的权利。

《刑法》第五十五条:剥夺政治权利的期限,除本法第五十七条规定外,为一年以上五年以下。

判处管制附加剥夺政治权利的,剥夺政治权利的期限与管制的期限相等,同时执行。

《刑法》第五十六条:对于危害国家安全的犯罪分子应当附加剥夺政治权利;对于故意杀人、强奸、放火、爆炸、投毒、抢劫等严重破坏社会秩序的犯罪分子,可以附加剥夺政治权利。

独立适用剥夺政治权利的,依照本法分则的规定。

《刑法》第五十七条：对于被判处死刑、无期徒刑的犯罪分子，应当剥夺政治权利终身。

在死刑缓期执行减为有期徒刑或者无期徒刑减为有期徒刑的时候，应当把附加剥夺政治权利的期限改为三年以上十年以下。

33. 什么是罚金刑，它有哪些特点？

"罚金"是一种附加刑，是指人民法院判处犯罪分子向国家缴纳一定数额金钱的刑罚方法。罚金刑具有以下特征：(1)罚金是人民法院对犯罪分子采取的强制性财产惩罚措施；(2)罚金只能执行犯罪分子个人所有的财产，不能执行犯罪分子家属所有或者后有的财产；(3)罚金的范围只能是强制犯罪分子缴纳个人所有的一定数额的金钱。如果没有钱款，可以对其拥有的合法财产采取查封、扣押、冻结、变卖、拍卖措施，用变卖、拍卖的钱款折抵罚金；(4)罚金的缴纳是在法院的判决生效之后执行。

判处罚金，应当根据犯罪情节决定罚金数额。按照最高人民法院《关于适用财产刑若干问题的规定》第二条规定："人民法院应当根据犯罪情节，如违法所得数额、造成损失的大小等，并结合考虑犯罪分子缴纳罚金的能力，依法判处罚金。"根据刑法分则最高人民法院司法解释的规定，对罚金数额的确定主要有以下五种情形：(1)无限额罚金制，是指由人民法院依据刑法总则确定的原则——根据犯罪情节，自由裁量罚金的具体数额。在无限额罚金的情况下，罚金的最低数额不能少于一千元；未成年人犯罪应当从轻或者减轻判处罚金的，罚金的最低数额不能少于五百元；(2)限额罚金制，即人民法院只需要在规定的数额幅度内裁量罚金。例如，《刑法》第一百七十条规定，伪造货币的，处三年以上十年以下有期徒刑，并处五万元以上五十万元以下罚金；(3)比例罚金制，即以犯罪金额的百分比决定罚金的数额。例如，根据《刑法》第一百五十八条规定，对虚报注册资本罪，处三年以下有期徒刑或者拘役，并处或者单处虚报注册资本金额百分之一以上百分之五以下罚金；(4)倍数罚金制，即以犯罪金额的倍数决定罚金的数额。例如，《刑法》第二百零二条规定，以暴力、威胁方法拒不缴纳税款的，处三年以下有期徒刑或者拘役，并处拒缴税款一倍以上五倍以下的罚金；(5)倍比罚金制，即同时以犯罪金额的比例和倍数决定罚金的数额。例如，根据《刑法》第一百四十一条规定，对生产、销售假药罪，处三年以下有期徒刑或者拘役，并处或者单处销售金额百分之五十以上二倍以下罚金。

根据刑法规定,罚金有以下四种适用方式:(1)单处罚金。这种方式主要适用于单位犯罪。例如,《刑法》第三百八十七条规定的单位受贿罪和第三百九十三条规定的单位行贿罪,对单位判处罚金。在这种情况下,罚金只能单独适用;(2)选处罚金,即刑法规定罚金与其他刑种并列,可供选择适用。例如:根据《刑法》第二百七十五条规定,犯故意毁坏财物罪的,处三年以下有期徒刑、拘役或者罚金。在这种情况下,罚金作为一种选择的法定刑,只有单独适用,不能附加适用;(3)并处罚金。在罚金附加适用的情况下,明确规定判处自由刑时,必须同时并处罚金。例如,《刑法》第三百二十六条规定的倒卖文物罪,处五年以下有期徒刑或者拘役,并处罚金;情节特别严重的,处五年以上十年以下有期徒刑,并处罚金。在这里,罚金只能附加适用,不能单独适用;(4)并处或单处罚金,即罚金的单处与并处同时规定在一个法条之内,以供选择适用。例如,《刑法》第二百一十六条规定,假冒他人专利,情节严重的,处三年以下有期徒刑或者拘役,并处或者单处罚金。在这种情况下,罚金既可以附加适用,也可以单独适用,究竟是并处还是单处,根据犯罪分子所犯罪行的情节轻重确定。

≫法条链接≫

《刑法》第五十二条:判处罚金,应当根据犯罪情节决定罚金数额。

《刑法》第五十三条:罚金在判决指定的期限内一次或者分期缴纳。期满不缴纳的,强制缴纳。对于不能全部缴纳罚金的,人民法院在任何时候发现被执行人有可以执行的财产,应当随时追缴。如果由于遭遇不能抗拒的灾祸缴纳确实有困难的,可以酌情减少或者免除。

34. 什么是附加刑中的没收财产?

"没收财产"是一种附加刑,是指强制将犯罪分子个人所有的一部或者全部的财产无偿地收为国有的一种刑罚方法。

根据刑法规定,没收财产的适用应当注意其范围:(1)没收财产是没收犯罪分子个人所有财产的一部或者全部。所谓"犯罪分子个人所有财产",是指属于犯罪分子本人实际所有的财产以及与他人共有财产中依法应得的份额;(2)没收全部财产的,应当对犯罪分子个人及其扶养的家属保留必需的生活费用,以维持犯罪分子个人及其扶养的家属的生活;(3)在判处没收财产的时候,不得没收属于犯罪分子家属所有或者应有的财产。

没收财产刑适用的对象主要包括:(1)危害国家安全罪的犯罪分子。这是适用没收财产刑的首要对象;(2)经济犯罪及贪利性犯罪的犯罪分子。这是没收财产刑的重要对象。对这些犯罪分子适用没收财产,既是对贪财图利的犯罪分子给以应有的惩罚,也是对他们继续进行犯罪活动的物质条件予以必要的剥夺。

没收财产的适用方式主要包括:(1)选处适用。也就是说,对某种犯罪既可以适用没收财产,也可以适用其他刑罚,究竟如何适用由司法机关根据个案的情况自由裁量。例如,《刑法》第二百六十七条规定,抢夺公私财物,数额特别巨大或者有其他特别严重情节的,处十年以上有期徒刑或者无期徒刑,并处罚金或者没收财产;(2)并处适用。在对犯罪分子适用主刑或其他附加刑的同时判处没收财产。例如,《刑法》第三百八十三条规定,对犯贪污罪的,个人贪污数额在十万元以上的,情节特别严重的,处死刑,并处没收财产。

≫**法条链接**≫

《刑法》第五十九条:没收财产是没收犯罪分子个人所有财产的一部或者全部。没收全部财产的,应当对犯罪分子个人及其扶养的家属保留必需的生活费用。

在判处没收财产的时候,不得没收属于犯罪分子家属所有或者应有的财产。

《刑法》第六十条:没收财产以前犯罪分子所负的正当债务,需要以没收的财产偿还的,经债权人请求,应当偿还。

35. 犯罪分子因其犯罪行为使被害人遭受经济损失的,如何承担民事责任?

根据刑法规定,由于犯罪行为使被害人遭受经济损失的,对犯罪分子除给予刑事处罚外,应当根据情况判处赔偿经济损失。由于犯罪行为而使被害人遭受经济损失的,既包括由犯罪行为直接造成被害人物质损失,也包括由于犯罪行为的侵害间接造成的被害人经济上的损失。"根据情况判处赔偿经济损失"是指人民法院在对犯罪分子判处刑事处罚的同时,根据犯罪分子的犯罪性质、情节、被害人遭受损失的程度、犯罪分子的经济状况等具体情况,一并判处犯罪分子赔偿被害人遭受的经济损失。

另外,根据刑法规定,如果犯罪分子被判处罚金、没收财产等财产刑,同时又被判处赔偿被害人经济损失的,当犯罪分子的财产不足以全部支付的,就应当先承担民事赔偿责任,以体现对被害人合法权利的优先保护。

≫**法条链接**≫

《刑法》第三十六条：由于犯罪行为而使被害人遭受经济损失的，对犯罪分子除依法给予刑事处罚外，并应根据情况判处赔偿经济损失。

承担民事赔偿责任的犯罪分子，同时被判处罚金，其财产不足以全部支付的，或者被判处没收财产的，应当先承担对被害人的民事赔偿责任。

36. 对犯罪情节轻微不需要判处刑罚的犯罪分子，如何处理？

按照刑法规定，对于犯罪情节轻微不需要判处刑罚的犯罪分子，可以免予刑事处罚。根据立法精神，犯罪情节轻微和不需要判处刑罚是免予刑事处罚的两个条件，二者缺一不可。其中，犯罪情节轻微是指已经构成犯罪，但犯罪的性质、情节及危害后果都很轻。不需要判处刑罚是指犯罪情节轻微，犯罪人认罪、悔罪，对其没有判处刑罚必要的情形。

对免予刑事处罚的犯罪分子，并非坐视不管，根据刑法规定，司法机关可以根据案件的不同情况，采用非刑罚方法处理。具体包括两种情况：

(1)在人民法院判处免予刑事处罚的同时，根据案件的不同情况，对犯罪分子予以训诫或者责令具结悔过、赔礼道歉、赔偿损失。

(2)由人民法院交由主管部门予以行政处罚或者行政处分。主管部门主要是指对该案件管辖的公安机关、犯罪分子所在单位或者基层组织。行政处罚主要是指行政执法机关依照国家行政法律、法规和行政处罚法的规定，给被免予刑事处罚的犯罪分子以经济处罚或者限制人身自由的处罚，如罚款、行政拘留等。行政处分是指犯罪分子的所在单位或者其基层组织，依照行政规章、制度，对免予刑事处罚的犯罪分子予以行政纪律处分，如开除、记过、警告等。

≫**法条链接**≫

《刑法》第三十七条：对于犯罪情节轻微不需要判处刑罚的，可以免予刑事处罚，但是可以根据案件的不同情况，予以训诫或者责令具结悔过、赔礼道歉、赔偿损失，或者由主管部门予以行政处罚或者行政处分。

37. 法院对犯罪分子量刑时应坚持哪些原则？

按照刑法规定，法院对犯罪分子量刑的原则是以犯罪事实为依据，以刑法为准绳，具体阐释如下：

(1)以犯罪事实为依据。"犯罪事实"是指犯罪构成要件的全部事实。包括：

犯罪的主体是否为具有完全刑事责任能力的人;犯罪的主观方面是故意还是过失,犯罪的动机、目的;犯罪的客观方面,危害社会的行为、手段、后果、行为和后果之间的因果关系以及犯罪的时间、地点和方法等等;"犯罪的性质"是指什么性质的犯罪以及具体罪名;"犯罪情节"是指实施犯罪的有关具体情况,包括犯罪过程、手段等等,主要包括法定情节和酌定情节。"法定情节"是指法律规定的从重、从轻、减轻以及免除处罚的情节,如犯罪停止形态中的预备、既遂、未遂和中止,共同犯罪中的主犯、从犯、胁从犯和教唆犯,此外,还有累犯、自首、立功等情节。对于犯罪行为具有法定情节的,必须依法确定其量刑的轻重。"酌定情节"是指在法律中没有明确规定的情节,这种情节由人民法院根据实际情况和审判实践,在量刑时予以考虑,如犯罪动机、犯罪时的环境和条件、犯罪人的一贯表现、认罪态度等;社会的危害程度是指犯罪行为对法律保护的社会关系损害的程度。对社会的危害程度一般包括两方面的内容:一是犯罪行为直接造成的危害后果;二是犯罪行为虽未直接造成危害后果,仍存在着潜在的危害等。

(2)以刑法为准绳,即严格依照刑法总则和刑法分则中的有关规定来确定对于被告人是否要处以刑罚,处以何种刑罚以及适用刑期的长短等。在具体适用刑法分则的有关规定时,如果该规定有不同的量刑幅度,应当选择与所犯罪行相应的量刑幅度。在适用总则的有关规定量刑时,要根据犯罪的事实和情节,正确适用有关从重、从轻、减轻、免除刑罚的有关规定。

≫**法条链接**≫

《刑法》第六十一条:对于犯罪分子决定刑罚的时候,应当根据犯罪的事实、犯罪的性质、情节和对于社会的危害程度,依照本法的有关规定判处。

38. 如何理解和适用从重处罚、从轻处罚情节?

(1)从重处罚情节。"从重处罚"是指在法定刑的幅度内,对犯罪分子适用相对较重的刑种或者处以相对较长的刑期。从重处罚情节又包括总则性从重处罚情节和分则性从重处罚情节。我国刑法总则规定的从重处罚情节包括教唆不满十八周岁的人犯罪以及累犯等;刑法分则规定的从重处罚情节包括入户抢劫,强奸被拐卖的妇女,奸淫不满十四周岁的幼女的,国家机关工作人员利用职权非法拘禁他人的,利用、教唆未成年人走私、贩卖、运输毒品或者向未成年人出售毒品的,缉毒人员或者其他国家机关工作人员掩护、包庇走私、贩卖、运输、制造毒品的犯罪分子的等等。对具有从重处罚情节的犯罪分子在法定刑的幅度内判处相对较重的刑罚,是考虑到法律所规定的这些应予从重处罚的情节既反映了较为严重的社会危害性,也表明犯罪分子具有较深的主观恶性,需要以较重的刑罚予以惩罚和教育,以体现罪责刑相适应原则的要求。

(2)从轻处罚情节。"从轻处罚"是指在法定刑的幅度内,对犯罪分子适用相对较轻的刑种或者处以较短的刑期。从轻处罚的情节是刑法明确规定的,我国刑法的从轻处罚的情节基本上规定在总则中,如犯罪形态中的预备犯、未遂犯、中止犯,共同犯罪中的从犯、胁从犯,正当防卫、紧急避险超过必要限度的,被教唆的人未犯教唆罪的,犯罪后有自首、立功情节的等等。从轻处罚的情节可以分为两类:一类是应当予以从轻处罚;一类是可以予以从轻处罚。

根据刑法规定,不论是从重处罚,还是从轻处罚,都应当对犯罪分子在法定刑的限度以内判处刑罚。即法院在决定量刑时,应当根据犯罪的事实、情节、社会危害程度以及刑罚的具体量刑幅度,判处相应的刑罚,不得超出法定最低刑和法定最高刑判处。

≫法条链接≫

《刑法》第六十二条:犯罪分子具有本法规定的从重处罚、从轻处罚情节的,应当在法定刑的限度以内判处刑罚。

39. 如何正确理解和适用减轻处罚的规定?

"减轻处罚"是指在法定最低刑以下判处刑罚。我国刑法规定的减轻处罚的情节有:预备犯、未遂犯、中止犯、从犯、胁从犯,犯罪后自首、立功的等等。刑法规定的减轻处罚的情节包括两类:一类是应当予以减轻处罚;一类是可以予以减轻处罚。对于应当予以减轻处罚的,人民法院在量刑时必须在该犯罪行为所应当适用的刑罚幅度规定的最低刑以下判处刑罚。对于刑法规定可以予以减轻处罚的,人民法院在量刑时应当综合全案的情节以决定是否予以减轻以及减轻的幅度。

按照刑法规定,如果犯罪分子没有法定减轻处罚的情节,但是根据案件的特殊情况,也可以在法定刑以下依刑罚规定判处。但这种减轻处罚必须依法报经最高人民法院核准,即地方各级人民法院无权独立适用。否则,会造成减轻处罚量刑权的滥用,从根本上违反罪刑法定原则。在司法实践中,案件的特殊情况,通常是指案件的特殊性,如涉及政治、外交等情况。

≫**法条链接**≫

《刑法》第六十三条：犯罪分子具有本法规定的减轻处罚情节的，应当在法定刑以下判处刑罚。

犯罪分子虽然不具有本法规定的减轻处罚情节，但是根据案件的特殊情况，经最高人民法院核准，也可以在法定刑以下判处刑罚。

40. 什么是累犯，对累犯的处罚原则是什么？

"累犯"是指因犯罪受过一定刑罚处罚，在刑罚执行完毕或者赦免之后的法定期限内又犯一定之罪的犯罪人。根据刑法规定，累犯分为一般累犯和特别累犯两类。

就一般累犯而言，其构成条件如下：

(1)前罪和后罪必须都是被判处有期徒刑以上刑罚的，包括被判处有期徒刑、无期徒刑或者死刑的犯罪分子。

(2)前罪和后罪的间隔时间为五年，由于累犯的社会危害性较大，对社会治安构成严重威胁，为了体现对累犯从严打击的精神，刑法规定了累犯制度。

(3)后罪发生的时间必须在前罪的刑罚执行完毕或者赦免以后五年以内。对于有期徒刑以上主刑已经执行完毕，但附加刑尚未执行完毕的，应以主刑执行完毕之日为累犯期间的起算时间。

(4)前罪和后罪必须都是故意犯罪。如果其中有一个罪是过失犯罪，就不符合累犯的条件。也就是说，累犯不包括过失犯罪。

"特别累犯"是指犯危害国家安全罪、恐怖活动犯罪、黑社会性质的组织犯罪的犯罪分子受过一定的刑罚处罚，在刑罚执行完毕或者赦免之后，在任何时间内再犯上述任一类犯罪的人。

根据刑法规定，对于累犯应当在法定刑的幅度内从重处罚。

≫**法条链接**≫

《刑法》第六十五条：被判处有期徒刑以上刑罚的犯罪分子，刑罚执行完毕或者赦免以后，在五年以内再犯应当判处有期徒刑以上刑罚之罪的，是累犯，应当从重处罚，但是过失犯罪和不满十八周岁的人犯罪的除外。

前款规定的期限，对于被假释的犯罪分子，从假释期满之日起计算。

《刑法》第六十六条：危害国家安全犯罪、恐怖活动犯罪、黑社会性质的组织犯罪的犯罪分子，在刑罚执行完毕或者赦免以后，在任何时候再犯上述任一类罪的,都以累犯论处。

41. 什么是自首,对自首犯的处罚原则是什么?

"自首"是指犯罪分子犯罪以后自动投案,如实供述自己的罪行的行为,或者被采取强制措施的犯罪嫌疑人、被告人以及正在服刑的罪犯如实供述尚未被公安、司法机关掌握的自己其他罪行的行为。自首分为一般自首和特别自首。

根据刑法规定,一般自首的成立条件如下:

(1)犯罪以后自动投案。所谓"自动投案",是指犯罪分子犯罪以后,犯罪事实未被司法机关发现以前,或者犯罪事实虽被发现,但不知何人所为,或者犯罪事实和犯罪分子均已被发现,但是尚未受到司法机关的传唤、讯问或者尚未采取强制措施之前,主动到司法机关或者所在单位、基层组织投案,愿意接受审查和追诉的情形。

投案的形式多种多样,除上述形式外,犯罪分子犯罪后逃到异地,又向异地的司法机关投案的,也属于自首。如果犯罪分子因患病、身受重伤,委托他人先行代为投案的,为了消除犯罪后果而委托他人代为投案的,或者先行以书信、电话、电报等方式投案的,都应当属于投案。有的犯罪嫌疑人的罪行尚未被司法机关发觉,但因其他原因在被司法机关或其他组织盘问、教育过程中,主动交待了自己的罪行的,也属于自动投案。有的犯罪嫌疑人在投案的途中被捕获,只要查证属实的,也属于投案自首。有的犯罪嫌疑人投案并非完全出于自己主动,而是经亲友劝告,由亲友送去投案,对于这些情形,也应认定为投案自首。

(2)如实供述自己的罪行,即犯罪分子投案以后,对于自己所犯的罪行,不管司法机关是否掌握,都必须如实地全部向司法机关供述。只要基本的犯罪事实和主要情节说清楚,就应当认为属于如实供述自己的罪行。如果犯罪分子避重就轻或者仅供述一部分,不能认为是如实供述自己的罪行。对于犯有数罪的犯罪分子,如果其只供述自己所犯数罪中的部分犯罪的,则只能认定该部分犯罪为自首。共同犯罪中的犯罪分子不仅应供述自己的犯罪行为,还应供述与其共同实施犯罪的其他共犯的共同犯罪事实。

特殊自首的成立必须具备以下几个要件:

(1)自首的主体仅限于已经被司法机关采取强制措施的犯罪嫌疑人、被告人和正在服刑的罪犯。强制措施是指我国刑事诉讼法规定的拘传、拘留、取保候审、监视居住、逮捕。正在服刑是指人民法院已经判决,正在执行刑罚的罪犯。

（2）如实供述的内容是司法机关还未掌握的本人其他罪行。司法机关还未掌握的本人其他罪行，是指司法机关根本不知道、未掌握犯罪嫌疑人、被告人和正在服刑的罪犯的其他罪行。如果犯罪分子因犯罪被采取强制措施或者被判处徒刑后，又向司法机关供述自己还有一起同种性质的犯罪行为，不属于其他罪行。另外，对于共同犯罪来说，如果供述司法机关未掌握的他人的犯罪，也不成立特别自首。

不论哪种形式的自首，其处罚原则都是一样的，即对于自首的犯罪分子，可以从轻或者减轻处罚。其中，犯罪较轻的，可以免除处罚。

≫ **法条链接** ≫

《刑法》第六十七条：犯罪以后自动投案，如实供述自己的罪行的，是自首。对于自首的犯罪分子，可以从轻或者减轻处罚。其中，犯罪较轻的，可以免除处罚。

被采取强制措施的犯罪嫌疑人、被告人和正在服刑的罪犯，如实供述司法机关还未掌握的本人其他罪行的，以自首论。……

42. 什么是立功，立功如何减轻处罚？

"立功"是指犯罪分子揭发他人的犯罪行为，经查证属实的，或者提供重要线索，从而得以侦破其他案件的行为。立功的主体是犯罪分子。所谓"揭发他人的犯罪行为"，是指犯罪分子被捉拿归案以后，不仅交代自己的罪行，而且还主动揭发其他人的犯罪行为。揭发他人的犯罪行为，必须经过查证属实。查证属实是指经过司法机关查证以后，证明犯罪分子揭发的情况确实属实。如果经过查证，犯罪分子揭发的情况，不是事实或者无法证明或者不属于犯罪行为，那么也不算犯罪分子有立功表现。立功表现的另一表现形式是提供重要线索，从而得以侦破其他案件的。所谓"提供重要线索"，是指犯罪分子向司法机关提供未被司法机关掌握的重要犯罪线索，即证明犯罪行为的重要事实或有关情节等。按照刑法规定，如果犯罪分子存在立功行为，可以从轻或者减轻处罚。

按照刑法规定，对于有重大立功表现的，可以减轻或者免除处罚。所谓"重大立功表现"，是指犯罪分子检举、揭发他人的重大犯罪行为，例如，揭发了一个犯罪集团或犯罪团伙，或者因提供了犯罪的重要线索，才使一个重大犯罪案件得以侦破；阻止他人重大犯罪活动；协助司法机关抓捕其他重大犯罪分子（包括同案犯）；对国家和社会有其他重大贡献的等等。

≫**法条链接**≫

《刑法》第六十八条：犯罪分子有揭发他人犯罪行为，查证属实的，或者提供重要线索，从而得以侦破其他案件等立功表现的，可以从轻或者减轻处罚；有重大立功表现的，可以减轻或者免除处罚。

43. 坦白依法从宽处罚吗？

"坦白"是指犯罪分子被动归案后，如实供述自己被公安司法机关指控的犯罪事实，并主动接受有关机关审查和裁判的行为。在过去很长一段时间，我国法律和司法实践只将坦白作为一种酌定从宽处罚的量刑情节对待，从2009年的司法解释到2011年刑法修正案，坦白已成为一种法定的从宽处罚情节。

2009年3月12日最高人民法院、最高人民检察院联合发布的《关于办理职务犯罪案件认定自首、立功等量刑情节若干问题的意见》规定，犯罪分子依法不成立自首，但如实交代犯罪事实，有下列情形之一的，可以酌情从轻处罚：(1)办案机关掌握部分犯罪事实，犯罪分子交代了同种其他犯罪事实的；(2)办案机关掌握的证据不充分，犯罪分子如实交代有助于收集定案证据的。

《关于办理职务犯罪案件认定自首、立功等量刑情节若干问题的意见》还规定，犯罪分子如实交代犯罪事实，有下列情形之一的，一般应当从轻处罚：(1)办案机关仅掌握小部分犯罪事实，犯罪分子交代了大部分未被掌握的同种犯罪事实的；(2)如实交代对于定案证据的收集有重要作用的。

根据2011年2月25日《中华人民共和国刑法修正案(八)》规定，《刑法》第六十七条增加一款，即犯罪嫌疑人虽不具有前两款规定的自首情节，但是如实供述自己罪行的，可以从轻处罚；因其如实供述自己罪行，避免特别严重后果发生的，可以减轻处罚。

≫**法条链接**≫

《刑法》第六十七条：……

犯罪嫌疑人虽不具有前两款规定的自首情节，但是如实供述自己罪行的，可以从轻处罚；因其如实供述自己罪行，避免特别严重后果发生的，可以减轻处罚。

44. 判决宣告以前一人犯数罪的，应当如何决定执行刑罚？

这个问题实际上就是刑法中的数罪并罚问题。所谓"数罪并罚"，就是指对犯两个以上罪行的犯罪分子,就所犯各罪分别定罪量刑后,按一定原则判决宣告执行的刑罚。按照刑法规定,对于判决宣告之前,一人犯有两种或两种以上不同的罪,处罚原则是:在总和刑期以下,数刑中最高刑期以上酌情决定执行的刑期。"总和刑期"是指将犯罪分子的各个不同的罪,分别依照刑法确定刑期后相加得出的刑期总数。而数刑中最高刑则是指对数个犯罪确定的刑期中最长的刑期。对于被告人犯有数罪的,人民法院在量刑时,应当先就数罪中的每一种犯罪分别量刑,然后,再把每种罪判处的刑罚相加,计算出总和刑期,最后,在数罪中的最高刑期以上和数罪总和刑期以下,决定执行的刑罚。

按照刑法规定,在决定执行刑罚时,管制最高不能超过三年,拘役最高不能超过一年,有期徒刑总和刑期不满三十五年的,最高不能超过二十年;总和刑期在三十五年以上的,最高不能超过二十五年。在数罪中有一个罪判处附加刑的,或者数罪都判处附加刑的,附加刑都应执行。附加刑不适用数罪并罚原则,应当分别予以执行。

≫法条链接≫

《刑法》第六十九条:判决宣告以前一人犯数罪的,除判处死刑和无期徒刑的以外,应当在总和刑期以下、数刑中最高刑期以上,酌情决定执行的刑期,但是管制最高不能超过三年,拘役最高不能超过一年,有期徒刑总和刑期不满三十五年的,最高不能超过二十年,总和刑期在三十五年以上的,最高不能超过二十五年。

数罪中有判处附加刑的,附加刑仍须执行,其中附加刑种类相同的,合并执行,种类不同的,分别执行。

45. 判决宣告后,刑罚执行完毕前,发现被判刑的犯罪分子还有遗漏罪行,应如何处理?

按照刑法规定,判决宣告以后,刑罚执行完毕以前,发现被判刑的犯罪分子在判决宣告之前还有其他罪没有判决的,应对新发现的罪作出判决,把前后两个判决所判处的刑罚,依照《刑法》第六十九条的规定,决定执行的刑罚。

执行这种处罚原则必须是发现被判刑的犯罪分子在判决宣告以前还有其他罪没有判决,即存在漏罪现象。在决定执行刑罚的方法上,采用先并后减的方法。即先将前面的罪所判处的刑罚与漏罪所判处的刑罚实行数罪并罚,然后从前后两个判决所判处的刑罚中扣除已经执行的刑期。对这一法律规定还应注意

以下问题:

(1)缓刑期间发现漏罪的并罚。按照刑法规定,被宣告缓刑的犯罪分子,在缓刑考验期限内发现判决宣告以前还有其他罪没有判决的,应当撤销缓刑,对新发现的罪作出判决,把前罪与后罪所判处的刑罚,依照《刑法》第六十九条的规定,决定执行的刑罚。如果必须判处实刑的,应当撤销对前罪所宣告的缓刑。已经执行的缓刑考验期,不予折抵刑期。但是,判决执行以前先行羁押的日期应当予以折抵刑期;如果仍符合缓刑条件的,仍可宣告缓刑,已经执行的缓刑考验期,应当计算在新决定的缓刑考验期内。

(2)假释期间发现漏罪的并罚。按照刑法规定,在假释考验期限内,发现被假释的犯罪分子在判决宣告以前还有其他罪没有判决的,应当撤销假释,依照《刑法》第七十条的规定实行数罪并罚。

》法条链接》

《刑法》第七十条:判决宣告以后,刑罚执行完毕以前,发现被判刑的犯罪分子在判决宣告以前还有其他罪没有判决的,应当对新发现的罪作出判决,把前后两个判决所判处的刑罚,依照本法第六十九条的规定,决定执行的刑罚。已经执行的刑期,应当计算在新判决决定的刑期以内。

46. 犯罪分子在刑罚执行的过程中又犯新罪的,应当如何数罪并罚?

按照刑法规定,判决宣告以后,刑罚执行完毕以前,被判刑的犯罪分子又犯罪的,应当对新犯的罪作出判决,把前罪没有执行的刑罚与后罪所判处的刑罚,依照《刑法》第六十九条的规定,决定执行的刑罚。新罪必须是在判决发生法律效力以后、刑罚执行完毕以前所犯的。再犯新罪并罚的方法是先减后并。根据先减后并的方法,在再犯新罪的情况下,计算并罚刑期的时候,应当从前罪判决决定执行刑罚中减去已经执行刑罚,然后将前罪未执行的刑罚与后罪所判处的刑罚并罚,决定执行的刑罚。

按照刑法规定,在理解和适用再犯新罪进行并罚时,还应注意:

(1)缓刑期间再犯新罪的并罚。被宣告缓刑的犯罪分子,在缓刑考验期限内犯新罪的,应当撤销缓刑,对新犯的罪作出判决,把前罪和后罪所判处的刑罚,依照《刑法》第六十九条的规定,决定执行的刑罚。

(2)假释期间再犯新罪的并罚。被假释的犯罪分子,在假释考验期限内犯新罪,应当撤销假释,依照《刑法》第七十一条的规定实行数罪并罚。

>>法条链接>>

《刑法》第七十一条:判决宣告以后,刑罚执行完毕以前,被判刑的犯罪分子又犯罪的,应当对新犯的罪作出判决,把前罪没有执行的刑罚和后罪所判处的刑罚,依照本法第六十九条的规定,决定执行的刑罚。

47. 判处缓刑应当具备哪些条件?

"缓刑"是指审理案件的法院根据被判处刑罚的罪犯的犯罪情节和悔罪表现,规定一定的考验期,附条件的暂缓执行刑罚的一种刑罚制度。根据刑法规定,适用缓刑的条件如下:

(1)犯罪分子被判处拘役或者三年以下有期徒刑的刑罚。三年以下有期徒刑是指法院的宣告刑,而不是这种罪的法定刑。被判处这种刑罚的犯罪分子,通常罪行较轻,社会危害性较小。这是适用缓刑的首要条件。

(2)根据犯罪分子的犯罪情节和悔罪表现,认为适用缓刑不致再危害社会。这是适用缓刑的根本条件。罪犯是否再危害社会,主要根据犯罪分子自身对所犯罪行的认罪、悔罪表现和犯罪情节而定,如果犯罪分子对自身的犯罪没有认识、没有悔罪表现,或者犯罪分子犯罪情节严重、手段恶劣,即使被判拘役以上三年有期徒刑以下,也不能适用缓刑,因为他们有可能再次危害社会。

(3)犯罪分子不是累犯。累犯屡教不改、主观恶性较深,适用缓刑难以防止其再犯新罪。因此,缓刑不适用于累犯。

根据刑法规定,对被宣告缓刑的犯罪分子,在缓刑考验期限内,依法实行社区矫正,如果没有违法犯罪,缓刑考验期满,原判的刑罚就不再执行,并公开予以宣告。如果被宣告缓刑的犯罪分子,在缓刑考验期限内犯新罪或者发现判决宣告以前还有其他罪没有判决的,应当撤销缓刑,对新犯的罪或者新发现的罪作出判决,把前罪和后罪所判处的刑罚,依照《刑法》第六十九条的规定,决定执行的刑罚。另外,被宣告缓刑的犯罪分子在缓刑考验期限内,违反法律、行政法规或者国务院有关部门关于缓刑的监督管理规定,或者违反人民法院判决中的禁止令,情节严重的,应当撤销缓刑,执行原判刑罚。

>>法条链接>>

《刑法》第七十二条:对于被判处拘役、三年以下有期徒刑的犯罪分子,同时符合下列条件的,可以宣告缓刑,对其中不满十八周岁的人、怀孕的妇女和已满七十五周岁的人,应当宣告缓刑:

(一)犯罪情节较轻;
(二)有悔罪表现;
(三)没有再犯罪的危险;
(四)宣告缓刑对所居住社区没有重大不良影响。

宣告缓刑,可以根据犯罪情况,同时禁止犯罪分子在缓刑考验期限内从事特定活动,进入特定区域、场所,接触特定的人。

被宣告缓刑的犯罪分子,如果被判处附加刑,附加刑仍须执行。

《刑法》第七十三条:拘役的缓刑考验期限为原判刑期以上一年以下,但是不能少于二个月。

有期徒刑的缓刑考验期限为原判刑期以上五年以下,但是不能少于一年。

缓刑考验期限,从判决确定之日起计算。

《刑法》第七十四条:对于累犯和犯罪集团的首要分子,不适用缓刑。

48. 减刑应当具备哪些条件?

"减刑"是指被判处一定刑罚措施的犯罪分子,如果在执行期间,符合一定的法律条件,而减轻原判刑罚的制度。按照《刑法》第七十八条的规定,被判处管制、拘役、有期徒刑、无期徒刑的犯罪分子,在执行期间,如果认真遵守监规,接受教育改造,确有悔改表现的,或者有立功表现的,可以减刑;有下列重大立功表现之一的,应当减刑:(1)阻止他人重大犯罪活动的;(2)检举监狱内外重大犯罪活动,经查证属实的;(3)有发明创造或者重大技术革新的;(4)在日常生产、生活中舍己救人的;(5)在抗御自然灾害或者排除重大事故中,有突出表现的;(6)对国家和社会有其他重大贡献的。

减刑以后实际执行的刑期,判处管制、拘役、有期徒刑的,不能少于原判刑期的二分之一;判处无期徒刑的,不能少于十三年。人民法院依照《刑法》第五十条第二款规定限制减刑的死刑缓期执行的犯罪分子,缓期执行期满后依法减为无期徒刑的,实际执行的刑期不能少于二十五年,缓期执行期满后依法减为二十五年有期徒刑的,实际执行的刑期不能少于二十年。

在减刑的程序上,法律规定对于犯罪分子的减刑,由执行机关向中级以上人民法院提出减刑建议书。人民法院应当组成合议庭进行审理,对确有悔改或者立功事实的,裁定予以减刑。非经法定程序不得减刑。

≫**法条链接**≫

《刑法》第五十条：判处死刑缓期执行的，在死刑缓期执行期间，如果没有故意犯罪，二年期满以后，减为无期徒刑；如果确有重大立功表现，二年期满以后，减为二十五年有期徒刑；如果故意犯罪，查证属实的，由最高人民法院核准，执行死刑。

对被判处死刑缓期执行的累犯以及因故意杀人、强奸、抢劫、绑架、放火、爆炸、投放危险物质或者组织的暴力性犯罪被判处死刑缓期执行的犯罪分子，人民法院根据犯罪情节等情况可以同时决定对其限制减刑。

49. 什么是假释，假释应当具备哪些条件？

"假释"是指对被判处有期徒刑、无期徒刑的犯罪分子，在执行一定刑期之后，因其遵守监规，接受教育和改造，确有悔改表现，不致再危害社会，而附条件地将其予以提前释放的制度。按照刑法规定，假释应当具备以下条件：

(1)对象条件。即被判处有期徒刑、无期徒刑的犯罪分子可以被假释。

(2)实质条件。即犯罪分子认真遵守监规，接受教育改造，确有悔改表现，没有再犯罪的危险的。这是适用假释的实质条件或者关键条件。

(3)时间条件。被判处有期徒刑的犯罪分子，执行原判刑期二分之一以上，被判处无期徒刑的犯罪分子，实际执行十三年以上。按照刑法规定，如果有特殊情况，经最高人民法院核准，可以不受上述执行刑期的限制。根据有关司法解释，主要包括以下情形：①罪犯在服刑期间有重大发明创造或突出的立功表现；②罪犯已经基本丧失活动能力，并有悔改表现，假释后不会再危害社会；③罪犯有专门技能，有关单位急需使用；④罪犯家庭有特殊困难，需本人照顾，请求假释的，在司法实践中，须由县级以上公安机关或者人民政府有关部门提供证明，但对犯罪集团的首犯、惯犯和罪行特别严重的罪犯除外；⑤为了进一步贯彻未成年人保护法，执行对未成年罪犯教育、感化、挽救的方针，对未成年罪犯在刑罚执行期间确有悔改表现，不致再危害社会的；⑥为了政治斗争的需要，对某些具有外国国籍或不属于大陆籍的罪犯而适用假释；⑦其他特殊情况。

(4)限制性条件。按照刑法规定，对累犯以及因故意杀人、强奸、抢劫、绑架、放火、爆炸、投放危险物质或者有组织的暴力性犯罪被判处十年以上有期徒刑、无期徒刑的犯罪分子，不得假释。

(5)影响性条件。按照刑法规定，对犯罪分子决定假释时，应当考虑其假释后对所居住社区的影响,即不能带来不良影响。

>>**法条链接**>>

《刑法》第八十一条:被判处有期徒刑的犯罪分子,执行原判刑期二分之一以上,被判处无期徒刑的犯罪分子,实际执行十三年以上,如果认真遵守监规,接受教育改造,确有悔改表现,没有再犯罪的危险的,可以假释。如果有特殊情况,经最高人民法院核准,可以不受上述执行刑期的限制。

对累犯以及因故意杀人、强奸、抢劫、绑架、放火、爆炸、投放危险物质或者有组织的暴力性犯罪被判处十年以上有期徒刑、无期徒刑的犯罪分子,不得假释。

对犯罪分子决定假释时,应当考虑其假释后对所居住社区的影响。

50. 犯罪行为没有被公安司法机关发现,经过多长时间就不再追诉了?

这个问题实际上就是追诉时效问题。"追诉时效"是指依照法律规定对犯罪分子追究刑事责任的有效期限。在法定的追诉期限内,司法机关有权依法追究犯罪分子的刑事责任;超过法定追诉时限,不应再追究犯罪分子的刑事责任,已经追究的,应当撤销案件或者不起诉或者终止审理。我国刑法针对不同的犯罪行为分别规定了四种不同的追诉期限:

(1)法定最高刑为不满五年有期徒刑的,经过五年,不再追诉。就是说,刑法对该犯罪分子所犯罪行规定的刑罚,最高不超过五年有期徒刑的,在五年之内没有追究刑事责任的,不再追究。

(2)法定最高刑为五年以上不满十年有期徒刑的,经过十年,不再追诉。

(3)法定最高刑为十年以上有期徒刑的,经过十五年,不再追诉。

(4)法定最高刑为无期徒刑、死刑的,经过二十年,不再追诉。如果二十年以后认为必须追诉的,须报请最高人民检察院核准。

在理解追诉时效时应当注意,在人民检察院、公安机关、国家安全机关立案侦查或者在人民法院受理案件以后,逃避侦查或者审判的,不受追诉期限的限制。另外,被害人在追诉期限内提出控告,人民法院、人民检察院、公安机关应当立案而不予立案的,也不受追诉期限的限制。

>>**法条链接**>>

《刑法》第八十七条:犯罪经过下列期限不再追诉:

（一）法定最高刑为不满五年有期徒刑的,经过五年;

（二）法定最高刑为五年以上不满十年有期徒刑的,经过十年;

（三）法定最高刑为十年以上有期徒刑的,经过十五年;

（四）法定最高刑为无期徒刑、死刑的,经过二十年。如果二十年以后认为必须追诉的,须报请最高人民检察院核准。

51. 刑法中所规定的国家工作人员包括哪些人?

按照刑法规定,国家工作人员是指国家机关中从事公务的人员。国家机关是指国家的权力机关、行政机关、司法机关以及军事机关。从事公务的人员是指在上述国家机关中行使一定职权、履行一定职务的人员。在上述国家机关中从事劳务性工作的人员,如司机、门卫、炊事员、清洁工等勤杂人员以及部队战士等,不属于国家工作人员范畴。

另外,按照刑法规定,以下三类人员以国家工作人员论:(1)在国有公司、企业、事业单位、人民团体中从事公务的人员,即在这些公司、企业等单位中具有经营、管理职责,或履行一定职务的人员。在公司、企业等上述单位中不具有管理职责的一般工人,临时工等其他勤杂人员,不属从事公务的人员;(2)国家机关、国有公司、企业、事业单位委派到非国有公司、企业、事业单位、社会团体从事公务的人员。"委派"是指在一些具有国有资产成分的中外合资企业、合作企业、股份制企业当中,国有公司、企业或其他有关国有单位为了行使对所参与的国有资产的管理权,而派驻的管理人员。这里也包括有的国家机关、国有事业单位委派一些人员到非国有事业单位、社会团体中从事公务的人员;(3)其他依照法律从事公务的人员,这些人虽不是上述单位的人员,但依照法律规定从事国家事务工作的人员。

最后,按照2001年全国人大常委会专门对《刑法》第九十三条规定的"依照法律从事公务的人员"的立法解释,村民委员会等村基层组织人员协助人民政府从事下列行政管理工作,属于《刑法》第九十三条第二款规定的"其他依照法律从事公务的人员":(1)救灾、抢险、防汛、优抚、扶贫、移民、救济款物的管理;(2)社会捐助公益事业的款物的管理;(3)国有土地的经营和管理;(4)土地征用补偿费用的管理;(5)代征、代缴税款;(6)有关计划生育、户籍、征兵工作;(7)协助人民政府从事其他行政管理工作。

≫**法条链接**≫

《刑法》第九十三条:本法所称国家工作人员,是指国家机关中从事公务的人员。

国有公司、企业、事业单位、人民团体中从事公务的人员和国家机关、国有公司、企业、事业单位委派到非国有公司、企业、事业单位、社会团体从事公务的人员,以及其他依照法律从事公务的人员,以国家工作人员论。

52. 刑法中所规定的司法工作人员包括哪些人?

按照刑法规定,司法工作人员主要包括以下四种人员:

(1)担任侦查职责的人员。主要是指公安机关、国家安全机关、检察机关依照刑事诉讼法规定的管辖分工,对犯罪嫌疑人的犯罪行为进行侦查的人员。

(2)担任检察职责的人员。主要是指检察机关担任批准逮捕、审查起诉、出庭支持公诉、执法监督工作职责的人员。

(3)担任审判职责的人员。主要是指在人民法院担任与审判工作有关的职务的人员,包括正副院长、正副庭长、审判委员会委员、审判员、书记员。

(4)担任监管职责的人员。主要是指公安机关、国家安全机关以及司法行政部门所属的有关机关(如看守所、监狱等)中担任监管犯罪嫌疑人、被告人、罪犯职责的人员。

刑法中所规定的司法工作人员不同于司法机关工作人员。不是所有在公安机关、国家安全机关、人民检察院、人民法院、劳改机关工作的人员都属于司法工作人员,只有担负侦查、检察、审判、监管职责之一的,才能被认定为刑法中所规定的司法工作人员。

≫**法条链接**≫

《刑法》第九十四条:本法所称司法工作人员,是指有侦查、检察、审判、监管职责的工作人员。

53. 什么是刑法中所规定的重伤?

按照刑法以及1990年最高人民法院、最高人民检察院、公安部、司法部联合下发的《人体重伤鉴定标准》的规定,"重伤"属于以下几种情况:

(1)使人肢体残废或者毁人容貌的。"肢体残废"是指由各种致伤因素致使肢体缺失,或者肢体虽然完整但已丧失功能。如任何一手拇指缺失超过指间关节;两足缺失五个以上的足趾;肢体重要血管损伤,引起血液循环障碍,严重影响肢体功能等等。"毁人容貌"是指毁损他人面容,致使面容显著变形、丑陋或者功能障碍。如一侧眼球缺失或者萎缩;鼻缺损、塌陷或者歪曲致使显著变形;面神经损伤造成一侧大部面肌瘫痪,形成眼睑闭合不全,口角歪斜等。

(2)使人丧失听觉、视觉或者其他器官机能的。"丧失听觉"是指损伤后,一耳语音听力减退在91分贝以上或者两耳语言听力减退在60分贝以上。"丧失视觉"是指损伤后,一眼失明,或者两眼低视力,其中一眼低视力为2级,或者眼损伤、颅脑损伤致使视野缺损半径小于10度。"丧失其他器官机能"是指丧失听觉、视觉之外的其他器官的功能或者功能严重障碍。如女性两侧乳房损伤丧失哺乳能力,肾损伤并发肾性高血压、肾功能严重障碍等。

(3)其他对于人身健康有重大伤害的。即除上述几种重伤之外的在受伤当时危及生命或者在损伤过程中能够引起威胁生命的并发症,以及其他严重影响人体健康的损伤。如开放性颅脑损伤,心脏损伤,胸部大血管损伤,胃、肠、胆道系统穿孔、破裂、烧、烫伤后出现休克等。

≫**法条链接**≫

《刑法》第九十五条:本法所称重伤,是指有下列情形之一的伤害:

(一)使人肢体残废或者毁人容貌的;

(二)使人丧失听觉、视觉或者其他器官机能的;

(三)其他对于人身健康有重大伤害的。

54. 什么是告诉才处理的犯罪?

"告诉才处理的犯罪"是指只有被害人向人民法院提出控告,要求对犯罪人追究刑事责任时,人民法院才能受理,如果有权进行告诉的人不告诉,法院则不能受理。根据刑法分则的规定,五种犯罪属于告诉才处理的犯罪,即《刑法》第二百四十六条规定的侮辱、诽谤罪,第二百五十七条规定的暴力干涉婚姻自由罪,第二百六十条规定的虐待家庭成员罪,第二百七十条规定的侵占罪。

根据刑法规定,有权进行告诉的有三种人:(1)告诉才处理的刑事案件的被害人;(2)人民检察院在被害人因受强制、威吓而无法告诉的情况下可以告诉,受强制是指被害人受到暴力的控制,如非法拘禁等;威吓是指被害人受到威胁、恐吓,不敢向人民法院提出控告;(3)告诉才处理的刑事案件中被害人的近亲属在被害人因受强制、威吓而无法告诉的情况下,也可以告诉。按照刑事诉讼法的规定,被害人的近亲属是指被害人的父母、子女、配偶、同胞兄弟姊妹。

≫**法条链接**≫

《刑法》第九十八条:本法所称告诉才处理,是指被害人告诉才处理。如果被害人因受强制、威吓无法告诉的,人民检察院和被害人的近亲属也可以告诉。

常见的危害国家罪

55. 什么是背叛国家罪,对其如何认定和处罚?

"背叛国家罪"是指中国公民勾结外国,危害国家的主权、领土完整和安全的行为。背叛国家罪的构成要件或特征有以下几方面:

(1)本罪侵犯的客体是中华人民共和国的主权、领土完整和安全。

(2)在客观方面表现为勾结外国或者境外机构、组织、个人,危害国家主权、领土完整和安全的行为。

(3)主体只能是具有中华人民共和国国籍的人,即中国公民。外国人不能成为本罪的主体,但可以成为本罪的共犯。能够成为本罪主体的中国公民,主要是那些混入中国党、政、军机关内部,窃据要职、掌握重要权力的人或者有重大政治影响的人。普通公民一般情况下很难危害到国家的主权、领土完整和安全,但由于刑法并未规定本罪主体必须具有特殊身份,普通公民也可以成为本罪的主体。

(4)在主观方面表现为故意。即明知自己勾结外国、境外机构、组织、个人实施的行为危害中国的主权、领土完整和安全,而希望或者放任这种危害后果的发生。

犯本罪的,处无期徒刑或者十年以上有期徒刑。根据《刑法》第五十六条和第一百一十三条的规定,犯本罪的,应当附加剥夺政治权利,可以并处没收财产。对国家和人民危害特别严重、情节特别恶劣的,可以判处死刑。

≫ 法条链接 ≫

《刑法》第一百零二条:勾结外国,危害中华人民共和国的主权、领土完整和安全的,处无期徒刑或者十年以上有期徒刑。

与境外机构、组织、个人相勾结,犯前款罪的,依照前款的规定处罚。

《刑法》第五十六条:对于危害国家安全的犯罪分子应当附加剥夺政治权利;对于故意杀人、强奸、放火、爆炸、投毒、抢劫等严重破坏社会秩序的犯罪分子,可以附加剥夺政治权利。

独立适用剥夺政治权利的,依照本法分则的规定。

《刑法》第一百一十三条:本章上述危害国家安全罪行中,除第一百零三条第二款、第一百零五条、第一百零七条、第一百零九条外,对国家和人民危害特别严重、情节特别恶劣的,可以判处死刑。

犯本章之罪的,可以并处没收财产。

56. 什么是武装叛乱、暴乱罪,对其如何认定和处罚?

"武装叛乱、暴乱罪"是指组织、策划、实施武装叛乱或者武装暴乱的行为。本罪的构成要件或者特征有以下几方面:

(1)本罪侵犯的客体是国家安全。即人民民主专政的政权和社会主义制度。

(2)本罪在客观方面表现为组织、策划、实施武装叛乱或者武装暴乱的行为。组织是指为武装叛乱、暴乱而安排分散的人使之具有一定的系统性和整体性。策划是指为武装叛乱、暴乱而暗中密谋、筹划,是一种犯罪预备状态。实施是指已经着手,正式开始实行武装叛乱、暴乱的活动。"武装叛乱"是指行为人使用枪炮或其他军事武器、装备等武装形式,以投靠或意图投靠境外的组织或敌对势力而公开进行反叛国家和政府的行为。"武装暴乱"是指行为人采取武装形式如携带或使用枪炮或其他武器进行杀人放火、破坏道路桥梁、抢劫档案、军火或其他设施、物资,破坏社会秩序等。

(3)本罪主体是为一般主体。凡达到法定刑事责任年龄,并且具有刑事责任能力的自然人均能构成本罪。中国人、外国人、无国籍人都可能成为这两种犯罪的主体。

(4)本罪在主观方面表现为直接故意,且以危害国家安全为目的。

按照刑法规定,组织、策划、实施武装叛乱或者武装暴乱的,对首要分子或者罪行重大的,处无期徒刑或者十年以上有期徒刑;对积极参加的,处三年以上十年以下有期徒刑;对其他参加的,处三年以下有期徒刑、拘役、管制或者剥夺政治权利。

≫法条链接≫

《刑法》第一百零四条:组织、策划、实施武装叛乱或者武装暴乱的,对首要分子或者罪行重大的,处无期徒刑或者十年以上有期徒刑;对积极参加的,处三年以上十年以下有期徒刑;对其他参加的,处三年以下有期徒刑、拘役、管制或者剥夺政治权利。

策动、胁迫、勾引、收买国家机关工作人员、武装部队人员、人民警察、民兵进行武装叛乱或者武装暴乱的,依照前款的规定从重处罚。

57. 什么是叛逃罪,对其如何认定和处罚?

"叛逃罪"是指国家机关工作人员在履行公务期间,擅离岗位,叛逃境外或者在境外叛逃,危害中华人民共和国国家安全的行为。叛逃罪的构成要件或者特征阐述如下:

(1)本罪侵犯的客体是中华人民共和国的国家安全和利益。

(2)本罪客观方面表现为国家机关工作人员在履行公务期间,擅离岗位,叛逃境外或者在境外叛逃的行为。

(3)本罪主体为特殊主体。具体为国家机关工作人员以及掌握国家秘密的国家工作人员。"国家机关工作人员"是指在国家机关,包括国家权力机关、行政机关、审判机关、检察机关中依照法律从事公务的人员(军人叛逃的构成军人违反职责罪)。

(4)本罪主观方面表现为直接故意。即明知自己的叛逃行为会发生危害国家安全的结果,并且希望或者放任这种结果发生。

犯本罪的,处五年以下有期徒刑、拘役、管制或者剥夺政治权利;情节严重的,处五年以上十年以下有期徒刑或者无期徒刑。

> **法条链接**

《刑法》第一百零九条:国家机关工作人员在履行公务期间,擅离岗位,叛逃境外或者在境外叛逃,危害中华人民共和国国家安全的,处五年以下有期徒刑、拘役、管制或者剥夺政治权利;情节严重的,处五年以上十年以下有期徒刑。

掌握国家秘密的国家工作人员犯前款罪的,依照前款的规定从重处罚。

58. 什么是间谍罪,对其如何认定和处罚?

"间谍罪"是指参加间谍组织或者接受间谍组织及其代理人的任务,或者为敌人指示袭击目标,危害国家安全的行为。该罪的构成要件或者特征为以下几方面:

(1)本罪侵犯的客体是国家安全。

(2)本罪在客观方面表现为参加间谍组织或接受间谍组织及其代理人的任

务,或者为敌人指示轰击目标的行为。所谓"间谍组织",主要是指外国政府建立的旨在策反我公职人员,向中国国家机构和各种组织进行渗透、窃取、刺探、收买国家秘密和情报,进行颠覆和破坏活动的组织。"参加间谍组织"是指行为人履行一定的加入手续(如挑选、登记、专门训练等),或者在非常情况下虽未按常规正式加入,但事实上已作为该间谍组织的成员进行活动。"接受间谍组织及其代理人的任务"是指行为人受间谍组织(不管其是否正式加入)及其代理人的命令、派遣、指使、委托为间谍组织服务,进行危害国家安全的活动。

(3)本罪的犯罪主体是达到刑事责任年龄、具有刑事责任能力的自然人,可以是中国公民,也可以是外国人或无国籍人。法人不能成为间谍罪的犯罪主体。

(4)本罪在主观方面表现为故意,其故意的内容表现为行为人明知是间谍组织,或者明知是间谍组织及其代理人的任务等而参加或者予以接受。至于行为人的动机,可以是多种多样的,有的出于图财,有的出于贪恋美色,有的出于贪生怕死,有的出于推翻人民民主专政的政权和社会主义制度等。犯罪动机和目的不影响该罪的构成。

按照刑法规定,犯本罪的,处十年以上有期徒刑或者无期徒刑;情节较轻的,即没有对国家安全造成较大危害的,处三年以上十年以下有期徒刑。同时,根据《刑法》第一百一十三条的规定,构成本罪,对国家和人民危害特别严重、情节特别恶劣的,可以判处死刑。构成本罪,还可以并处没收财产。

≫法条链接≫

《刑法》第一百一十条:有下列间谍行为之一,危害国家安全的,处十年以上有期徒刑或者无期徒刑;情节较轻的,处三年以上十年以下有期徒刑:

(一)参加间谍组织或者接受间谍组织及其代理人的任务的;

(二)为敌人指示轰击目标的。

《刑法》第一百一十三条:本章上述危害国家安全罪行中,除第一百零三条第二款、第一百零五条、第一百零七条、第一百零九条外,对国家和人民危害特别严重、情节特别恶劣的,可以判处死刑。

犯本章之罪的,可以并处没收财产。

常见的危害公共安全罪

59. 什么是放火罪,对其如何认定和处罚?

"放火罪"是指故意放火焚烧公私财物,危害公共安全的行为。本罪的构成要件或者特征解读如下:

(1)本罪侵犯的客体是公共安全。即不特定多数人的生命、健康或重大公私财产的安全。也就是说,放火行为一经实施,就可能造成不特定多数人的伤亡或者使不特定的公私财产遭受难以预料的重大损失。

(2)本罪在客观方面表现为实施放火焚烧公私财物,危害公共安全的行为。所谓"放火",就是故意引起公私财物燃烧的行为。放火的行为方式,可以是作为,即用各种引火物,直接把公私财物点燃;也可以是不作为,即故意不履行自己防止火灾发生的义务,放任火灾的发生。

(3)本罪的主体为一般主体。即已满十四周岁不满十六周岁的具有刑事责任能力的人。

(4)本罪在主观方面表现为故意。即明知自己的放火行为会引起火灾,危害公共安全,并且希望或者放任这种结果发生的心理态度。放火的动机是多种多样的,不论出于何种动机,都不影响放火罪的成立。

按照刑法规定,犯放火罪尚未造成严重后果的,处三年以上十年以下有期徒刑;致人重伤、死亡或使公私财产遭受重大损失的,处十年以上有期徒刑、无期徒刑或死刑。

≫ **法条链接** ≫

《刑法》第一百一十四条:放火……危害公共安全,尚未造成严重后果的,处三年以上十年以下有期徒刑。

《刑法》第一百一十五条:放火……致人重伤、死亡或者使公私财产遭受重大损失的,处十年以上有期徒刑、无期徒刑或者死刑。

过失犯前款罪的,处三年以上七年以下有期徒刑;情节较轻的,处三年以下有期徒刑或者拘役。

60. 什么是决水罪,对其如何认定和处罚?

"决水罪"是指故意决水,制造水患,危害公共安全的行为。其构成要件或特征解读如下:

(1)本罪侵犯的客体是公共安全。即不特定多数人生命、健康或重大财产的安全。

(2)本罪在客观方面表现为实施危害公共安全的决水行为。"决水"是指足以使水流横溢、泛滥成灾的行为。决水行为既可以表现为积极的作为,如破坏堤坝、提开水闸、堵塞水流等;也可以表现为消极的不作为,如水库管理人员故意不开放泄洪闸等。以不作为方式构成决水犯罪的,行为人必须负有特定的作为义务,并且有能力履行这种特定的作为义务而不履行的特定岗位职务人员。

(3)本罪的主体为一般主体。即已满十四周岁不满十六周岁的具有刑事责任能力的人。

(4)本罪在主观方面表现为故意,包括直接故意和间接故意。即行为人明知其决水行为会危害公共安全,并且希望或者放任危害公共安全的结果发生。

按照刑法规定,犯决水罪尚未造成严重后果的,处三年以上十年以下有期徒刑;致人重伤、死亡或使公私财产遭受重大损失的,处十年以上有期徒刑、无期徒刑或死刑。

》法条链接》

《刑法》第一百一十四条:……决水……危害公共安全,尚未造成严重后果的,处三年以上十年以下有期徒刑。

《刑法》第一百一十五条:……决水……致人重伤、死亡或者使公私财产遭受重大损失的,处十年以上有期徒刑、无期徒刑或者死刑。

过失犯前款罪的,处三年以上七年以下有期徒刑;情节较轻的,处三年以下有期徒刑或者拘役。

61. 什么是爆炸罪,对其如何认定和处罚?

"爆炸罪"是指故意用爆炸的方法,杀死杀伤不特定多数人、毁坏重大公私财物,危害公共安全的行为。本罪的构成要件或特征解读如下:

(1)本罪侵犯的客体是公共安全。即不特定多数人的生命、健康或者重大公私财产的安全。

(2)本罪在客观方面表现为对公私财物或人身实施爆炸,危害公共安全的行为。实施爆炸行为的工具是爆炸物品,包括炸药、炸弹、雷管、导火索等。在爆炸行为方式上,有的将爆炸物直接投入室内爆炸,有的利用技术手段,使设备发生爆炸;有的使用液化气或者其他方法爆炸。爆炸地点主要是在人群集中或者财产集中的公共场所,虽然有的行为地点是在特定的私人空间,但爆炸时危及到公共安全,同样是爆炸犯罪行为。

(3)本罪的主体为一般主体。即已满十四周岁不满十六周岁的具有刑事责任能力的人。

(4)本罪在主观方面表现为故意,包括直接故意和间接故意。即行为人明知其行为会引起爆炸,危害不特定多数人的生命、健康或重大公私财产的安全,并且希望或者放任这种危害结果的发生。犯本罪的动机多种多样,有的出于诬陷报复,有的出于嫉妒等。但犯罪动机如何不影响本罪的成立。

按照刑法规定,犯爆炸罪尚未造成严重后果的,处三年以上十年以下有期徒刑;致人重伤、死亡或使公私财产遭受重大损失的,处十年以上有期徒刑、无期徒刑或死刑。

≫**法条链接**≫

《刑法》第一百一十四条:……爆炸……危害公共安全,尚未造成严重后果的,处三年以上十年以下有期徒刑。

《刑法》第一百一十五条:……爆炸……致人重伤、死亡或者使公私财产遭受重大损失的,处十年以上有期徒刑、无期徒刑或者死刑。

过失犯前款罪的,处三年以上七年以下有期徒刑;情节较轻的,处三年以下有期徒刑或者拘役。

62. 什么是投放危险物质罪,对其如何认定和处罚?

"投放危险物质罪"是由过去的投毒罪更名而来的,这种叫法比过去的投毒罪更全面。"投放危险物质罪"是指故意投放毒害性、放射性、传染病病原体等物质,危害公共安全的行为。其构成要件或特征解读如下:

(1)本罪侵害的客体是公共安全。即不特定多数人的生命、健康或重大公私财产的安全。

(2)客观方面表现为用投放危险性物质的方法,危害公共安全的行为。这种行为已经对不特定多数人的生命、健康或者牲畜和其他财产造成严重损害,或者已威胁到不特定多数人的人身和财产的安全。犯罪工具是毒害性、放射性、传染病病原体等物质。

(3)犯罪主体为一般主体。凡达到刑事责任年龄、具备刑事责任能力的人均可以成为本罪的犯罪主体。根据刑法规定,已满十四周岁不满十六周岁的人犯本罪,危害公共安全的,应当负刑事责任。

(4)犯罪的主观方面表现为故意。投放危险物质行为的动机可以是各种各样,不管动机如何,都不影响定罪。

按照刑法规定,犯投放危险物质罪尚未造成严重后果的,处三年以上十年以下有期徒刑;致人重伤、死亡或使公私财产遭受重大损失的,处十年以上有期徒刑、无期徒刑或死刑。

≫法条链接≫

《刑法》第一百一十四条:……投放毒害性、放射性、传染病病原体等物质……危害公共安全,尚未造成严重后果的,处三年以上十年以下有期徒刑。

《刑法》第一百一十五条:……投放毒害性、放射性、传染病病原体等物质……致人重伤、死亡或者使公私财产遭受重大损失的,处十年以上有期徒刑、无期徒刑或者死刑。

过失犯前款罪的,处三年以上七年以下有期徒刑;情节较轻的,处三年以下有期徒刑或者拘役。

63. 什么是以危险的方法危害公共安全罪,对其如何认定和处罚?

"以危险方法危害公共安全罪"是指故意以放火、决水、爆炸、危险物质以外的并与之相当的危险方法,足以危害公共安全的行为。本罪的构成要件或特征解读如下:

(1)本罪侵犯的客体是社会公共安全。即不特定多数人的生命、健康或者大量公私财产的安全。如果行为人用危险方法侵害了特定的对象,不危及公共安全,对不特定多数人的生命、健康或大量公私财产的安全并无威胁,就不构成本罪。

(2)本罪在客观方面表现为以其他危险方法危害公共安全的行为。所谓"其他危险方法"是指放火、决水、爆炸、投毒之外的,但与这些危险方法相当的危害公共安全的犯罪方法。例如,违法私设电网、在公共通道上开挖陷阱等,以此危害公共安全。

(3)犯罪主体为一般主体。凡达到刑事责任年龄、具备刑事责任能力的人均可以成为本罪的犯罪主体。根据刑法规定,已满十四周岁不满十六周岁的人犯本罪,危害公共安全的,应当负刑事责任。

(4)本罪在主观方面表现为犯罪的故意。即行为人明知其实施的危险方法会危害公共安全,并有可能发生危及不特定多数人的生命、健康或公私财产安全的严重后果,并且希望或者放任这种结果发生。在实践中,除少数犯罪分子对危害公共安全的后果持希望态度,由直接故意构成外,大多持放任态度,属于间接故意。

按照刑法规定,犯以危险的方法危害公共安全罪尚未造成严重后果的,处三年以上十年以下有期徒刑;致人重伤、死亡或使公私财产遭受重大损失的,处十年以上有期徒刑、无期徒刑或死刑。

≫**法条链接**≫

《刑法》第一百一十四条:……以其他危险方法危害公共安全,尚未造成严重后果的,处三年以上十年以下有期徒刑。

《刑法》第一百一十五条:……以其他危险方法致人重伤、死亡或者使公私财产遭受重大损失的,处十年以上有期徒刑、无期徒刑或者死刑。

过失犯前款罪的,处三年以上七年以下有期徒刑;情节较轻的,处三年以下有期徒刑或者拘役。

64. 什么是失火罪,对其如何认定和处罚?

"失火罪"是指由于行为人的过失引起火灾,造成严重后果,危害公共安全的行为。本罪的构成要件或者特征解读如下:

(1)本罪侵犯的客体是公共安全。即不特定多数人的生命、健康或重大公私财产的安全。

(2)本罪在客观方面表现为行为人实施引起火灾,造成严重后果的危害公共安全行为。具体而言,第一,行为人必须有引起火灾的行为;第二,行为人的行为必须造成严重后果,即致人重伤、死亡或者使公私财产遭受重大损失。如果只有失火行为,未引起危害后果,或者危害后果不严重,则不构成失火罪,而属于一般失火行为;第三,严重后果必须是失火行为所引起,也就是说,失火行为和严重后果有着直接的因果关系。

(3)本罪主体为一般主体。即凡达到法定刑事责任年龄、具有刑事责任能力的人均可成为本罪主体。如果国家工作人员或者具有从事某种业务身份的人员,在执行职务中或从事业务过程中因过失引起火灾,不构成失火罪,而应当以玩忽职守罪论处。

(4)本罪在主观方面表现为过失。既可能是疏忽大意的过失,即行为人应当预见自己的行为可能引起火灾,因为疏忽大意而未预见,致使火灾发生;也可能是过于自信的过失,即行为人已经预见自己的行为可能引起火灾,由于轻信火灾能够避免,结果发生了火灾。

按照刑法规定,犯本罪的,处三年以上七年以下有期徒刑;情节较轻的,处三年以下有期徒刑或者拘役。

≫ **法条链接** ≫

《刑法》第一百一十五条:放火……致人重伤、死亡或者使公私财产遭受重大损失的,处十年以上有期徒刑、无期徒刑或者死刑。

过失犯前款罪的,处三年以上七年以下有期徒刑;情节较轻的,处三年以下有期徒刑或者拘役。

65. 什么是过失爆炸罪,对其如何认定和处罚?

"过失爆炸罪"是指行为人出于过失引起爆炸,危害公共安全,造成严重后果的行为。本罪的构成要件或者特征解读如下:

(1)本罪侵犯的客体是公共安全。即不特定多数人的生命、健康、重大公私财产的安全。

(2)本罪在客观方面表现为过失引起爆炸,危害公共安全,造成致人重伤、死亡或者使公私财产遭受重大损失的严重后果的行为。具体而言,①行为人在客观上实施了过失引起爆炸的行为;②过失引起爆炸的行为必须危害公共安全,即危害不特定多数人的生命、健康或者重大公私财产的安全;③造成严重后果,即造成不特定多数人的重伤、死亡或者造成公私财产的重大毁损。如果尚未发生危害结果,或者发生的危害结果尚未达到致人重伤、死亡或者使公私财产遭受重大损失的严重程度的,则不构成过失爆炸罪;④过失引起爆炸的行为与严重后果两者必须具有因果关系。

(3)本罪主体为一般主体。即凡达到法定刑事责任年龄、具有刑事责任能力的人均可成为本罪主体。

(4)本罪在主观方面表现为过失。过失的形态既可以是过于自信的过失,即行为人对其引起爆炸的行为可能造成危害公共安全的严重后果已经预见,但轻信能够避免;也可以是疏忽大意的过失,即行为应当预见其爆炸行为可能造成危害公共安全的严重后果,由于疏忽大意而未预见,以致发生了这种结果。

按照刑法规定,犯本罪的,处三年以上七年以下有期徒刑;情节较轻的,处三年以下有期徒刑或者拘役。

≫**法条链接**≫

《刑法》第一百一十五条:……爆炸……致人重伤、死亡或者使公私财产遭受重大损失的,处十年以上有期徒刑、无期徒刑或者死刑。

过失犯前款罪的,处三年以上七年以下有期徒刑;情节较轻的,处三年以下有期徒刑或者拘役。

66. 什么是过失决水罪,对其如何认定和处罚?

"过失决水罪"是指过失决水,引起水灾,危害公共安全,造成严重后果的行为。本罪的构成要件或者特征解读如下:

(1)本罪侵犯的客体是公共安全。即不特定多数人的生命、健康或重大公私财产的安全。

(2)本罪在客观方面表现为实施危害公共安全的决水行为,并且造成了严重后果。首先,行为人必须实施引起水灾的行为,即改变水势,使之泛滥成灾的行为。这种行为是由于行为人不注意公共安全以致酿成水灾。如果负责防洪的工作人员,在工作中严重不负责任或擅离职守,过失引起水灾,致人重伤、死亡或者公私财产遭受重大损失,则应当认定为玩忽职守罪。其次,必须已经造成法定的严重后果,即致人重伤、死亡或者公私财产遭受重大损失。如果造成的危害后果不严重,或者未造成危害后果,不构成过失决水罪。

(3)本罪主体为一般主体。即凡达到法定刑事责任年龄、具有刑事责任能力的人均可成为本罪主体。

(4)本罪在主观方面表现为过失,包括过于自信过失和疏忽大意过失。其内容表现为,行为人已经预见其行为可能引起水灾,危害公共安全,并轻信能够避免;或者应当预见,因为疏忽大意而未预见,以致发生了危害公共安全的严重后果。如果行为人对其行为引起的水灾并未预见,而且根据案件发生时的主、客观情况,行为人也不可能预见,则属于意外事件,不负刑事责任。

按照刑法规定,犯本罪的,处三年以上七年以下有期徒刑;情节较轻的,处三年以下有期徒刑或者拘役。

≫ **法条链接** ≫

《刑法》第一百一十五条:……决水……致人重伤、死亡或者使公私财产遭受重大损失的,处十年以上有期徒刑、无期徒刑或者死刑。

过失犯前款罪的,处三年以上七年以下有期徒刑;情节较轻的,处三年以下有期徒刑或者拘役。

67. 什么是破坏交通工具罪,对其如何认定和处罚?

"破坏交通工具罪"是指破坏火车、汽车、电车、船只、航空器,足以使火车、汽车、电车、船只、航空器发生颠覆、毁坏危险,尚未造成严重后果或者已经造成严重后果的行为。本罪的构成要件或特征解读如下:

(1)本罪侵犯的客体是交通运输安全。犯罪对象仅限于法定的火车、汽车、电车、船只、航空器等涉及公共安全的大型交通工具。

(2)本罪在客观方面表现为实施破坏火车、汽车、电车、船只、航空器的行为,并且足以使其发生倾覆、毁坏危险。"倾覆"是指车辆倾倒、颠覆、船只翻沉、航空器坠落等。"毁坏"是指使交通工具完全报废,或受到严重破坏,以致不能行驶或不能安全行驶。在毁坏的程度上,只有破坏正在使用的交通工具的重要部位和机件,如交通工具的操作驾驶系统、刹车系统等,才可能产生这种实际可能性和危险性。如果破坏行为不影响安全运行,则不构成破坏交通工具罪。

(3)本罪的主体为一般主体。即凡年满十六周岁、具有刑事责任能力的自然人均可构成本罪犯罪主体。。

(4)本罪在主观方面表现为故意,包括直接故意和间接故意。即行为人明知其破坏行为足以造成交通工具倾覆、毁坏的危险,并希望或者放任这种危险的发生。本罪的动机多种多样,无论出于何种个人动机都不影响本罪的成立。

按照刑法规定,犯本罪尚未造成严重后果的,处三年以上十年以下有期徒刑。如果造成严重后果的,处十年以上有期徒刑、无期徒刑或者死刑。

≫ **法条链接** ≫

《刑法》第一百一十六条:破坏火车、汽车、电车、船只、航空器,足以使火车、汽车、电车、船只、航空器发生倾覆、毁坏危险,尚未造成严重后果的,处三年以上十年以下有期徒刑。

《刑法》第一百一十九条:破坏交通工具……造成严重后果的,处十年以上有期徒刑、无期徒刑或者死刑。

68. 什么是破坏交通设施罪,对其如何认定和处罚?

"破坏交通设施罪"是指故意破坏轨道、桥梁、隧道、公路、机场、航道、灯塔、标志或者进行其他破坏活动,足以使火车、汽车、电车、船只、航空器发生倾覆、毁坏危险,或者造成严重后果的行为。本罪的构成要件或特征解读如下:

(1)本罪侵犯的客体是交通运输安全。犯罪对象是正在使用中的直接关系交通运输安全的交通设施。

(2)本罪在客观方面表现为使用各种方法破坏轨道、桥梁、隧道、公路、机场、航道、灯塔、标志,或者进行其他破坏活动,足以使火车、汽车、电车、船只、航空器发生倾覆、毁坏危险的行为。"破坏行为"是指对轨道、桥梁、隧道、公路、机场、航道、灯塔、标志等交通设备的毁坏和使交通设备丧失正常功能。如果破坏的是正在修筑的或者已经废弃的交通设施,不应定本罪。"其他破坏活动"是指虽未直接破坏上述交通设备,但其行为本身同样可以造成交通工具倾覆、毁坏危险的破坏活动,例如,在铁轨上放置石块等。

(3)本罪的主体为一般主体。即任何达到刑事责任年龄、具有刑事责任能力的人都可以成为本罪的犯罪主体。

(4)本罪主观方面表现为故意。即行为人明知破坏交通设施会造成交通工具倾覆、毁坏危险,并且希望或者放任这种危险状态的发生。本罪的动机多种多样,但不管出于何种动机,对构成本罪没有影响。

按照刑法规定,犯本罪尚未造成严重后果的,处三年以上十年以下有期徒刑。如果造成严重后果的,处十年以上有期徒刑、无期徒刑或者死刑。

≫**法条链接**≫

《刑法》第一百一十七条:破坏轨道、桥梁、隧道、公路、机场、航道、灯塔、标志或者进行其他破坏活动,足以使火车、汽车、电车、船只、航空器发生倾覆、毁坏危险,尚未造成严重后果的,处三年以上十年以下有期徒刑。

《刑法》第一百一十九条:破坏……交通设施……造成严重后果的,处十年以上有期徒刑、无期徒刑或者死刑。

69. 什么是破坏电力设备罪，对其如何认定和处罚？

"破坏电力设备罪"是指故意破坏电力设备，危害公共安全的行为。本罪的构成要件或特征解读如下：

(1)本罪所侵犯的客体属于公共安全。犯罪对象是正在使用中的电力设备。所谓"电力设备"，是指用于发电、供电、输电、变电的各种设备。而且电力设备还必须正在使用中，如果没有使用，如正在制造、运输、安装、架设或尚在库存中，行为人对其进行破坏，不构成破坏电力设备罪。

(2)本罪在客观上表现为行为人实施了破坏正在使用中的电力设备的行为。例如采用放火、毁坏等方法破坏电力设备，或者偷割、偷拆电力设备等，从而使电力设备无法正常运行。

(3)本罪的主体为一般主体。即可以是任何达到刑事责任年龄、具有刑事责任能力的人。

(4)本罪在主观方面必须出于故意，包括直接故意和间接故意。至于犯罪的动机，可以是多种多样。不论是为泄愤报复，还是为嫁祸他人，或出于贪财图利及其他动机，都不影响本罪成立。

按照刑法规定，犯本罪尚未造成严重后果的，处三年以上十年以下有期徒刑。如果行为人的行为造成严重后果的，处十年以上有期徒刑、无期徒刑或者死刑。

≫法条链接≫

《刑法》第一百一十八条：破坏电力设备……危害公共安全，尚未造成严重后果的，处三年以上十年以下有期徒刑。

《刑法》第一百一十九条：破坏……电力设备……造成严重后果的，处十年以上有期徒刑、无期徒刑或者死刑。

70. 什么是破坏易燃易爆设备罪，对其如何认定和处罚？

"破坏易燃易爆设备罪"是指故意破坏燃气或者其他易燃易爆设备，足以危害公共安全的行为。本罪的构成要件或特征表现为以下几方面：

(1)本罪所侵犯的客体是公共安全。犯罪对象是正在使用中的燃气或其他易燃易爆设备。所谓"燃气设备"，是指生产、储存、输送诸如煤气、液化气、石油气、天然气等燃气的各种机器或设施等，而且这些燃气设备必须是正在使用的，否则，不构成本罪。

(2)本罪在客观方面表现为使用各种方法破坏燃气或者其他易燃易爆设备，足以危害公共安全的行为。即行为人必须实施了破坏易燃易爆设备的行为，例如，盗窃、拆毁或者以其他方法破坏易燃易爆设备的重要零部件等，并足以危害公共安全或者已经造成危害公共安全的严重后果。

(3)本罪的主体为一般主体。即可以是任何达到刑事责任年龄、具有刑事责任能力的人。

(4)本罪在主观方面表现为故意。即行为人明知其破坏易燃易爆设备的行为会发生危害公共安全的结果，并且希望或者放任这种结果的发生。故意的形态包括直接故意和间接故意。本罪的动机多种多样，如贪财图利、报复泄愤、嫁祸于人等。无论出自何种个人动机，均不影响定罪。

按照刑法规定，犯本罪尚未造成严重后果的，处三年以上十年以下有期徒刑。如果行为人的行为造成严重后果的，处十年以上有期徒刑、无期徒刑或者死刑。

≫**法条链接**≫

《刑法》第一百一十八条：破坏……燃气或者其他易燃易爆设备，危害公共安全，尚未造成严重后果的，处三年以上十年以下有期徒刑。

《刑法》第一百一十九条：破坏……燃气设备、易燃易爆设备，造成严重后果的，处十年以上有期徒刑、无期徒刑或者死刑。

71. 什么是劫持航空器罪，对其如何认定和处罚？

"劫持航空器罪"是指以暴力、胁迫或者其他方法劫持航空器的行为。本罪的构成要件或特征阐释如下：

(1)本罪侵犯的客体是复杂客体或双重客体。具体而言，犯罪行为既危害了旅客人身、财产以及航空器的安全，也破坏了正常的航空运输秩序。本罪侵犯的对象是使用中的航空器。

(2)本罪在客观方面表现为以暴力、胁迫或者其他方法劫持航空器的行为。首先，犯罪对象是航空器；其次，行为人必须以暴力、胁迫或者其他方法劫持航空器。"暴力"是指直接对航空器实施暴力袭击或者对被害人采取危害人身安全和人身自由的行为，使其丧失反抗能力或者不能反抗的身体强制方法，危害飞行安全。

(3)本罪的主体为一般主体。即可以是任何达到刑事责任年龄、具有刑事责任能力的人。

(4)本罪在主观方面表现为故意。至于犯罪目的如何,刑法并没有作出规定,即不论出于何种目的,都不影响本罪的成立。

按照刑法规定,犯本罪的,处十年以上有期徒刑或者无期徒刑;如果行为人的劫持行为导致受害人重伤、死亡或者使航空器遭受严重破坏的,则处以死刑。

≫**法条链接**≫

《刑法》第一百二十一条:以暴力、胁迫或者其他方法劫持航空器的,处十年以上有期徒刑或者无期徒刑;致人重伤、死亡或者使航空器遭受严重破坏的,处死刑。

72. 什么是劫持船只、汽车罪,对其如何认定和处罚?

"劫持船只、汽车罪"是指以暴力、胁迫或者其他方法劫持船只、汽车,危害公共安全的行为。本罪的构成要件或特征阐释如下:

(1)本罪侵犯的客体是复杂客体或双重客体。具体而言,犯罪行为既危害了旅客人身、财产以及航空器的安全,也破坏了正常的水上或公路运输秩序。本罪侵犯的对象是使用中的船只、汽车。

(2)本罪在客观方面表现为以暴力、胁迫或者其他方法劫持船只、汽车的行为。首先,犯罪对象是船只、汽车;其次,行为人必须以暴力、胁迫或者其他方法劫持船只、汽车。"暴力"是指直接对船只、汽车实施暴力袭击或者对被害人采取危害人身安全和人身自由的行为,危害公共发全。

(3)本罪的主体为一般主体。即可以是任何达到刑事责任年龄、具有刑事责任能力的人。

(4)本罪在主观方面表现为故意。在犯罪目的上,不论行为人劫持船只、汽车出于何种目的,都不影响本罪的成立。

按照刑法规定,犯本罪的,处五年以上十年以下有期徒刑;如果行为人的劫持行为造成严重后果的,处十年以上有期徒刑或者无期徒刑。

≫**法条链接**≫

《刑法》第一百二十二条:以暴力、胁迫或者其他方法劫持船只、汽车的,处五年以上十年以下有期徒刑;造成严重后果的,处十年以上有期徒刑或者无期徒刑。

73. 什么是破坏广播电视设施、公用电信设施罪,对其如何认定和处罚?

"破坏广播电视设施、公用电信设施罪"是指故意破坏正在使用中的广播电视设施、公用电信设施,危害公共安全的行为。本罪的构成要件或特征阐释如下:

(1)本罪所侵犯的客体是通讯方面的公共安全。犯罪对象是正在使用中的广播、电视、公用电信等通讯设施,范围十分广泛,包括:①广播电台的发受电波的设施,如铁塔发射台、发射机房、电源室等;②电视台的发射与接收电视图像的设备以及有线广播电视传播覆盖设备;③邮电部门的收发电报的机器设备;④公用电话的交换设施、通讯线路,如架空线路、埋设线路、无线线路等;⑤卫星通讯的发射与接收电讯号的设施;⑥微波、监测、传真通讯设施;⑦国家重要部门,如铁路、军队、航空中的电话交换台、无线电通信网络;⑧在航空、航海交通工具以及交通设施中的无线电通信、导航设施等。

(2)本罪在客观方面表现为破坏广播电视设施、公用电信设施,足以危害公共安全的行为。破坏方法多种多样,既包括破坏性的,如拆卸或毁坏广播电视设施、公用电信设施重要机件等,也包括非法占有性的,如偷割电线,截断电缆等。行为人如果用放火、爆炸等危险方法破坏广播电视设施、公用电信设施,危害公共安全的,则应以放火罪或爆炸罪论处。

(3)本罪主体是一般主体。既可以是普通公民,也可以是从事广播、电视通讯业务的人员。即凡达到法定刑事责任年龄、具有刑事责任能力的人,都可以成为本罪的犯罪主体。

(4)本罪在主观方面表现为故意。即行为人明知其破坏广播电视、电信设施的行为会危害通讯的公共安全,并且希望或者放任这种危害结果的发生。本罪的动机可以是多种多样,如报复泄愤、嫉妒陷害、贪财图利等。动机如何不影响本罪的成立。

按照《刑法》的规定,犯本罪的,处三年以上七年以下有期徒刑;造成严重后果的,处七年以上有期徒刑。如果是过失破坏广播电视设施、公用电信设施的处三年以上七年以下有期徒刑;情节较轻的,处三年以下有期徒刑或者拘役。

≫ **法条链接** ≫

《刑法》第一百二十四条:破坏广播电视设施、公用电信设施,危害公共安全的,处三年以上七年以下有期徒刑;造成严重后果的,处七年以上有期徒刑。

过失犯前款罪的,处三年以上七年以下有期徒刑;情节较轻的,处三年以下有期徒刑或者拘役。

74. 什么是非法制造、买卖、运输、邮寄、储存枪支、弹药、爆炸物罪,对其如何认定和处罚?

"非法制造、买卖、运输、邮寄、储存枪支、弹药、爆炸物罪"是指行为人违反国家有关枪支、弹药、爆炸物管理的法律规定,非法制造、买卖、运输、邮寄、储存枪支、弹药、爆炸物,危害公共安全的行为。本罪的构成要件或特征解读如下:

(1)本罪侵犯的客体是公共安全。即不特定多数人的生命、健康和重大公私财产的安全。犯罪对象包括枪支、弹药及爆炸物。所谓"枪支",是指以火药、压缩气体等为动力,利用管状器具发射子弹、金属弹丸或者其他物质,足以致人伤亡、丧失知觉的各种枪支。所谓"弹药",是指能为上述各种枪支使用的子弹、金属弹丸、催泪弹或其他物质。所谓"爆炸物",是指具有爆破性,一旦爆炸即对人身财产能造成较大杀伤力或破坏力的物品,包括军用的地雷、手雷、炸弹、爆破筒以及民用各类炸药。

(2)本罪客观方面表现为非法制造、买卖、运输、邮寄、储存枪支、弹药、爆炸物的行为。所谓"非法制造",是指违反国家有关法规,未经有关部门批准,私自制造枪支、弹药、爆炸物的行为。所谓"非法买卖",是指违反法律规定,未经有关部门批准许可,私自购买或者出售枪支、弹药、爆炸物的行为。所谓"非法运输",是指违反法律规定,未经批准许可,私自在境内将枪支、弹药、爆炸物从一个地方运到另一个地方的行为。既可以通过陆运、水运或空运,亦可以是随身携带,其方式的不同不影响行为的性质。所谓"非法邮寄",是指违反法律规定,私自通过邮局邮寄枪支、弹药、爆炸物的行为。既可以成批邮寄,亦可以夹在其他邮寄的仿品中邮寄。无论方式如何,只要属于非法,即可构成本罪。所谓"非法储存",是指违反国家有关规定,未经有关部门批准,私自收藏或存积枪支、弹药、爆炸物的行为。储存的枪支、弹药、爆炸物既可以藏在家中,也可以存在他处,如山洞中、他人家里等。不论地点如何,只要属于非法,就不影响本罪成立。

(3)本罪的主体为一般主体。即达到法定刑事责任年龄、具有刑事责任能力的自然人都可以构成本罪犯罪主体。根据刑法规定,单位也可成为本罪主体。单位非法从事制造、买卖、运输、邮寄、储存枪支、弹药、爆炸物的活动,其主管人员和直接责任人员,应按本罪论处。

(4)本罪主观方面表现为故意。即明知是枪支、弹药、爆炸物而非法制造、买卖、运输、邮寄、储存。不同的犯罪动机一般不影响定罪。

按照刑法规定,犯本罪的,处三年以上十年以下有期徒刑;如果行为人情节严重的,处十年以上有期徒刑、无期徒刑或者死刑。

≫法条链接≫

《刑法》第一百二十五条:非法制造、买卖、运输、邮寄、储存枪支、弹药、爆炸物的,处三年以上十年以下有期徒刑;情节严重的,处十年以上有期徒刑、无期徒刑或者死刑。

非法制造、买卖、运输、储存毒害性、放射性、传染病病原体等物质,危害公共安全的,依照前款的规定处罚。

单位犯前两款罪的,对单位判处罚金,并对其直接负责的主管人员和其他直接责任人员,依照第一款的规定处罚。

75. 什么是违规制造、销售枪支罪,对其如何认定和处罚?

"违规制造、销售枪支罪"是指依法被指定、确定的枪支制造企业、销售企业,违反枪支管理规定,以非法制造、销售枪支的行为。本罪的构成要件或特征阐述如下:

(1)本罪所侵犯的客体是国家对枪支的管理制度。犯罪对象是枪支,包括:①公务用枪,如军用手枪、步枪、冲锋机枪等;②民用用枪,如有膛线猎枪、散弹枪、火药枪等狩猎用枪,小口径步枪、手枪、气步枪、气手枪等体育射击运动用枪,麻醉动物用的注射枪等。

(2)本罪在客观方面表现为违反国家枪支管理规定,擅自制造、销售枪支的行为,具体表现为:①超过限额制造枪支;②超过限额销售枪支;③不按照规定的品种制造枪支;④不按照规定的品种销售枪支;⑤制造无号枪支,即不在枪支指定部位铸印制造厂的厂名、枪种代码和国务院公安部门统一编制的枪支序号;⑥制造重号枪支,即同一枪支序号铸印在两支或多支枪支上;⑦制造假号枪支,即在枪支上使用国务院公安部门根本没有下达的序号;⑧非法销售枪支,即违反法律规定,擅自销售枪支;⑨在境内销售为出口制造的枪支。

(3)本罪的主体为特殊主体。即依法被指定、确定的枪支制造企业、销售企业。

(4)本罪在主观方面表现为故意,且必须有以非法销售的目的,如果行为人不具有此目的,则不构成本罪。

按照刑法及相关司法解释的规定，凡犯本罪的，对单位判处罚金，并对其直接负责的主管人员和其他直接责任人员，处五年以下有期徒刑；情节严重的，处五年以上十年以下有期徒刑；情节特别严重的，处十年以上有期徒刑或者无期徒刑。"情节严重"是指多次以非法销售为目的，超过限额制造枪支、销售枪支数量大的；制造无号、重号、假号的枪支较多的；已经使枪支流散到社会的。"情节特别严重"一般是指出售的枪支被用来进行犯罪活动的；出售枪支给境外的机构、组织、人员的；出售枪支给犯罪集团的；因出售枪支造成多人伤亡的。

≫**法条链接**≫

《刑法》第一百二十六条：依法被指定、确定的枪支制造企业、销售企业，违反枪支管理规定，有下列行为之一的，对单位判处罚金，并对其直接负责的主管人员和其他直接责任人员，处五年以下有期徒刑；情节严重的，处五年以上十年以下有期徒刑；情节特别严重的，处十年以上有期徒刑或者无期徒刑：

（一）以非法销售为目的，超过限额或者不按照规定的品种制造、配售枪支的；

（二）以非法销售为目的，制造无号、重号、假号的枪支的；

（三）非法销售枪支或者在境内销售为出口制造的枪支的。

76. 什么是盗窃、抢夺枪支、弹药、爆炸物、危险物质罪，对其如何认定和处罚？

"盗窃枪支、弹药、爆炸物、危险物质罪"是指以非法占有为目的，采取秘密获取的方式，将枪支、弹药、爆炸物、危险物质据为己有的行为。本罪的构成要件或特征解读如下：

(1)本罪侵犯的客体是公共安全。即不特定多数人的生命、健康和财产安全。本罪的犯罪对象为枪支、弹药、爆炸物和危险物质。

(2)本罪在客观方面表现为盗窃、抢夺枪支、弹药、爆炸物和危险物质的行为。

"盗窃枪支、弹药、爆炸物、危险物质"是指秘密窃取各种枪支、弹药、爆炸物及危险物质的行为，即行为人采取自认为不使枪支、弹药、爆炸物、危险物质的所有者、保管者发觉的方法，暗中将枪支、弹药、爆炸物、危险物质取走；抢夺枪支、弹药、爆炸物、危险物质，是指公然夺取枪支、弹药、爆炸物、危险物质的行为，即在枪支、弹药、爆炸物、危险物质的所有者或保管者在场的情况下,突然公开将枪支、弹药、爆炸物、危险物质夺走。

(3)本罪主体是一般主体。即达到法定刑事责任年龄、具有刑事责任能力的自然人,都可以构成本罪主体。

(4)本罪在主观方面表现为故意。即明知是枪支、弹药、爆炸物、危险物质而故意窃取、夺取。至于行为人出于何种动机窃取、抢夺枪支、弹药、爆炸物、危险物质,一般不影响犯罪的成立。

按照刑法规定,处三年以上十年以下有期徒刑;情节严重的,处十年以上有期徒刑、无期徒刑或者死刑。

≫**法条链接**≫

《刑法》第一百二十七条:盗窃、抢夺枪支、弹药、爆炸物的,或者盗窃、抢夺毒害性、放射性、传染病病原体等物质,危害公共安全的,处三年以上十年以下有期徒刑;情节严重的,处十年以上有期徒刑、无期徒刑或者死刑。……

77. 什么是抢劫枪支、弹药、爆炸物、危险物质罪,对其如何认定和处罚?

"抢劫枪支、弹药、爆炸物、危险物质罪"是指用暴力、胁迫或其他方法强行夺取枪支、弹药、爆炸物、危险物质的行为。本罪的构成要件或特征解读如下:

(1)本罪侵犯的客体是复杂客体。即公共安全和公民的人身权利。本罪的犯罪对象是枪支、弹药、爆炸物、危险物质。枪支是指以火药或者压缩气体等为动力,利用管状器具发射金属弹丸或者其他物质,足以致人伤亡或者丧失知觉的各种枪支;弹药是指上述枪支所用的各种弹药;爆炸物是指军用的或者民用的各种爆炸品,如雷管、炸药等。危险物质是指毒害性、放射性、传染病病原体等物质。

(2)本罪在客观方面表现为对枪支、弹药、爆炸物、危险物质的所有者、持有者或保管者当场使用暴力、胁迫或者其他方法,强行将枪支、弹药、爆炸物、危险物质抢走的行为。"暴力"是指对枪支、弹药、爆炸物、危险物质的所有人、持有人或保管人实行身体强制,如殴打、捆绑等强暴行为,使其无法反抗或难以反抗。"胁迫"是指行为人以立即实施暴力相威胁,对枪支、弹药、爆炸物、危险物质的所有者、持有者或保管者实行精神强制,使其产生恐怖,不敢反抗,被迫当场交出枪支、弹药、爆炸物、危险物质或者任枪支、弹药、爆炸物、危险物质当场被劫走的手段。"其他方法"是指采取暴力、胁迫之外的,与暴力、胁迫方法相当的,使枪支、弹药、爆炸物、危险物质的所有者、持有者或保管者不知反抗、不能反抗或者不敢反抗的方法。

(3)本罪的主体是一般主体,凡具备刑事责任能力的人即可构成本罪的主体。已满十四周岁不满十六周岁的公民,实施以暴力、胁迫或其他方法强行夺取枪支、弹药、爆炸物、危险物质的,应当依照《刑法》第二百六十三条的规定,以抢劫罪追究其刑事责任,而不宜以抢劫枪支、弹药、爆炸物、危险物质罪论处,因为按照刑法规定,已满十四周岁未满十六周岁的人,只有犯故意杀人、故意伤害致人重伤或者死亡、强奸、抢劫、贩卖毒品、放火、爆炸、投毒罪的,才负刑事责任。

(4)本罪在主观方面表现为故意。即明知是枪支、弹药、爆炸物、危险物质而抢劫。如果行为人不知是枪支、弹药、爆炸物、危险物质而加以抢夺的,不构成本罪。

按照刑法规定,犯本罪的,处十年以上有期徒刑、无期徒刑或者死刑。

> **法条链接**

《刑法》第一百二十七条:……抢劫枪支、弹药、爆炸物的,或者抢劫毒害性、放射性、传染病病原体等物质,危害公共安全的,或者盗窃、抢夺国家机关、军警人员、民兵的枪支、弹药、爆炸物的,处十年以上有期徒刑、无期徒刑或者死刑。

78. 什么是非法持有、私藏枪支、弹药罪,对其如何认定和处罚?

"非法持有、私藏枪支、弹药罪"是指违反枪支管理规定,私自占有、藏匿枪支、弹药,拒不交出的行为。本罪的构成要件或特征解读如下:

(1)本罪侵犯的客体是公共安全和国家对枪支、弹药的管理制度。

(2)本罪在客观方面表现为行为人违反枪支管理规定,非法持有、私藏枪支的行为。"非法持有"是指违反枪支管理规定,未依法取得持枪证件而持有、携带枪支、弹药,或者虽有证件但将枪支、弹药携带出依法规定的场所,或者在禁止携带枪支、弹药的区域、场所携带枪支的行为。所谓"私藏",是指依法配备枪支、弹药的人员,在配备条件消除后,违法藏匿所备枪支、弹药且拒不交出的行为。

(3)本罪的主体为一般主体。即凡年满十六周岁、具备刑事责任能力的人均可成为本罪主体。单位也可成为本罪主体。

(4)本罪在主观方面表现为故意。即明知是禁止私人持有的枪支、弹药,而故意隐藏不交。如果不知道自己收藏的物品中有枪支、弹药,因而没有交出的,不构成犯罪。

按照刑法规定,犯本罪的,处三年以下有期徒刑、拘役或者管制;如果犯罪行为情节严重的,处三年以上七年以下有期徒刑。

≫**法条链接**≫

《刑法》第一百二十八条:违反枪支管理规定,非法持有、私藏枪支、弹药的,处三年以下有期徒刑、拘役或者管制;情节严重的,处三年以上七年以下有期徒刑。……

79. 什么是非法出租、出借枪支罪,对其如何认定和处罚?

"非法出租、出借枪支罪"是指依法配备公务用枪的人员、依法配备枪支的人员和单位,违反枪支管理的规定,私自出租、出借枪支,危害公共安全的行为,或者依法配置枪支的人员违反枪支管理的规定出租、出借枪支,造成严重后果的行为。本罪的构成要件或特征解读如下:

(1)本罪侵犯的客体是公共安全和国家对枪支管理的相关规定。犯罪对象是枪支。

(2)本罪在客观方面表现为违反枪支管理规定,非法将个人和单位的合法用枪出租、出借给他人及因该行为造成的严重后果。依法配备公务用枪的人员,非法将枪支用作借债质押物的,以非法出租、出借枪支论。

(3)本罪的犯罪主体为特殊主体。即合法配枪的个人和单位,不具备合法配枪资格的个人和单位不能构成本罪。

(4)本罪在主观上是故意。即行为人明知自己非法出租、出借枪支是严重违法的,但却希望或者放任这种结果发生。

按照刑法规定,犯本罪的,处三年以下有期徒刑、拘役或者管制;如果犯罪情节严重的,处三年以上七年以下有期徒刑。

≫**法条链接**≫

《刑法》第一百二十八条:违反枪支管理规定,非法持有、私藏枪支、弹药的,处三年以下有期徒刑、拘役或者管制;情节严重的,处三年以上七年以下有期徒刑。

依法配备公务用枪的人员,非法出租、出借枪支的,依照前款的规定处罚。

≫**案例分析**≫

案情回放：某甲因盗窃某商场的电器,被某乙告发,公安机关将某甲抓获归案。法院以盗窃罪判处甲有期徒刑4年,2009年12月21日甲刑满释放。一直想找机会报复某乙。2010年1月30日,甲找到其在派出所工作的表兄某丙,谎称准备和朋友上山打猎,想借丙的枪用。丙当即把自己的手枪借给甲,并给了十发子弹。甲拿到手枪后,将子弹装好,准备去杀害乙。在寻找乙的途中,甲遇到其好友丁。丁问甲:"这么急匆匆地去干啥?"甲回答说:"乙真不是东西,害得我坐了几年牢,我找他算账去。"并掏出手枪晃了一下。丁即上前劝阻甲,劝他冷静些,不要再干傻事。甲不听劝阻,执意前行。丁冲上去想夺下甲的枪,在拉扯争夺中,甲不慎扣动扳机,将丁击中。甲见状,马上将丁送往医院抢救,因伤势过重,丁经抢救无效死亡。问题:(1)甲的行为构成什么罪?应按什么原则处罚?请说明理由;(2)丙借枪给甲的行为是否构成犯罪?

法理分析：根据刑法规定和刑法原理,对甲和丙的行为性质分析如下:

(1)甲的行为构成故意杀人罪(预备)和过失杀人罪。其故意杀人罪因处于预备阶段,可以比照既遂犯从轻、减轻处罚或者免除处罚。甲因为在刑满释放五年内又犯应处有期徒刑以上刑罚之罪,构成累犯,应从重处罚。所以,对甲应以故意杀人罪(预备)和过失杀人罪实行数罪并罚。

(2)丙的行为构成非法出借枪支罪。

80. 什么是非法携带枪支、弹药、管制刀具、危险物品危及公共安全罪,对其如何认定和处罚?

"非法携带枪支、弹药、管制刀具、危险物品危及公共安全罪"是指行为人违反国家关于枪支、弹药、管制刀具、危险物品进入公共场所、公共交通工具,侵害不特定人人身安全,情节严重的行为。本罪的构成要件或特征解读如下:

(1)本罪侵害的客体是公共安全和枪支、弹药、管制刀具、危险物品的管理制度。

(2)本罪在客观方面表现为行为人非法携带枪支、弹药、管制刀具、危险物品进入公共场所或公共交通工具,而且情节严重。

(3)本罪的犯罪主体是一般主体。即年满十六周岁的、具有刑事责任能力的自然人,既可以是中国籍公民,也可以是外国籍公民,还可以是无国籍的人。

(4)本罪在主观上是故意。即行为人明知自己所携带的枪支、弹药、管制刀具、危险物品进入公共场所或者公共交通工具,会危害公共安全;造成不特定人或物质遭受损害,而不听劝告,故意携带。

按照刑法规定,犯本罪情节严重的,处三年以下有期徒刑、拘役或者管制。行为人携带爆炸物进入公共场所或者公共交通工具,虽未达到情节严重的标准,但拒不交出的,构成本罪;行为人携带爆炸物的数量达到最低数量标准,能够主动、全部交出的,可以不按犯罪处罚。

≫**法条链接**≫

《刑法》第一百三十条:非法携带枪支、弹药、管制刀具或者爆炸性、易燃性、放射性、毒害性、腐蚀性物品,进入公共场所或者公共交通工具,危及公共安全,情节严重的,处三年以下有期徒刑、拘役或者管制。

81. 什么是交通肇事罪,对其如何认定和处罚?

"交通肇事罪"是指违反交通管理法规,因而发生重大事故,致人重伤、死亡或者使公私财产遭受重大损失的行为。本罪的构成要件或特征解读如下:

(1)本罪侵犯的客体是交通运输安全。

(2)本罪在客观方面表现为行为人在交通运输活动中违反交通运输管理法规,因而发生重大事故,致人重伤、死亡或者使公私财产遭受重大损失。具体表现为:①行为人在交通运输中实施了违反交通运输管理法规的行为;②发生重大事故,致人重伤、死亡或者使公私财产遭受重大损失的严重后果;③严重后果必须由违章行为引起,二者之间存在因果关系;④违反规章制度,致人重伤、死亡或者使公私财产遭受重大损失的行为,必须发生在从始发车站、码头、机场准备载人装货至终点车站、码头、机场旅客离去、货物卸完的整个交通运输活动过程中。

(3)本罪的犯罪主体为一般主体。即凡年满十六周岁、具有刑事责任能力的自然人均可成为本罪的犯罪主体。

(4)本罪主观方面表现为过失。即行为人在违反规章制度上可能是明知故犯,如酒后驾车、超速行驶等,但对自己的违章行为可能发生重大事故,造成严重后果,应当预见而因疏忽大意,没有预见,或者虽已预见,但轻信能够避免,以致造成了严重后果。

按照刑法规定,犯交通肇事罪的,处三年以下有期徒刑或者拘役。交通肇事后逃逸或者有其他特别恶劣情节的,处三年以上七年以下有期徒刑。因逃逸致人死亡的,处七年以上有期徒刑。

>> **法条链接** >>

《刑法》第一百三十三条:违反交通运输管理法规,因而发生重大事故,致人重伤、死亡或者使公私财产遭受重大损失的,处三年以下有期徒刑或者拘役;交通运输肇事后逃逸或者有其他特别恶劣情节的,处三年以上七年以下有期徒刑;因逃逸致人死亡的,处七年以上有期徒刑。……

82. 如何认定交通肇事逃逸?

按照《最高人民法院关于审理交通肇事刑事案件具体应用法律若干问题的解释》第三条的规定,所谓"交通肇事逃逸",就是指行为人在交通运输肇事中具有以下情形并因逃避法律追究而逃跑的行为:

(1)死亡一人或者重伤三人以上,负事故全部或者主要责任的;

(2)死亡三人以上,负事故同等责任的;

(3)造成公共财产或者他人财产直接损失,负事故全部或者主要责任,无能力赔偿数额在三十万元以上的;

(4)酒后、吸食毒品后驾驶机动车辆致一人以上重伤,负事故全部或者主要责任的;

(5)无驾驶资格驾驶机动车辆致一人以上重伤,负事故全部或者主要责任的;

(6)明知是安全装置不全或者安全机件失灵的机动车辆而驾驶,致一人以上重伤,负事故全部或者主要责任的;

(7)明知是无牌证或者已报废的机动车辆而驾驶,致一人以上重伤,负事故全部或者主要责任的;

(8)严重超载驾驶致一人以上重伤,负事故全部或者主要责任的。

83. 什么是危险驾驶罪,对其如何认定和处罚?

"危险驾驶罪"是指在道路上驾驶机动车追逐竞驶,情节恶劣,或者在道路上醉酒驾驶机动车的行为。危险驾驶罪是2011年《中华人民共和国刑法修正案(八)》新增的罪名。本罪的构成要件或特征解读如下:

(1)本罪侵犯的客体是公共安全。即行为危及到了公共安全,给公共安全带来了潜在的危险,对不特定且多数人的生命、身体或者财产构成威胁。

(2)本罪的客观方面表现为在道路上醉酒驾驶机动车或者在道路上驾驶机动车追逐竞驶,且情节恶劣。按照相关规定,醉驾的标准是:车辆驾驶人员血液中的酒精含量大于或者等于80mg/100ml的驾驶行为。100毫升血液中酒精含量达到20~80毫克的驾驶员即为酒后驾车,80毫克以上认定为醉酒驾车。

(3)本罪的犯罪主体为一般主体。即凡年满十六周岁、具有刑事责任能力的自然人均可成为本罪的犯罪主体。

(4)本罪在主观方面表现为故意。即明知自己在道路上醉酒驾驶机动车或者在道路上驾驶机动车追逐竞驶的行为危害到公共安全,而希望或放任这种状态的发生。

按照刑法规定,构成本罪的,处六个月以下的拘役,并处罚金。

≫**法条链接**≫

《刑法》第一百三十三条:……在道路上驾驶机动车追逐竞驶,情节恶劣的,或者在道路上醉酒驾驶机动车的,处拘役,并处罚金。

84. 危险驾驶罪和交通肇事罪有哪些区别?

根据刑法规定和刑法原理,危险驾驶罪和交通肇事罪的区别在于:

(1)主观方面不同。危险驾驶罪的主观方面表现为故意。即明知自己在道路上醉酒驾驶机动车或者在道路上驾驶机动车追逐竞驶的行为危害到公共安全,而希望或放任这种状态发生;而交通肇事罪的主观方面则表现为过失。

(2)客观方面不同。危险驾驶罪的客观方面表现为在道路上醉酒驾驶机动车或者在道路上驾驶机动车追逐竞驶,且情节恶劣。而交通肇事罪的客观方面表现为在交通运输活动中违反交通运输管理法规,因而发生重大事故,致人重伤、死亡或者使公私财产遭受重大损失的行为。

(3)危害结果不同。危险驾驶罪是行为犯或者情节犯,即只要行为人有醉驾或追逐竞驶的行为且情节恶劣,犯罪就成立,并不要求造成实际的危害结果;而交通肇事罪则要求造成重大事故,致人重伤、死亡或者使公私财产遭受重大损失。

(4)量刑不同。危险驾驶罪是一种较轻的犯罪,因为没有发生危害后果,所以,危险驾驶罪的法定最高刑是六个月拘役;而交通肇事罪因造成了严重的后果,其法定刑明显高于危险驾驶罪,最高刑为七年以上有期徒刑。

85. 什么是重大责任事故罪，对其如何认定和处罚？

"重大责任事故罪"是指在生产、作业中违反有关安全管理的规定，因而发生重大伤亡事故或者造成其他严重后果的行为。本罪的构成要件或特征解读如下：

(1)本罪侵犯的客体是工厂、矿山、林场、建筑企业或者其他企业、事业单位的生产安全。

(2)本罪在客观方面表现为不服管理、违反规章制度，因而发生重大伤亡事故或者造成其他严重后果。具体而言，首先，行为人必须具有违反规章制度的行为；其次，行为人违反规章制度的行为只能发生在生产、作业过程中并与生产、作业有直接关系；再次，行为人在生产、作业过程中违反规章制度的行为造成了重大伤亡事故或者其他严重后果。

(3)本罪的犯罪主体为特殊主体。即工厂、矿山、林场、建筑企业或者其他企业、事业单位的职工。

(4)本罪的罪过形式是过失。即行为人应当预见到自己的行为可能发生重大伤亡事故或者造成其他严重后果，因为疏忽大意而没有预见或者已经预见而轻信能够避免，以致发生这种结果的主观心理状态。

按照刑法规定，犯本罪的，处三年以下有期徒刑或者拘役；情节特别恶劣的，处三年以上七年以下有期徒刑。

≫**法条链接**≫

《刑法》第一百三十四条：在生产、作业中违反有关安全管理的规定，因而发生重大伤亡事故或者造成其他严重后果的，处三年以下有期徒刑或者拘役；情节特别恶劣的，处三年以上七年以下有期徒刑。……

86. 什么是强令违章冒险作业罪，对其如何认定和处罚？

"强令违章冒险作业罪"是指企业、工厂、矿山等单位的领导者、指挥者、调度者等在明知确实存在危险或者已经违章，工人的人身安全和国家、企业的财产安全没有保证，继续生产会发生严重后果的情况下，仍然不顾相关法律规定，以解雇、减薪以及其他威胁，强行命令或者胁迫下属进行作业，造成重大伤亡事故或者严重财产损失的行为。本罪构成要件或特征解读如下：

(1)本罪侵犯的客体是公共安全。

(2)本罪在客观方面表现为强令违章冒险作业，因而发生重大伤亡事故或者造成其他严重后果的行为。这里所说的"强令"是指明知违章并存在着很大的危险而仍然强迫下属进行作业。

(3)本罪的犯罪主体是一般主体,包括具有强令资格的人,通常情况下是作业的领导者、指挥者、调度者。

(4)本罪在主观方面表现为过失。即行为人明知强令违章冒险作业有可能会造成严重危害结果,但轻信可以避免,因而发生重大事故的心理状态。

按照《最高人民检察院、公安部关于公安机关管辖的刑事案件立案追诉标准的规定(一)》的通知(公通字〔2008〕36号)第九条的规定,强令他人违章冒险作业,涉嫌下列情形之一的,应予立案追诉:(1)造成死亡一人以上,或者重伤三人以上;(2)造成直接经济损失五十万元以上的;(3)发生矿山生产安全事故,造成直接经济损失一百万元以上的;(4)其他造成严重后果的情形。

在处罚标准上,按照刑法规定,犯本罪的,处五年以下有期徒刑或者拘役;如果情节特别恶劣的,处五年以上有期徒刑。

≫ **法条链接** ≫

《刑法》第一百三十四条:……强令他人违章冒险作业,因而发生重大伤亡事故或者造成其他严重后果的,处五年以下有期徒刑或者拘役;情节特别恶劣的,处五年以上有期徒刑。

87. 什么是重大劳动安全事故罪,对其如何认定和处罚?

"重大劳动安全事故罪"是指安全生产设施或者安全生产条件不符合国家规定,因而发生重大伤亡事故或者造成其他严重后果的行为。本罪的构成要件或特征解读如下:

(1)本罪侵害的客体是工厂、矿山、林场、建筑企业或者其他企业、事业单位的劳动安全。

(2)本罪在客观上表现为工厂、矿山、林场、建筑企业或者其他企业、事业单位的劳动安全设施不符合国家规定,经有关部门或者职工提出后,单位不采取有效措施消除事故隐患或者采取了一定措施,但未消除事故隐患,因而造成重大伤亡事故或者其他严重损失的行为,具体表现为:①劳动安全设施不符合国家规定,存在事故隐患,没有达到保证劳动安全的国家标准;②经有关部门或者单位职工指出后,对事故隐患没有采取积极的措施及时消除或者没有完全消除;③造成重大伤亡和其他严重损害的后果。

(3)本罪的犯罪主体为特殊主体。即必须是具有确保劳动安全责任身份的人才能构成本罪主体。

(4)本罪在主观上为过失。即行为人对发生重大伤亡事故应当预见但因疏忽大意而没有预见,或者因过于自信而轻信能够避免而发生重大劳动安全事故。

按照《最高人民检察院、公安部关于公安机关管辖的刑事案件立案追诉标准的规定(一)》第十条的规定,安全生产设施或者安全生产条件不符合国家规定,涉嫌下列情形之一的,应予立案追诉:(1)造成死亡一人以上,或者重伤三人以上;(2)造成直接经济损失五十万元以上的;(3)发生矿山生产安全事故,造成直接经济损失一百万元以上的;(4)其他造成严重后果的情形。

在量刑标准上,根据刑法规定,犯本罪的,对直接负责的主管人员和其他直接责任人员,处三年以下有期徒刑或者拘役;如果情节特别恶劣的,处三年以上七年以下有期徒刑。

≫法条链接≫

《刑法》第一百三十五条:安全生产设施或者安全生产条件不符合国家规定,因而发生重大伤亡事故或者造成其他严重后果的,对直接负责的主管人员和其他直接责任人员,处三年以下有期徒刑或者拘役;情节特别恶劣的,处三年以上七年以下有期徒刑。……

88. 什么是大型群众性活动重大安全事故罪,对其如何认定和处罚?

"大型群众性活动重大安全事故罪"是指在举办大型群众性活动中违反有关安全管理的规定,因而发生重大伤亡事故或者造成其他严重后果的行为。本罪的构成要件或特征解读如下:

(1)本罪侵害的客体是公众活动场所的公共安全。

(2)本罪在客观方面表现为在举办大型的群体性活动中,违反公共场所群体性活动的相关安全管理规定,没有履行相关的注意、管理等义务,发生了重大伤亡事故或者造成其他严重后果。

(3)本罪的犯罪主体是对发生大型群众性活动重大安全事故直接负责的主管人员和其他直接责任人员。

(4)本罪主观方面表现为过失。即行为人应该预见到自己在大型群众性活动中违反安全管理规定的行为,可能会造成重大伤亡事故或者其他严重后果,因疏忽大意而没有预见,或虽然已经预见,但轻信能够避免,从而造成危害结果发生。

根据刑法规定,犯本罪的,对直接负责的主管人员和其他直接责任人员,处三年以下有期徒刑或者拘役;如果情节特别恶劣的,处三年以上七年以下有期徒刑。

≫**法条链接**≫

《刑法》第一百三十五条:……举办大型群众性活动违反安全管理规定,因而发生重大伤亡事故或者造成其他严重后果的,对直接负责的主管人员和其他直接责任人员,处三年以下有期徒刑或者拘役;情节特别恶劣的,处三年以上七年以下有期徒刑。

89. 什么是危险物品肇事罪,对其如何认定和处罚?

"危险物品肇事罪"指违反爆炸性、易燃性、放射性、毒害性、腐蚀性物品的管理规定,在生产、储存、运输、使用中,由于过失发生重大事故,造成严重后果的行为。本罪的构成要件或特征解读如下:

(1)本罪侵犯的客体是公共安全。即不特定多数人的生命、健康和重大公私财产的安全。犯罪对象包括:爆炸性、易燃性、放射性、毒害性和腐蚀性物品等。

(2)本罪在客观方面表现为在生产、储存、运输、使用危险物品的过程中,违反危险物品管理规定,发生重大事故,造成严重后果的行为。具体而言,第一,行为人必须有违反危险物品管理规定的行为;第二,违反危险物品管理规定的行为必须是发生在生产、储存、运输、使用上述危险物品的过程中;第三,必须因违反危险物品管理规定,而发生重大事故,造成严重后果;第四,发生重大事故所造成严重后果必须是由违反危险物品管理规定的行为所引起的,即两者之间存在刑法上的因果关系。

(3)本罪的主体为一般主体。主要是从事生产、储存、运输、使用爆炸性、易燃性、放射性、毒害性、腐蚀性物品的职工。

(4)本罪在主观方面表现为过失。即行为人对违反危险品管理规定的行为所造成的危害结果具有疏忽大意或者过于自信的主观心理。

按照刑法规定,犯本罪造成严重后果的,处三年以下有期徒刑或者拘役;后果特别严重的,处三年以上七年以下有期徒刑。按照最高人民法院的司法解释,重大事故是指因非法携带上述危险品而发生爆炸、燃烧、泄漏事件,致重伤一人以上;致轻伤三人以上;造成直接经济损失一万元以上;或者造成暂时中断铁路行车等严重后果的。致人死亡或者其他特别严重后果的,属于后果特别严重。

≫**法条链接**≫

《刑法》第一百三十六条：违反爆炸性、易燃性、放射性、毒害性、腐蚀性物品的管理规定，在生产、储存、运输、使用中发生重大事故，造成严重后果的，处三年以下有期徒刑或者拘役；后果特别严重的，处三年以上七年以下有期徒刑。

90. 什么是工程重大安全事故罪，对其如何认定和处罚？

"工程重大安全事故罪"是指建设单位、设计单位、施工单位、工程监理单位违反国家规定，降低工程质量标准，造成重大安全事故的行为。本罪的构成要件或特征解读如下：

(1)本罪侵犯的客体是公众的财产和生命安全以及国家的建筑管理制度。

(2)本罪在客观方面表现为违反国家规定，降低工程质量标准，造成重大安全事故的行为。"违反国家规定"是指违反国家有关建筑工程质量监督管理方面的法律、法规。建设单位的违规行为表现为要求建筑设计单位或者施工企业压缩工程造价或增加建房的层数，从而降低工程质量；或者提供不合格的建筑材料、构配件和设备，强迫施工单位使用，从而造成工程质量下降；建筑设计单位的违规行为主要是不按质量标准进行设计；建筑施工单位的违规行为主要有三种情况：一是在施工中偷工减料，故意使用不合格的建筑材料、构配件和设备；二是不按设计图纸施工；三是不按施工技术标准施工。监理单位的违规行为表现为不按照法律、法规、技术标准以及施工合同约定履行职责。

(3)本罪的主体为特殊主体。即单位犯罪，包括建设单位、设计单位或者施工单位及工程监理单位。

(4)本罪在主观方面表现为过失。过失形态既可能是疏忽大意的过失，也可能是过于自信的过失。

按照刑法规定，犯本罪造成重大安全事故的，对直接责任人员，处五年以下有期徒刑或者拘役，并处罚金；后果特别严重的，处五年以上十年以下有期徒刑，并处罚金。

≫**法条链接**≫

《刑法》第一百三十七条：建设单位、设计单位、施工单位、工程监理单位违反国家规定，降低工程质量标准，造成重大安全事故的，对直接责任人员，处五年以下有期徒刑或者拘役，并处罚金；后果特别严重的，处五年以上十年以下有期徒刑,并处罚金。

91. 什么是教育设施重大安全事故罪,对其如何认定和处罚?

"教育设施重大安全事故罪"是指明知校舍或者其他教育设施有危险,而不采取措施或者不及时报告,因而发生重大伤亡安全事故的行为。教育设施主要指学校的教室、宿舍、食堂、围墙、体育设施等。本罪的构成要件或特征解读如下:

(1)本罪侵犯的客体是校园公共安全。即犯罪行为危及不特定的师生员工的生命财产安全。

(2)本罪在客观上表现为明知校舍或其他教育设施有不安全因素,随时有可能发生危险,却不采取积极的预防措施消除隐患,因而造成伤亡和财产损失。具体包括:①明知学校的教室、宿舍、食堂、围墙、体育等设施有危险,如发现校舍有裂缝、倾斜或吊环、单杠、双杠有断裂痕等;②没有采取措施消除危险或者没有及时报告危险情况,如没有及时封存体育设施、禁止使用,没有及时报告上级或者有关部门及时拆除校舍等。

(3)本罪的主体是特殊主体。即有义务保证教育设施安全使用的人,不具备这种身份,不构成本罪主体。

(4)本罪在主观上是过失。即行为人在使用有危险的教育设施时,因疏忽大意没有预见到可能发生的危险,也可能已经预见到可能发生危险,因轻信能够避免。

按照刑法规定,犯本罪造成重大伤亡事故的,对直接责任人处三年以下有期徒刑或者拘役;后果特别严重的,处三年以上七年以下有期徒刑。

≫**法条链接**≫

《刑法》第一百三十八条:明知校舍或者教育教学设施有危险,而不采取措施或者不及时报告,致使发生重大伤亡事故的,对直接责任人员,处三年以下有期徒刑或者拘役;后果特别严重的,处三年以上七年以下有期徒刑。

常见的破坏社会主义市场经济秩序罪

92. 什么是生产、销售伪劣产品罪,对其如何认定和处罚?

"生产、销售伪劣产品罪"指生产者、销售者故意在产品中掺杂、掺假,以假充真,以次充好或者以不合格产品冒充合格产品,销售金额达五万元以上的行为。本罪的构成要件或特征解读如下:

(1)本罪所侵害的客体是复杂客体。包括国家有关产品质量监督管理制度和消费者的合法权益。犯罪对象是伪劣产品,根据《产品质量法》的有关规定,具体表现形式包括:①在产品中掺杂、掺假,以假充真,以次充好,以不合格产品冒充合格产品的,致使产品不符合产品质量标准;②伪造产地或者冒用他人的厂名、厂址的;③伪造或者冒用认证标志、名优标志等质量标志的;④属于国家明令规定的淘汰产品的;⑤伪造检验数据或者检验结论的;⑥无检验合格证或无有关单位允许销售证明的;⑦产品或其包装不符合要求的;⑧失效、变质的等。

(2)本罪在客观方面表现为违反国家产品质量监督管理法律、法规,故意在产品中掺杂、掺假,以假充真,以次充好或者以不合格产品冒充合格产品,销售金额在五万元以上的行为。具体表现为:①掺杂、掺假,即在生产、销售的产品中掺入与原产品并不同类的杂物,或者掺入其他不符合原产品质量的假产品。如在芝麻油中掺菜籽油等;②以假充真,即生产者、销售者将伪造的产品冒充真正的产品,主要表现为生产、销售的产品名称与实际名称不符,或者原材料名称、产品所含成分与产品的实际名称、成分不符;③以次充好,即以质量次的产品冒充质量好的产品,主要表现为将次品冒充正品,将等次低的产品冒充等次高的产品,将旧产品冒充新产品等;④以不合格产品冒充合格产品,主要表现为将没有达到国家标准、行业标准的产品冒充达到国家标准、行业标准的产品,将超过使用期限的产品冒充没有超过使用期限的产品等。

(3)本罪的主体是生产者、销售者。

(4)本罪在主观方面表现为直接故意。即故意以"假、劣"冒充"真、好"。

按照刑法规定,犯本罪的,依销售金额认定刑事责任的大小,具体处罚标准为:

(1)销售金额五万元以上不满二十万元的,处二年以下有期徒刑或者拘役,并处或者单处销售金额百分之五十以上二倍以下罚金;

(2)销售金额二十万元以上不满五十万元的,处二年以上七年以下有期徒刑,并处销售金额百分之五十以上二倍以下罚金;

(3)销售金额五十万元以上不满二百万元的,处七年以上有期徒刑,并处销售金额百分之五十以上二倍以下罚金;

(4)销售金额二百万元以上的,处十五年有期徒刑或者无期徒刑,并处销售金额百分之五十以上二倍以下罚金或者没收财产。

≫**法条链接**≫

《刑法》第一百四十条:生产者、销售者在产品中掺杂、掺假,以假充真,以次充好或者以不合格产品冒充合格产品,销售金额五万元以上不满二十万元的,处二年以下有期徒刑或者拘役,并处或者单处销售金额百分之五十以上二倍以下罚金;销售金额二十万元以上不满五十万元的,处二年以上七年以下有期徒刑,并处销售金额百分之五十以上二倍以下罚金;销售金额五十万元以上不满二百万元的,处七年以上有期徒刑,并处销售金额百分之五十以上二倍以下罚金;销售金额二百万元以上的,处十五年有期徒刑或者无期徒刑,并处销售金额百分之五十以上二倍以下罚金或者没收财产。

93. 什么是生产、销售假药罪,对其如何认定和处罚?

"生产销售假药罪"是指行为人违反国家药品管理法律、法规,生产、销售假药,足以危害人体健康的行为。本罪的构成要件和特征解读如下:

(1)本罪侵犯的客体是复杂客体。犯罪行为既侵犯了国家对药品的管理制度,又侵犯了不特定多数人的身体健康权利。

(2)本罪在客观上表现为生产者、销售者违反国家的药品管理法律、法规,生产、销售假药。"假药"是指药品管理法规定属于假药和按假药处理的药品、非药品。生产假药的行为表现为一切制造、加工、采集、收集假药的活动,销售假药的行为是指一切有偿提供假药的行为。

(3)本罪的犯罪主体为自然人和单位,表现为假药的生产者和销售者两类人。生产者即药品的制造、加工、采集、收集者,销售者即药品的有偿提供者。

(4)本罪在主观上表现为故意。即认识到假药足以危害人体健康而对此持希望或放任的态度;在销售领域内必须具有明知是假药而售卖的心理状态,对不知道是假药而销售的不构成销售假药罪。

按照刑法规定,犯本罪的,处三年以下有期徒刑或者拘役,并处罚金;对人体健康造成严重危害或者有其他严重情节的,处三年以上十年以下有期徒刑,并处罚金;致人死亡或者有其他特别严重情节的,处十年以上有期徒刑、无期徒刑或者死刑,并处罚金或者没收财产。

如果单位犯生产、销售假药罪的,对单位判处罚金,并对其直接负责的主管人员和其他直接责任人员,按个人犯生产、销售假药罪的法定刑处罚。

≫法条链接≫

《刑法》第一百四十一条:生产、销售假药的,处三年以下有期徒刑或者拘役,并处罚金;对人体健康造成严重危害或者有其他严重情节的,处三年以上十年以下有期徒刑,并处罚金;致人死亡或者有其他特别严重情节的,处十年以上有期徒刑、无期徒刑或者死刑,并处罚金或者没收财产。

本条所称假药,是指依照《中华人民共和国药品管理法》的规定属于假药和按假药处理的药品、非药品。

94. 什么是生产、销售劣药罪,对其如何认定和处罚?

"生产、销售劣药罪"是指违反国家药品管理法规生产、销售劣药,对人体健康造成严重危害的行为。本罪的构成要件或特征解读如下:

(1)本罪犯罪客体是复杂客体。犯罪行为既违反了国家对药品的管理制度,又侵害了公民的健康权利。

(2)本罪在客观方面表现为生产、销售劣药,对人体健康造成严重危害的行为。对人体健康造成严重危害是指造成用药人残疾或者其他严重后遗症,或因服用劣药延误治疗,致使病情加剧而引起危险、死亡等严重后果。

(3)犯罪主体是一般主体,既包括自然人,也包括单位。

(4)本罪在主观方面表现为故意。即行为人明知其生产或销售的是劣药而且其生产或销售劣药的行为可能会对人体健康造成严重危害的结果,而采取放任的心理态度,即本罪只能由间接故意构成。

按照刑法规定,犯本罪,对人体健康造成严重危害的,处三年以上十年以下有期徒刑,并处销售金额百分之五十以上二倍以下罚金;后果特别严重的,处十年以上有期徒刑或者无期徒刑,并处销售金额百分之五十以上二倍以下罚金或者没收财产。单位犯本罪的,实行双罚制,即对单位判处罚金,并对其直接负责的主管人员和其他直接责任人员,按照上述规定处罚。

≫**法条链接**≫

《刑法》第一百四十二条:生产、销售劣药,对人体健康造成严重危害的,处三年以上十年以下有期徒刑,并处销售金额百分之五十以上二倍以下罚金;后果特别严重的,处十年以上有期徒刑或者无期徒刑,并处销售金额百分之五十以上二倍以下罚金或者没收财产。

95. 什么是生产、销售不符合安全标准的食品罪,对其如何认定和处罚?

"生产、销售不符合卫生标准的食品罪"是指违反国家食品卫生管理法律、法规,生产、销售不符合卫生标准的食品,足以造成严重食物中毒事故或者其他严重食源性疾患,危害人体健康的行为。本罪的构成要件或特征解读如下:

(1)本罪侵犯的客体是复杂客体。即犯罪行为侵犯了国家对食品卫生的监督管理制度和不特定多数人的身体健康权利。

(2)本罪在客观方面表现为违反国家食品卫生管理法律、法规,生产、销售不符合卫生标准的食品,足以造成严重食物中毒事故或者其他严重食源性疾患的行为。即行为人除了必须有实施生产、销售不符合卫生标准的食品的行为以外,在客观上还必须足以造成严重食物中毒事故或者其他严重食源性疾患才能构成本罪。所谓"严重食物中毒",是指细菌性、化学性、真菌性和有毒动植物等引起的暴发性中毒。

(3)本罪的主体是一般主体,包括个人和单位。即所有生产、销售不符合卫生标准的食品的单位或自然人都可以成为本罪的主体,既包括合法经营者,也包括非法经营者。

(4)本罪在主观方面表现为故意。即行为人明知其生产、销售的食品不符合卫生标准并可能造成严重食物中毒事故或者其他严重食源性疾患的结果,而放任这种结果发生的心理态度。

按照刑法规定,犯本罪足以造成严重食物中毒事故或者其他严重食源性疾患的,处三年以下有期徒刑或者拘役,并处或者单处销售金额百分之五十以上二倍以下罚金;对人体健康造成严重危害的,处三年以上七年以下有期徒刑,并处销售金额百分之五十以上二倍以下罚金;后果特别严重的,处七年以上有期徒刑或者无期徒刑,并处销售金额百分之五十以上二倍以下罚金或者没收财产。单位犯本罪的,实行双罚制,即对单位判处罚金,并对其直接负责的主管人员和其他直接责任人员,按照上述规定处罚。

>> **法条链接** >>

《刑法》第一百四十三条:生产、销售不符合食品安全标准的食品,足以造成严重食物中毒事故或者其他严重食源性疾病的,处三年以下有期徒刑或者拘役,并处罚金;对人体健康造成严重危害或者有其他严重情节的,处三年以上七年以下有期徒刑,并处罚金;后果特别严重的,处七年以上有期徒刑或者无期徒刑,并处罚金或者没收财产。

96. 什么是生产、销售有毒、有害食品罪,对其如何认定和处罚?

"生产、销售有毒、有害食品罪"是指违反我国食品卫生管理法律、法规,在生产、销售的食品中掺入有毒、有害的非食品原料,或者销售明知掺有有毒、有害的非食品原料的食品的行为。本罪的构成要件或特征解读如下:

(1)本罪侵犯的客体为复杂客体。具体内容包括国家对食品卫生的监督管理秩序和广大消费者即不特定多数人的生命、健康权利。

(2)本罪的主体是一般主体。自然人和单位都可以成为犯罪主体。

(3)本罪在客观方面表现为违反国家食品卫生管理法律、法规,对生产、销售的食品掺入有毒、有害的非食品原料或者销售明知掺有有毒、有害的非食品原料的食品的行为。具体而言,首先,行为人实施的行为必须是违反国家食品卫生管理法律、法规的行为;其次,行为人实施了掺入有毒、有害的非食品原料的行为。"有毒的物质"是指进入人体后能与人体内的一些物质发生化学变化,从而对人体的组织和生理机能造成破坏的物质;"有害的物质"是指被摄入人体后,对人体的组织、机能产生影响、损害的物质。

(4)本罪在主观方面只能是故意。即行为人出于故意,实施了在所生产的食品中掺入有毒、有害的非食品原料的行为,或者明知是掺有有毒、有害物质的食品仍然予以销售。

根据刑法以及相关司法解释的规定,构成本罪的,依据具体情形可分别承担如下刑事责任:

(1)在生产、销售的食品中掺入有毒、有害的非食品原料的,或者销售明知掺有有毒、有害的非食品原料的食品的,处五年以下有期徒刑或者拘役,并处或者单处销售金额百分之五十以上二倍以下罚金。按照《最高人民法院、最高人民检察院关于办理危害食品安全刑事案件适用法律若干问题的解释》第五条规定,"对人体健康造成严重危害"指:

①造成轻伤以上伤害的;

②造成轻度残疾或者中度残疾的;

③造成器官组织损伤导致一般功能障碍或者严重功能障碍的;

④造成十人以上严重食物中毒或者其他严重食源性疾病的;

⑤其他对人体健康造成严重危害的情形。

(2)造成严重食物中毒事故或者其他严重食源性疾患,对人体健康造成严重危害的,处五年以上十年以下有期徒刑,并处销售金额百分之五十以上二倍以下罚金。按照《最高人民法院、最高人民检察院关于办理危害食品安全刑事案件适用法律若干问题的解释》第六条规定,生产、销售有毒、有害食品,具有下列情形之一的,应当认定为《刑法》第一百四十四条规定的"其他严重情节":

①生产、销售金额二十万元以上不满五十万元的;

②生产、销售金额十万元以上不满二十万元,有毒、有害食品的数量较大或者生产、销售持续时间较长的;

③生产、销售金额十万元以上不满二十万元,属于婴幼儿食品的;

④生产、销售金额十万元以上不满二十万元,一年内曾因危害食品安全违法犯罪活动受过行政处罚或者刑事处罚的;

⑤有毒、有害的非食品原料毒害性强或者含量高的;

⑥其他情节严重的情形。

(3)致人死亡或者对人体健康造成特别严重危害的,处十年以上有期徒刑、无期徒刑或者死刑,并处销售金额百分之五十以上二倍以下罚金或者没收财产。按照《最高人民法院、最高人民检察院关于办理危害食品安全刑事案件适用法律若干问题的解释》第七条规定,生产、销售有毒、有害食品,生产、销售金额五十万元以上,或者具有本解释第四条规定的情形之一的,应当认定为《刑法》第一百四十四条规定的"致人死亡或者有其他特别严重情节"。

(4)单位犯本罪的,对单位判处罚金,并对其直接负责的主管人员和其他责任人员依个人犯本罪的规定处罚。按照《最高人民法院、最高人民检察院关于办理危害食品安全刑事案件适用法律若干问题的解释》第十七条规定,犯生产、销售不符合卫生标准的食品罪,生产、销售有毒、有害食品罪,一般应当依法判处生产、销售金额二倍以上的罚金。

>> **法条链接** >>

《刑法》第一百四十四条：在生产、销售的食品中掺入有毒、有害的非食品原料的，或者销售明知掺有有毒、有害的非食品原料的食品的，处五年以下有期徒刑，并处罚金；对人体健康造成严重危害或者有其他严重情节的，处五年以上十年以下有期徒刑，并处罚金；致人死亡或者有其他特别严重情节的，依照本法第一百四十一条的规定处罚。

97. 什么是生产、销售不符合安全标准的产品罪，对其如何认定和处罚？

"生产、销售不符合安全标准的产品罪"是指生产不符合保障人身、财产安全的国家标准、行业标准的电器、压力容器、易燃易爆产品或者其他不符合保障人身、财产安全的国家标准、行业标准的产品，或者销售明知是以上不符合保障人身、财产安全的国家标准、行业标准的产品，造成严重后果的行为。本罪的构成要件或特征解读如下：

(1)本罪侵犯的客体为复杂客体。即国家对生产、销售电器、压力容器、易燃易爆产品等的安全监督管理制度和公民的健康权、生命权。犯罪对象是不符合保障人身、财产安全的国家标准、行业标准的电器、压力容器、易燃易爆产品或者其他产品。

(2)本罪在客观方面表现为生产或者销售不符合保障人身、财产安全的国家标准、行业标准的电器、压力容器、易燃易爆产品或者其他不符合保障人身、财产安全的国家标准、行业标准的产品，并且造成严重后果的行为。

(3)本罪的犯罪主体为一般主体。即达到刑事责任年龄、具有刑事责任能力的任何人均可构成本罪主体。

(4)本罪在主观上表现为故意。即明知所生产的产品不符合保障人身、财产安全的有关标准而仍然继续生产；在销售环节上表现为，明知所销售的产品不符合标准而仍然予以出售，或者对所生产的电器、压力容器等产品是否符合标准采取放任的态度。

按照刑法规定，犯本罪的，根据其情节承担如下刑事责任：

(1)生产不符合保障人身、财产安全的国家标准、行业标准的电器、压力容器、易燃易爆产品或者其他不符合保障人身、财产安全的国家标准、行业标准的产品,或者销售明知是以上不符合保障人身、财产安全的国家标准、行业标准的产品,造成严重后果的,处五年以下有期徒刑或者拘役,并处销售金额百分之五十以上二倍以下罚金。

(2)后果特别严重的,处五年以上有期徒刑,并处销售金额百分之五十以上二倍以下罚金。

(3)单位犯本罪的,对单位判处罚金,并对其直接负责的主管人员和其他责任人员,依据个人犯本罪的规定处罚。

≫**法条链接**≫

《刑法》第一百四十六条:生产不符合保障人身、财产安全的国家标准、行业标准的电器、压力容器、易燃易爆产品或者其他不符合保障人身、财产安全的国家标准、行业标准的产品,或者销售明知是以上不符合保障人身、财产安全的国家标准、行业标准的产品,造成严重后果的,处五年以下有期徒刑,并处销售金额百分之五十以上二倍以下罚金;后果特别严重的,处五年以上有期徒刑,并处销售金额百分之五十以上二倍以下罚金。

98. 什么是生产、销售伪劣农药、兽药、化肥、种子罪,对其如何认定和处罚?

"生产、销售伪劣农药、兽药、化肥、种子罪"是指生产假农药、假兽药、假化肥,销售明知是假的或者失去使用效能的农药、兽药、化肥、种子,或者生产者、销售者以不合格的农药、兽药、化肥、种子冒充合格的农药、兽药、化肥、种子,使生产遭受较大损失的行为。本罪的构成要件或特征解读如下:

(1)本罪侵犯的客体是国家对农用生产资料质量的监督管理制度和农业生产。犯罪对象是农药、兽药、化肥、种子。

(2)本罪在客观方面表现为违反农、林、牧、渔等生产管理法律、法规,生产及销售伪劣农药、兽药、化肥、种子等农用生产资料,致使生产遭受较大损失行为。犯罪行为的具体表现形式为:一是生产假农药、假兽药、假化肥;二是销售假的或者失去使用效能的农药、兽药、化肥、种子;三是以不合格的农药、兽药、化肥和种子冒充合格的农药、兽药化肥及种子。由于本罪是结果犯,因此,如果只有生产、销售行为而没有危害结果,或者虽有危害结果,但致使生产损失没有达到损失较大的程度,也不能构成本罪。

(3)本罪的犯罪主体为一般主体。即达到刑事责任年龄,具有刑事责任能力的任何自然人均可构成本罪主体。单位也可以构成本罪的犯罪主体。

(4)本罪的主观方面是故意。即故意生产假农药、假兽药、假化肥;或者明知是假的或失去使用效能的农药、兽药、化肥、种子而故意予以销售;或者故意以不合格的农药、兽药、化肥、种子冒充合格的农药、兽药、化肥、种子。

关于本罪的立案标准问题,按照《最高人民检察院、公安部关于公安机关管辖的刑事案件立案追诉标准的规定(一)》第二十三条规定,生产假农药、假兽药、假化肥,销售明知是假的或者失去使用效能的农药、兽药、化肥、种子,或者生产者、销售者以不合格的农药、兽药、化肥、种子冒充合格的农药、兽药、化肥、种子,涉嫌下列情形之一的,应予立案追诉:(1)使生产遭受损失二万元以上的;(2)其他使生产遭受较大损失的情形。

根据《最高人民法院、最高人民检察院关于办理生产、销售伪劣商品刑事案件具体应用法律若干问题的解释》(法释〔2001〕10号)第七条的规定,《刑法》第一百四十七条规定的生产、销售伪劣农药、兽药、化肥、种子罪中"使生产遭受较大损失",一般以二万元为起点;"重大损失",一般以十万元为起点;"特别重大损失",一般以五十万元为起点。

在本罪的处罚标准上,按照刑法规定,使生产遭受较大损失的,处三年以下有期徒刑或者拘役,并处或者单处销售金额百分之五十以上二倍以下罚金;使生产遭受重大损失的,处三年以上七年以下有期徒刑,并处销售金额百分之五十以上二倍以下罚金;使生产遭受特别重大损失的,处七年以上有期徒刑或者无期徒刑,并处销售金额百分之五十以上二倍以下罚金或者没收财产。

≫**法条链接**≫

《刑法》第一百四十七条:生产假农药、假兽药、假化肥,销售明知是假的或者失去使用效能的农药、兽药、化肥、种子,或者生产者、销售者以不合格的农药、兽药、化肥、种子冒充合格的农药、兽药、化肥、种子,使生产遭受较大损失的,处三年以下有期徒刑或者拘役,并处或者单处销售金额百分之五十以上二倍以下罚金;使生产遭受重大损失的,处三年以上七年以下有期徒刑,并处销售金额百分之五十以上二倍以下罚金;使生产遭受特别重大损失的,处七年以上有期徒刑或者无期徒刑,并处销售金额百分之五十以上二倍以下罚金或者没收财产。

99. 什么是虚报注册资本罪,对其如何认定和处罚?

"虚报注册资本罪"是指申请公司登记的个人或者单位,使用虚假证明文件或者采取其他欺诈手段,虚报注册资本,欺骗公司登记主管部门,取得公司登记,虚报注册资本数额巨大、后果严重或者有其他严重情节的行为。本罪的构成要件或特征解读如下:

(1)本罪侵犯的客体是国家公司登记管理制度。犯罪对象是注册资本,即有限责任公司和股份有限公司的股东在公司登记机关登记的股东实际缴纳的出资总额。

(2)本罪在客观方面表现为使用虚假证明文件或者采取其他欺诈手段虚报注册资本,欺骗公司登记主管部门,取得公司登记,且虚报注册资本数额巨大、后果严重或者有其他严重情节的行为。

(3)本罪的犯罪主体是特殊主体。即申请公司登记的人或单位。这里所说的"公司"是指依照公司法在中国境内设立的有限责任公司和股份有限公司。

(4)本罪的主观方面是故意。犯罪的目的就是为了欺骗公司登记机关,非法取得公司登记。

在立案标准上,按照《最高人民检察院、公安部关于公安机关管辖的刑事案件立案追诉标准的规定(二)》第三条规定,申请公司登记使用虚假证明文件或者采取其他欺诈手段虚报注册资本,欺骗公司登记主管部门,取得公司登记,涉嫌下列情形之一的,应予立案追诉:

(1)超过法定出资期限,实缴注册资本不足法定注册资本最低限额,有限责任公司虚报数额在三十万元以上并占其应缴出资数额百分之六十以上的,股份有限公司虚报数额在三百万元以上并占其应缴出资数额百分之三十以上的。

(2)超过法定出资期限,实缴注册资本达到法定注册资本最低限额,但仍虚报注册资本,有限责任公司虚报数额在一百万元以上并占其应缴出资数额百分之六十以上的,股份有限公司虚报数额在一千万元以上并占其应缴出资数额百分之三十以上的。

(3)造成投资者或者其他债权人直接经济损失累计数额在十万元以上的;

(4)虽未达到上述数额标准,但具有下列情形之一的:

①两年内因虚报注册资本受过行政处罚二次以上,又虚报注册资本的;

②向公司登记主管人员行贿的;

③为进行违法活动而注册的。

(5)其他后果严重或者有其他严重情节的情形。

在本罪的处罚标准上,按照刑法规定,自然人犯本罪的,虚报注册资本数额巨大、后果严重或者有其他严重情节的,处三年以下有期徒刑或者拘役,并处或者单处虚报注册资本金额百分之一以上百分之五以下罚金。单位犯本罪的,对单位判处罚金,并对其直接负责的主管人员和其他直接责任人员,处三年以下有期徒刑或者拘役。

≫**法条链接**≫

《刑法》第一百五十八条:申请公司登记使用虚假证明文件或者采取其他欺诈手段虚报注册资本,欺骗公司登记主管部门,取得公司登记,虚报注册资本数额巨大、后果严重或者有其他严重情节的,处三年以下有期徒刑或者拘役,并处或者单处虚报注册资本金额百分之一以上百分之五以下罚金。

单位犯前款罪的,对单位判处罚金,并对其直接负责的主管人员和其他直接责任人员,处三年以下有期徒刑或者拘役。

100. 什么是虚假出资、抽逃出资罪,对其如何认定和处罚?

"虚假出资、抽逃出资罪"是指公司发起人、股东违反公司法的规定未交付货币、实物或者未转移财产权,或者在公司成立后又抽逃其出资,数额巨大、后果严重或者有其他严重情节的行为。本罪的构成要件或特征解读如下:

(1)本罪的客体是侵犯了国家公司资本管理制度。

(2)本罪在客观方面表现为违反公司法的规定,未交付货币、实物或者未转移财产权,虚假出资,或者在公司成立后又抽逃其出资,数额巨大、后果严重或者有其他严重情节的行为。具体表现为以下三方面:一是必须有违反公司法有关出资规定的行为;二是必须有虚假出资或抽逃出资的行为;三是必须是数额巨大、后果严重或者有其他严重情节的行为。

(3)本罪主体是特殊主体。即公司发起人或者股东。

(4)本罪的主观方面是故意。即故意未交付货币、实物或者未转移财产权、虚假出资,或抽逃出资。

在立案标准上,按照《最高人民检察院、公安部关于公安机关管辖的刑事案件立案追诉标准的规定(二)》第四条规定,公司发起人、股东违反公司法的规定未交付货币、实物或者未转移财产权,虚假出资,或者在公司成立后又抽逃其出资,涉嫌下列情形之一的,应予立案追诉:

(1)超过法定出资期限,有限责任公司股东虚假出资数额在三十万元以上并占其应缴出资数额百分之六十以上的,股份有限公司发起人、股东虚假出资数额在三百万元以上并占其应缴出资数额百分之三十以上的。

(2)有限责任公司股东抽逃出资数额在三十万元以上并占其实缴出资数额百分之六十以上的,股份有限公司发起人、股东抽逃出资数额在三百万元以上并占其实缴出资数额百分之三十以上的。

(3)造成公司、股东、债权人的直接经济损失累计数额在十万元以上的。

(4)虽未达到上述数额标准,但具有下列情形之一的:

①致使公司资不抵债或者无法正常经营的;

②公司发起人、股东合谋虚假出资、抽逃出资的;

③两年内因虚假出资、抽逃出资受过行政处罚二次以上,又虚假出资、抽逃出资的;

④利用虚假出资、抽逃出资所得资金进行违法活动的。

(5)其他后果严重或者有其他严重情节的情形。

按照刑法规定,自然人犯罪的,数额巨大、后果严重或者有其他严重情节的,处五年以下有期徒刑或者拘役,并处或者单处虚假出资金额或者抽逃出资金额百分之二以上百分之十以下罚金。单位犯本罪的,对单位判处罚金,并对其直接负责的主管人员和其他直接责任人员,处五年以下有期徒刑或者拘役。

≫法条链接≫

《刑法》第一百五十九条:公司发起人、股东违反公司法的规定未交付货币、实物或者未转移财产权,虚假出资,或者在公司成立后又抽逃其出资,数额巨大、后果严重或者有其他严重情节的,处五年以下有期徒刑或者拘役,并处或者单处虚假出资金额或者抽逃出资金额百分之二以上百分之十以下罚金。

单位犯前款罪的,对单位判处罚金,并对其直接负责的主管人员和其他直接责任人员,处五年以下有期徒刑或者拘役。

101. 什么是非国家工作人员受贿罪,对其如何认定和处罚?

"非国家工作人员受贿罪"是指公司、企业或者其他单位的工作人员利用职务上的便利,索取他人财物或者非法收受他人财物,为他人谋取利益,数额较大的行为。本罪的构成要件或特征解读如下:

(1)本罪侵犯的客体是国家对公司、企业以及非国有事业单位、其他组织的工作人员职务活动的管理制度。

(2)本罪在客观方面表现为利用职务上的便利,索取他人财物或非法收受他人财物,为他人谋取利益,数额较大的行为。利用职务上的便利是指利用本人组织、领导、监督、管理等职权以及利用与上述职权有关的便利条件。

(3)本罪的犯罪主体是特殊主体。即公司、企业或者其他单位的工作人员。

(4)本罪在主观方面表现为故意。即公司、企业、其他单位人员故意利用其职务之便接受或索取贿赂,为他人谋取利益。

在立案标准上,按照《最高人民检察院、公安部关于公安机关管辖的刑事案件立案追诉标准的规定(二)》第十条规定,公司、企业或者其他单位的工作人员利用职务上的便利,索取他人财物或者非法收受他人财物,为他人谋取利益,或者在经济往来中,利用职务上的便利,违反国家规定,收受各种名义的回扣、手续费,归个人所有,数额在五千元以上的,应予立案追诉。

按照刑法规定,犯本罪数额较大的,处五年以下有期徒刑或者拘役;数额巨大的,处五年以上有期徒刑,可以并处没收财产。根据《最高人民法院关于办理违反公司法受贿、侵占、挪用等刑事案件适用法律若干问题的解释》的规定,索取或者收受贿赂五千元至二万元的,属于数额较大;索取或者收受贿赂十万元以上,属于数额巨大。

≫**法条链接**≫

《刑法》第一百六十三条:公司、企业或者其他单位的工作人员利用职务上的便利,索取他人财物或者非法收受他人财物,为他人谋取利益,数额较大的,处五年以下有期徒刑或者拘役;数额巨大的,处五年以上有期徒刑,可以并处没收财产。

公司、企业或者其他单位的工作人员在经济往来中,利用职务上的便利,违反国家规定,收受各种名义的回扣、手续费,归个人所有的,依照前款的规定处罚。

102. 什么是对非国家工作人员行贿罪,对其如何认定和处罚?

"对非国家工作人员行贿罪"是指为谋取不正当利益,给予公司、企业的工作人员以数额较大财物的行为。本罪的构成要件或特征解读如下:

(1)本罪侵犯的是复杂客体。即国家公司、企业的正常管理秩序和市场竞争秩序。

(2)本罪在客观方面表现为谋取不正当利益,给予公司、企业的工作人员以财物,并且数额较大的行为。支付回扣、手续费是本罪客观方面的主要表现形式。

(3)本罪的犯罪主体是经营者。即从事商品经营、营利性服务等经济活动的市场主体。

(4)本罪在主观方面为故意,犯罪目的是为了谋取不正当利益。

在立案标准上,按照《最高人民检察院、公安部关于公安机关管辖的刑事案件立案追诉标准的规定(二)》第十一条规定,为谋取不正当利益,给予公司、企业或者其他单位的工作人员以财物,个人行贿数额在一万元以上的,单位行贿数额在二十万元以上的,应予立案追诉。

按照刑法规定,犯本罪数额较大的,处三年以下有期徒刑或者拘役;数额巨大的,处三年以上十年以下有期徒刑,并处罚金。

≫**法条链接**≫

《刑法》第一百六十四条:为谋取不正当利益,给予公司、企业或者其他单位的工作人员以财物,数额较大的,处三年以下有期徒刑或者拘役;数额巨大的,处三年以上十年以下有期徒刑,并处罚金。

为谋取不正当商业利益,给予外国公职人员或者国际公共组织官员以财物的,依照前款的规定处罚。

单位犯前两款罪的,对单位判处罚金,并对其直接负责的主管人员和其他直接责任人员,依照第一款的规定处罚。

行贿人在被追诉前主动交待行贿行为的,可以减轻处罚或者免除处罚。

103. 什么是伪造货币罪,对其如何认定和处罚?

"伪造货币罪"是指违反国家货币管理法规,仿照货币的形状、色彩、图案等特征,使用各种方法非法制造出外观上足以乱真的假货币,破坏货币的公共信用,破坏金融管理秩序的行为。本罪的构成要件或特征解读如下:

(1)本罪侵犯的客体是国家货币管理制度。犯罪对象是货币,既包括人民币,也包括外币。

(2)本罪在客观方面表现为违反国家货币管理法规,伪造货币的行为。所谓"伪造货币"是指没有货币制造权的人,仿照人民币或者外币的面额、图案、色彩、质地、式样、规格等,使用多种方法,非法制造假货币,冒充真货币的行为。

(3)本罪的主体为一般主体。凡达到刑事责任年龄且具备刑事责任能力的自然人均可以构成本罪主体,单位不能构成本罪主体。

(4)本罪在主观方面上只能由直接故意构成。

在立案标准上,按照《最高人民检察院、公安部关于公安机关管辖的刑事案件立案追诉标准的规定(二)》第十九条规定,伪造货币,涉嫌下列情形之一的,应予立案追诉:

(1)伪造货币,总面额在二千元以上或者币量在二百张(枚)以上的;

(2)制造货币版样或者为他人伪造货币提供版样的;

(3)其他伪造货币应予追究刑事责任的情形。

本规定中的"货币"是指流通的以下货币:

(1)人民币(含普通纪念币、贵金属纪念币)、港元、澳门元、新台币;

(2)其他国家及地区的法定货币。

贵金属纪念币的面额以中国人民银行授权中国金币总公司的初始发售价格为准。

在处罚标准上,根据刑法规定,犯本罪的,处三年以上十年以下有期徒刑,并处五万元以上五十万元以下罚金;情节特别严重的,处十年以上有期徒刑、无期徒刑或者死刑,并处五万元以上五十万元以下罚金或者没收财产。

≫法条链接≫

《刑法》第一百七十条:伪造货币的,处三年以上十年以下有期徒刑,并处五万元以上五十万元以下罚金;有下列情形之一的,处十年以上有期徒刑、无期徒刑或者死刑,并处五万元以上五十万元以下罚金或者没收财产:

(一)伪造货币集团的首要分子;

(二)伪造货币数额特别巨大的;

(三)有其他特别严重情节的。

104. 什么是出售、购买、运输假币罪,对其如何认定和处罚?

"出售、购买、运输假币罪"是指出售、购买伪造的货币,或者明知是伪造的货币而运输,数额较大的行为。本罪的构成要件或特征解读如下:

(1)本罪侵犯的客体是国家的货币管理制度。

(2)本罪在客观方面表现为出售、购买或者运输伪造的货币,且数额较大的行为。"出售伪造的货币"是指以营利为目的,以各种方式,通过各种途径以一定的价格卖出伪造的货币的行为;"购买伪造的货币"是指行为人以一定的价格用货币换取伪造的货币的行为;"运输伪造的货币"是指行为人主观上明知是伪造的货币,而使用交通工具或者以其他方式将伪造的货币从一个地方运载至另一地方的行为。

(3)本罪的主体是一般主体。即任何达到刑事责任年龄并且具备刑事责任能力的自然人均可构成本罪主体。

(4)本罪在主观方面为故意。即无论是出售、购买假币行为,还是运输假币行为,都必须是出于故意。

在立案标准上,按照《最高人民检察院、公安部关于公安机关管辖的刑事案件立案追诉标准的规定(二)》第二十条规定,出售、购买伪造的货币或者明知是伪造的货币而运输,总面额在四千元以上或者币量在四百张(枚)以上的,应予立案追诉。

在出售假币时被抓获的,除现场查获的假币应认定为出售假币的数额外,现场之外在行为人住所或者其他藏匿地查获的假币,也应认定为出售假币的数额。

按照刑法规定,出售、购买伪造的货币或者明知是伪造的货币而运输,数额较大的,处三年以下有期徒刑或者拘役,并处二万元以上二十万元以下罚金;数额巨大的,处三年以上十年以下有期徒刑,并处五万元以上五十万元以下罚金;数额特别巨大的,处十年以上有期徒刑或者无期徒刑,并处五万元以上五十万元以下罚金或者没收财产。伪造货币并出售或者运输伪造的货币的,依照《刑法》第一百七十条的规定定罪,并从重处罚。

另外,按照《最高人民法院关于审理伪造货币等案件具体应用法律的若干问题的解释》(法释[2000]26号)第三条的规定,出售、购买假币或者明知是假币而运输,总面额在四千元以上不满五万元的,属于"数额较大";总面额在五万元以上不满二十万元的,属于"数额巨大";总面额在二十万元以上的,属于"数额特别巨大"。

≫法条链接≫

《刑法》第一百七十一条:出售、购买伪造的货币或者明知是伪造的货币而运输,数额较大的,处三年以下有期徒刑或者拘役,并处二万元以上二十万元以下罚金;数额巨大的,处三年以上十年以下有期徒刑,并处五万元以上五十万元以下罚金;数额特别巨大的,处十年以上有期徒刑或者无期徒刑,并处五万元以上五十万元以下罚金或者没收财产。

银行或者其他金融机构的工作人员购买伪造的货币或者利用职务上的便利,以伪造的货币换取货币的,处三年以上十年以下有期徒刑,并处二万元以上二十万元以下罚金;数额巨大或者有其他严重情节的,处十年以上有期徒刑或者无期徒刑,并处二万元以上二十万元以下罚金或者没收财产;情节较轻的,处三年以下有期徒刑或者拘役,并处或者单处一万元以上十万元以下罚金。

伪造货币并出售或者运输伪造的货币的,依照本法第一百七十条的规定定罪从重处罚。

105. 什么是持有、使用假币罪,对其如何认定和处罚?

"持有、使用假币罪"是指违反货币管理法规,明知是伪造的货币而持有、使用,数额较大的行为。本罪的构成要件或特征解读如下:

(1)本罪侵犯的客体为国家的货币流通管理制度。犯罪对象是货币,既包括人民币,也包括外币。

(2)本罪在客观方面表现为持有、使用伪造的货币,数额较大的行为。"持有"是指行为人占有假币,即支配和控制假币的状态。"使用"是指将假币取代真币在经济交易中运用。数额较大的起点为四千元。

(3)本罪的犯罪主体是一般主体。即任何达到刑事责任年龄并且具备刑事责任能力的自然人均可成为本罪的犯罪主体。

(4)本罪在主观方面表现为故意。即行为人明知是伪造的货币而持有、使用。

在立案标准上,按照《最高人民检察院、公安部关于公安机关管辖的刑事案件立案追诉标准的规定(二)》第二十二条规定,明知是伪造的货币而持有、使用,总面额在四千元以上或者币量在四百张(枚)以上的,应予立案追诉。

根据刑法规定,犯本罪数额较大的,处三年以下有期徒刑或者拘役,并处或者单处一万元以上十万元以下罚金;数额巨大的,处三年以上十年以下有期徒刑,并处二万元以上二十万元以下罚金;数额特别巨大的,处十年以上有期徒刑,并处五万元以上五十万元以下罚金或者没收财产。

按照最高人民法院《关于审理伪造货币等案件具体应用法律的若干问题的解释》(法释〔2000〕26号)第五条的规定,明知是假币而持有、使用,总面额在四千元以上不满五万元的,属于"数额较大";总面额在五万元以上不满二十万元的,属于"数额巨大";总面额在二十万元以上的,属于"数额特别巨大"。

≫法条链接≫

《刑法》第一百七十二条:明知是伪造的货币而持有、使用,数额较大的,处三年以下有期徒刑或者拘役,并处或者单处一万元以上十万元以下罚金;数额巨大的,处三年以上十年以下有期徒刑,并处二万元以上二十万元以下罚金;数额特别巨大的,处十年以上有期徒刑,并处五万元以上五十万元以下罚金或者没收财产。

106. 什么是变造货币罪,对其如何认定和处罚?

"变造货币罪"是指对真币采用挖补、剪贴、揭层、拼凑、涂改等方法进行加工处理,改变货币的真实形状、图案、面值或张数,增大票面面额或者增加票张数量,数额较大的行为。本罪的构成要件或特征解读如下:

(1)本罪侵犯的客体是国家货币管理制度。

(2)本罪在客观方面表现为变造货币,数额较大的行为。变造货币是指行为人在真币的基础上,以真币为基本的材料,通过对其剪贴、挖补、拼凑、揭层、涂改等方法加工处理,致使原有的货币改变形态、数量、面值,造成原货币升值的行为。变造货币必须是数额较大的行为才能构成犯罪。"数额较大"的认定标准,可以参照最高人民法院有关司法解释规定的数额标准,即变造货币"总面值在二千元以上或者币量二百张(枚)以上"可视为"数额较大"。

(3)本罪的主体为一般主体。任何达到法定刑事责任年龄并且具备刑事责任能力的自然人均可构成本罪主体。

(4)本罪在主观上是故意。即行为人必须存在明知是货币并进行变造以增大面值或增多币量的心理状态。

在立案标准上,按照《最高人民检察院、公安部关于公安机关管辖的刑事案件立案追诉标准的规定(二)》第二十三条规定,变造货币,总面额在二千元以上或者币量在二百张(枚)以上的,应予立案追诉。

按照刑法规定,犯本罪数额较大的,处三年以下有期徒刑或者拘役,并处或者单处一万元以上十万元以下罚金;数额巨大的,处三年以上十年以下有期徒刑,并处二万元以上二十万元以下罚金。

≫**法条链接**≫

《刑法》第一百七十三条：变造货币，数额较大的，处三年以下有期徒刑或者拘役，并处或者单处一万元以上十万元以下罚金；数额巨大的，处三年以上十年以下有期徒刑，并处二万元以上二十万元以下罚金。

107. 什么是高利转贷罪，对其如何认定和处罚？

"高利转贷罪"是指以转贷牟利为目的，套取金融机构信贷资金高利转贷给他人，违法所得数额较大的行为。本罪的构成要件或特征阐释如下：

(1)本罪侵犯的客体是国家的信贷管理制度，即信贷资金市场秩序。

(2)本罪在客观上表现为以转贷牟利为目的，套取金融机构信贷资金高利转贷他人，违法所得数额较大的行为。

(3)本罪的犯罪主体是一般主体。即凡是达到刑事责任年龄并具有刑事责任能力的人都可成为高利转贷罪主体，单位也可以成为高利转贷罪的主体。

(4)本罪在主观方面是故意，并且具有转贷牟利的目的。

在立案标准上，按照《最高人民检察院、公安部关于公安机关管辖的刑事案件立案追诉标准的规定(二)》第二十六条规定，以转贷牟利为目的，套取金融机构信贷资金高利转贷他人，涉嫌下列情形之一的，应予立案追诉：

(1)高利转贷，违法所得数额在十万元以上的；

(2)虽未达到上述数额标准，但两年内因高利转贷受过行政处罚二次以上，又高利转贷的。

在处罚标准上，按照刑法规定，自然人犯本罪数额较大的，处三年以下有期徒刑或者拘役，并处违法所得一倍以上五倍以下罚金；数额巨大的，处三年以上七年以下有期徒刑，并处违法所得一倍以上五倍以下罚金。单位犯本罪的，对单位判处罚金，并对其直接负责的主管人员和其他直接责任人员，处三年以下有期徒刑或者拘役。

≫**法条链接**≫

《刑法》第一百七十五条：以转贷牟利为目的，套取金融机构信贷资金高利转贷他人，违法所得数额较大的，处三年以下有期徒刑或者拘役，并处违法所得一倍以上五倍以下罚金；数额巨大的，处三年以上七年以下有期徒刑，并处违法所得一倍以上五倍以下罚金。

单位犯前款罪的，对单位判处罚金，并对其直接负责的主管人员和其他直接责任人员,处三年以下有期徒刑或者拘役。……

108. 什么是骗取贷款罪,对其如何认定和处罚?

"骗取贷款罪"是指以欺骗手段取得银行或者其他金融机构贷款、票据承兑、信用证、保函等,给银行或者其他金融机构造成重大损失或者有其他严重情节的行为。本罪的构成要件或特征解读如下:

(1)本罪侵犯的客体是国家的信贷管理制度。

(2)本罪在客观上采取弄虚作假的手段,如伪造各种贷款所需要的证件,使得金融机构陷入一种错误认识而与之签订贷款合同,并且骗取贷款的数额较大,或者在客观上给金融机构造成损失,如贷款无法收回等。

(3)本罪的犯罪主体是一般主体。即凡是达到刑事责任年龄、具有刑事责任能力的人都可以成为骗取贷款罪的主体。

(4)本罪在主观上是故意的,但并不具有非法占有的目的。

在立案标准上,按照《最高人民检察院、公安部关于公安机关管辖的刑事案件立案追诉标准的规定(二)》第二十七条规定,凡以欺骗手段取得贷款等数额在一百万元以上的,或者以欺骗手段取得贷款等给银行或其他金融机构造成直接经济损失数额在二十万元以上的,或者虽未达到上述数额标准,但多次以欺骗手段取得贷款的,以及其他给金融机构造成重大损失或者有其他严重情节的情形,应予立案追诉。

在处罚标准上,按照刑法规定,犯本罪的,处三年以下有期徒刑或者拘役,并处或者单处罚金;给银行或者其他金融机构造成特别重大损失或者有其他特别严重情节的,处三年以上七年以下有期徒刑,并处罚金。

≫法条链接≫

《刑法》第一百七十五条:……以欺骗手段取得银行或者其他金融机构贷款、票据承兑、信用证、保函等,给银行或者其他金融机构造成重大损失或者有其他严重情节的,处三年以下有期徒刑或者拘役,并处或者单处罚金;给银行或者其他金融机构造成特别重大损失或者有其他特别严重情节的,处三年以上七年以下有期徒刑,并处罚金。

109. 什么是非法吸收公众存款罪,对其如何定罪和处罚?

"非法吸收公众存款罪"是指违反国家金融管理法规,非法吸收公众存款或

变相吸收公众存款,扰乱金融秩序的行为。本罪的构成要件或特征解读如下:

(1)本罪侵犯的客体是国家金融管理制度。

(2)本罪在客观方面表现为行为人实施了非法吸收公众存款或变相吸收公众存款的行为。具体表现为:①以非法提高存款利率的方式吸收存款,扰乱金融秩序,主要通过当场交付存款人利息,或在储户的存单上开出高于央行法定利率等方式进行;②以变相提高利率的方式吸收存款、扰乱金融秩序。所谓"变相提高存款利率",是指吸收存款人虽未在开付出去的存单上直接提高存款利率,但却通过存款之际先行扣付或允诺事后一次性地给付或许以其他物质、经济利益好处的方式来招揽存款;③依法无资格从事吸收公众存款业务的单位非法吸收公众存款,扰乱金融秩序。

(3)本罪的主体为一般主体。即凡是达到刑事责任年龄并且具有刑事责任能力的自然人均可构成本罪主体;单位也可以成为本罪的主体。

(4)本罪在主观方面表现为故意。即必须是行为人明知自己非法吸收公众存款的行为会造成扰乱金融秩序的危害结果,而希望或者放任这种结果发生。

在立案标准上,按照《最高人民检察院、公安部关于公安机关管辖的刑事案件立案追诉标准的规定(二)》第二十八条规定,非法吸收公众存款或者变相吸收公众存款,扰乱金融秩序,涉嫌下列情形之一的,应予立案追诉:

(1)个人非法吸收或者变相吸收公众存款数额在二十万元以上的,单位非法吸收或者变相吸收公众存款数额在一百万元以上的;

(2)个人非法吸收或者变相吸收公众存款三十户以上的,单位非法吸收或者变相吸收公众存款一百五十户以上的;

(3)个人非法吸收或者变相吸收公众存款给存款人造成直接经济损失数额在十万元以上的,单位非法吸收或者变相吸收公众存款给存款人造成直接经济损失数额在五十万元以上的;

(4)造成恶劣社会影响的;

(5)其他扰乱金融秩序情节严重的情形。

按照刑法规定,犯本罪的,处三年以下有期徒刑或者拘役,并处或者单处二万元以上二十万元以下罚金;数额巨大或者有其他严重情节的,处三年以上十年以下有期徒刑,并处五万元以上五十万元以下罚金。

≫**法条链接**≫

《刑法》第一百七十六条:非法吸收公众存款或者变相吸收公众存款,扰乱金融秩序的,处三年以下有期徒刑或者拘役,并处或者单处二万元以上二十万元以下罚金;数额巨大或者有其他严重情节的,处三年以上十年以下有期徒刑,并处五万元以上五十万元以下罚金。

单位犯前款罪的,对单位判处罚金,并对其直接负责的主管人员和其他直接责任人员,依照前款的规定处罚。

110. 什么是洗钱罪,对其如何认定和处罚?

"洗钱罪"是指明知是毒品犯罪、黑社会性质的组织犯罪、贪污贿赂犯罪、恐怖活动犯罪、走私犯罪、破坏金融管理秩序犯罪、金融诈骗犯罪等违法所得及其收益,为掩饰、隐瞒其来源和性质,通过存入金融机构、投资或者上市流通等手段使非法所得收入合法化的行为。本罪的构成要件或特征解读如下:

(1)本罪侵犯的客体是复杂客体,既侵犯了金融秩序,又侵犯了社会经济管理秩序,还侵犯了国家正常的金融管理活动及外汇管理的相关规定。

(2)本罪在客观方面表现为:①为犯罪人开设银行资金账户或者将现有的银行资金账户提供给犯罪人使用;②协助将财产转为现金或者金融票据;③通过转账或者其他结算方式协助资金转移;④协助将资金汇往境外;⑤以其他方式掩饰、隐瞒犯罪的违法所得及其收益来源和性质。

(3)本罪的犯罪主体是一般主体。除了年满十六周岁以上、具有刑事责任能力的自然人以外,单位也可以成为本罪的犯罪主体。

(4)本罪在主观方面的表现为故意。即行为人明知自己的行为是在为犯罪违法所得掩饰、隐瞒其来源和性质,为利益而故意为之,并希望这种结果发生。

在立案标准上,《按照最高人民检察院、公安部关于公安机关管辖的刑事案件立案追诉标准的规定(二)》第四十八条规定,明知是毒品犯罪、黑社会性质的组织犯罪、恐怖活动犯罪、走私犯罪、贪污贿赂犯罪、破坏金融管理秩序犯罪、金融诈骗犯罪的所得及其产生的收益,为掩饰、隐瞒其来源和性质,涉嫌下列情形之一的,应予立案追诉:

(1)提供资金账户的;

(2)协助将财产转换为现金、金融票据、有价证券的;

(3)通过转账或者其他结算方式协助资金转移的;

(4)协助将资金汇往境外的;

(5)以其他方法掩饰、隐瞒犯罪所得及其收益的来源和性质的。

按照刑法规定,犯本罪的,处五年以下有期徒刑或者拘役,并处或者单处洗钱数额百分之五以上百分之二十以下罚金;情节严重的,处五年以上十年以下有期徒刑,并处洗钱数额百分之五以上百分之二十以下罚金。

≫ **法条链接** ≫

《刑法》第一百九十一条:明知是毒品犯罪、黑社会性质的组织犯罪、恐怖活动犯罪、走私犯罪、贪污贿赂犯罪、破坏金融管理秩序犯罪、金融诈骗犯罪的所得及其产生的收益,为掩饰、隐瞒其来源和性质,有下列行为之一的,没收实施以上犯罪的所得及其产生的收益,处五年以下有期徒刑或者拘役,并处或者单处洗钱数额百分之五以上百分之二十以下罚金;情节严重的,处五年以上十年以下有期徒刑,并处洗钱数额百分之五以上百分之二十以下罚金:

(一)提供资金账户的;

(二)协助将财产转换为现金、金融票据、有价证券的;

(三)通过转账或者其他结算方式协助资金转移的;

(四)协助将资金汇往境外的;

(五)以其他方法掩饰、隐瞒犯罪所得及其收益的来源和性质的。

单位犯前款罪的,对单位判处罚金,并对其直接负责的主管人员和其他直接责任人员,处五年以下有期徒刑或者拘役;情节严重的,处五年以上十年以下有期徒刑。

111. 什么是集资诈骗罪,对其如何认定和处罚?

"集资诈骗罪"是指以非法占有为目的,使用诈骗方法非法集资,数额较大的行为。本罪的构成要件或特征解读如下:

(1)本罪侵犯的客体是复杂客体,既侵犯了公私财产所有权,又侵犯了国家金融管理制度。

(2)本罪在客观方面表现为行为人必须实施了使用诈骗方法非法集资,数额较大的行为。具体而言,首先,行为人必须有非法集资的行为,即公司、企业、个人或其他组织的集资行为未经批准;其次,集资是通过使用诈骗方法实施的,即行为人以非法占有为目的,编造谎言,捏造或者隐瞒事实真相,骗取他人资金的行为;最后,使用诈骗方法非法集资的数额较大。

(3)本罪的犯罪主体是一般主体。除年满十六周岁以上、具有刑事责任能力的自然人外,单位也可以成为本罪的犯罪主体。

(4)本罪在主观上必须是故意,并且以非法占有为目的。

在立案标准上,《按照最高人民检察院、公安部关于公安机关管辖的刑事案件立案追诉标准的规定(二)》第四十九条规定,以非法占有为目的,使用诈骗方法非法集资,涉嫌下列情形之一的,应予立案追诉:

(1)个人集资诈骗,数额在十万元以上的;

(2)单位集资诈骗,数额在五十万元以上的。

在处罚标准上,按照刑法规定,犯本罪数额较大的,处五年以下有期徒刑或者拘役,并处二万元以上二十万元以下罚金;数额巨大或者有其他严重情节的,处五年以上十年以下有期徒刑,并处五万元以上五十万元以下罚金;数额特别巨大或者有其他特别严重情节的,处十年以上有期徒刑或者无期徒刑,并处五万元以上五十万元以下罚金或者没收财产。按照《最高人民法院关于审理诈骗案件具体应用法律若干问题的解释》的规定,个人集资诈骗二十万元以上,单位在五十万元以上的,为"数额巨大";个人集资诈骗在一百万元以上,单位在二百五十万元以上的,属于"数额特别巨大"。

> **法条链接**

《刑法》第一百九十二条:以非法占有为目的,使用诈骗方法非法集资,数额较大的,处五年以下有期徒刑或者拘役,并处二万元以上二十万元以下罚金;数额巨大或者有其他严重情节的,处五年以上十年以下有期徒刑,并处五万元以上五十万元以下罚金;数额特别巨大或者有其他特别严重情节的,处十年以上有期徒刑或者无期徒刑,并处五万元以上五十万元以下罚金或者没收财产。

112. 什么是贷款诈骗罪,对其如何认定和处罚?

"贷款诈骗罪"是指以非法占有为目的,编造引进资金、项目等虚假理由,使用虚假的经济合同、虚假的证明文件、虚假的产权证明作担保,超出抵押物价值重复担保或者以其他方法诈骗银行或者其他金融机构的贷款,数额较大的行为。本罪的构成要件或特征解读如下:

(1)本罪侵犯的客体是复杂客体。既侵犯了银行或者其他金融机构对贷款的所有权,也侵犯了国家金融管理制度。

(2)本罪在客观上表现为:①编造引进资金、项目等虚假理由骗取银行或者其他金融机构的贷款;②使用虚假的经济合同诈骗银行或者其他金融机构的贷款;③使用虚假的证明文件诈骗银行或其他金融机构的贷款;④使用虚假的产权证明作担保或超出抵押物价值重复担保,骗取银行或其他金融机构贷款;⑤以其他方法诈骗银行或其他金融机构贷款,例如,伪造单位公章、印鉴骗贷等。

(3)本罪的主体是一般主体。任何达到刑事责任年龄、具有刑事责任能力的自然人均可构成本罪的主体,单位不能成为本罪的主体。

(4)本罪在主观上由故意构成,并且以非法占有为目的。

在立案标准上,按照《最高人民检察院、公安部关于公安机关管辖的刑事案件立案追诉标准的规定(二)》第五十条规定,以非法占有为目的,诈骗银行或者其他金融机构的贷款,数额在二万元以上的,应予立案追诉。

在本罪的处罚标准上,按照刑法规定,犯本罪数额较大的,处五年以下有期徒刑或者拘役,并处二万元以上二十万元以下罚金;数额巨大或者有其他严重情节的,处五年以上十年以下有期徒刑,并处五万元以上五十万元以下罚金;数额特别巨大或者有其他特别严重情节的,处十年以上有期徒刑或者无期徒刑,并处五万元以上五十万元以下罚金或者没收财产。按照司法解释的规定,"数额巨大"为二十万元以上,"数额特别巨大"为五十万元以上。

≫**法条链接**≫

《刑法》第一百九十三条:有下列情形之一,以非法占有为目的,诈骗银行或者其他金融机构的贷款,数额较大的,处五年以下有期徒刑或者拘役,并处二万元以上二十万元以下罚金;数额巨大或者有其他严重情节的,处五年以上十年以下有期徒刑,并处五万元以上五十万元以下罚金;数额特别巨大或者有其他特别严重情节的,处十年以上有期徒刑或者无期徒刑,并处五万元以上五十万元以下罚金或者没收财产:

(一)编造引进资金、项目等虚假理由的;

(二)使用虚假的经济合同的;

(三)使用虚假的证明文件的;

(四)使用虚假的产权证明作担保或者超出抵押物价值重复担保的;

(五)以其他方法诈骗贷款的。

113. 什么是信用卡诈骗罪,对其如何认定和处罚?

"信用卡诈骗罪"是指以非法占有为目的,违反信用卡管理法规,利用信用卡进行诈骗活动,骗取财物数额较大的行为。本罪的构成要件或特征解读如下:

(1)本罪侵犯的客体是信用卡管理制度和公私财产所有权。

(2)本罪客观方面表现为行为人采用虚构事实或者隐瞒真相的方法,利用信用卡骗取公私财物的行为。具体表现为:①伪造信用卡,即模仿信用卡的质地、模式、版块、图样以及磁条密码等制造信用卡;②使用作废的信用卡,这种信用卡包括根据法律和有关规定不能继续使用的过期信用卡、无效信用卡、被依法宣布作废的信用卡和持卡人在信用卡的有效期内中途停止使用并将其交回发卡银行的信用卡,以及因挂失而失效的信用卡;③冒用他人信用卡,即非持卡人以持卡人的名义使用信用卡而骗取财物;④进行恶意透支,即信用卡的持卡人以非法占有为目的,超过银行规定的限额与期限透支,经过发卡机构两次催还后仍不归还,并且数额较大。

(3)本罪的主体是一般主体,任何达到刑事责任年龄、具有刑事责任能力的自然人均可构成,单位不能成为本罪的主体。

(4)本罪的主观方面是故意,而且是直接故意,除此之外,行为人主观上还必须具有非法占有公私财物的目的。

在立案标准上,按照《最高人民检察院、公安部关于公安机关管辖的刑事案件立案追诉标准的规定(二)》第五十四条规定,进行信用卡诈骗活动,涉嫌下列情形之一的,应予立案追诉:

(1)使用伪造的信用卡,或者使用以虚假的身份证明骗领的信用卡,或者使用作废的信用卡,或者冒用他人信用卡,进行诈骗活动,数额在五千元以上的;

(2)恶意透支,数额在一万元以上的。恶意透支是指持卡人以非法占有为目的,超过规定限额或者规定期限透支,并且经发卡银行两次催收后超过三个月仍不归还的。

恶意透支,数额在一万元以上不满十万元的,在公安机关立案前已偿还全部透支款息,情节显著轻微的,可以依法不追究刑事责任。

按照刑法规定,犯本罪数额较大的,处五年以下有期徒刑或者拘役,并处二万元以上二十万元以下罚金;数额巨大或者有其他严重情节的,处五年以上十年以下有期徒刑,并处五万元以上五十万元以下罚金;数额特别巨大或者有其他特别严重情节的,处十年以上有期徒刑或者无期徒刑,并处五万元以上五十万元以下罚金或者没收财产。关于数额巨大和特别巨大的标准,同本书第112个问题,此处不再赘述。

最后需要特别说明的是,如果行为人盗窃信用卡并使用的,应当按照盗窃罪处罚。

≫**法条链接**≫

《刑法》第一百九十六条：有下列情形之一，进行信用卡诈骗活动，数额较大的，处五年以下有期徒刑或者拘役，并处二万元以上二十万元以下罚金；数额巨大或者有其他严重情节的，处五年以上十年以下有期徒刑，并处五万元以上五十万元以下罚金；数额特别巨大或者有其他特别严重情节的，处十年以上有期徒刑或者无期徒刑，并处五万元以上五十万元以下罚金或者没收财产：

（一）使用伪造的信用卡，或者使用以虚假的身份证明骗领的信用卡的；

（二）使用作废的信用卡的；

（三）冒用他人信用卡的；

（四）恶意透支的。

前款所称恶意透支，是指持卡人以非法占有为目的，超过规定限额或者规定期限透支，并且经发卡银行催收后仍不归还的行为。

盗窃信用卡并使用的，依照本法第二百六十四条的规定定罪处罚（即盗窃罪）。

114. 什么是保险诈骗罪，对其如何认定和处罚？

"保险诈骗罪"是指以非法获取保险金为目的，违反保险法规，采用虚构保险标的、保险事故或者制造保险事故等方法，向保险公司骗取保险金，数额较大的行为。本罪的构成要件或特征解读如下：

(1)本罪侵犯的客体是国家的保险制度和保险人的财产所有权。

(2)本罪在客观方面表现为违反保险法规，采取虚构保险标的、保险事故或者制造保险事故等方法，骗取较大数额保险金的行为。具体表现为：①财产投保人故意虚构保险标的，骗取保险金的；②投保人、被保险人或者受益人对发生的保险事故编造虚假的原因或者夸大损失的程度，骗取保险金的；③投保人、被保险人或者受益人编造未曾发生的保险事故，骗取保险金的；④投保人、被保险人故意造成财产损失的保险事故，骗取保险金的；⑤投保人、受益人故意造成被保险人死亡、伤残或者疾病，骗取保险金的。

(3)本罪的犯罪主体为个人和单位，包括投保人、被保险人、受益人。

(4)本罪在主观方面表现为故意，并具有非法占有保险金的目的。

在立案标准上，按照《最高人民检察院、公安部关于公安机关管辖的刑事案

件立案追诉标准的规定(二)》第五十六条规定,进行保险诈骗活动,涉嫌下列情形之一的,应予立案追诉:

(1)个人进行保险诈骗,数额在一万元以上的;

(2)单位进行保险诈骗,数额在五万元以上的。

按照刑法规定,犯本罪数额较大的,处五年以下有期徒刑或者拘役,并处一万元以上十万元以下罚金;数额巨大或者有其他严重情节的,处五年以上十年以下有期徒刑,并处二万元以上二十万元以下罚金;数额特别巨大或者有其他特别严重情节的,处十年以上有期徒刑,并处二万元以上二十万元以下罚金或者没收财产。关于数额巨大和特别巨大的标准,同第112个问题,此处不再赘述。

≫法条链接≫

《刑法》第一百九十八条:有下列情形之一,进行保险诈骗活动,数额较大的,处五年以下有期徒刑或者拘役,并处一万元以上十万元以下罚金;数额巨大或者有其他严重情节的,处五年以上十年以下有期徒刑,并处二万元以上二十万元以下罚金;数额特别巨大或者有其他特别严重情节的,处十年以上有期徒刑,并处二万元以上二十万元以下罚金或者没收财产:

(一)投保人故意虚构保险标的,骗取保险金的;

(二)投保人、被保险人或者受益人对发生的保险事故编造虚假的原因或者夸大损失的程度,骗取保险金的;

(三)投保人、被保险人或者受益人编造未曾发生的保险事故,骗取保险金的;

(四)投保人、被保险人故意造成财产损失的保险事故,骗取保险金的;

(五)投保人、受益人故意造成被保险人死亡、伤残或者疾病,骗取保险金的。

有前款第四项、第五项所列行为,同时构成其他犯罪的,依照数罪并罚的规定处罚。

单位犯第一款罪的,对单位判处罚金,并对其直接负责的主管人员和其他直接责任人员,处五年以下有期徒刑或者拘役;数额巨大或者有其他严重情节的,处五年以上十年以下有期徒刑;数额特别巨大或者有其他特别严重情节的,处十年以上有期徒刑。

保险事故的鉴定人、证明人、财产评估人故意提供虚假的证明文件,为他人诈骗提供条件的,以保险诈骗的共犯论处。

115. 什么是逃税罪，对其如何认定和处罚？

"逃税罪"是指纳税人采取欺骗、隐瞒手段进行虚假纳税申报或者不申报，逃避缴纳税款数额较大的行为。本罪的构成要件或特征解读如下：

(1)本罪侵犯的客体是国家的税收征收管理制度。

(2)本罪的客观方面表现为：第一，纳税人采取欺骗、隐瞒手段，进行虚假纳税申报或者不申报，逃避缴纳税款数额较大且占应纳税额百分之十以上；第二，扣缴义务人采取欺骗、隐瞒手段不缴或者少缴已扣、已收税款，数额较大。

(3)本罪的犯罪主体包括纳税人和扣缴义务人，既可以是自然人，也可以是单位。

(4)本罪在主观方面只能是故意。

在立案标准上，按照《最高人民检察院、公安部关于公安机关管辖的刑事案件立案追诉标准的规定(二)》第五十七条的规定，具体内容如下：

(1)纳税人采取欺骗、隐瞒手段进行虚假纳税申报或者不申报，逃避缴纳税款，数额在五万元以上并且占各税种应纳税总额百分之十以上，经税务机关依法下达追缴通知后，不补缴应纳税款、不缴纳滞纳金或者不接受行政处罚的。

(2)纳税人五年内因逃避缴纳税款受过刑事处罚或者被税务机关给予二次以上行政处罚，又逃避缴纳税款，数额在五万元以上并且占各税种应纳税总额百分之十以上的。

(3)扣缴义务人采取欺骗、隐瞒手段，不缴或者少缴已扣、已收税款，数额在五万元以上的。

在处罚标准上，按照刑法规定，犯本罪的，处三年以下有期徒刑或者拘役，并处罚金；数额巨大并且占应纳税额百分之三十以上的，处三年以上七年以下有期徒刑，并处罚金。

≫**法条链接**≫

《刑法》第二百零一条：纳税人采取欺骗、隐瞒手段进行虚假纳税申报或者不申报，逃避缴纳税款数额较大并且占应纳税额百分之十以上的，处三年以下有期徒刑或者拘役，并处罚金；数额巨大并且占应纳税额百分之三十以上的，处三年以上七年以下有期徒刑，并处罚金。

扣缴义务人采取前款所列手段，不缴或者少缴已扣、已收税款，数额较大的，依照前款的规定处罚。

对多次实施前两款行为，未经处理的，按照累计数额计算。

有第一款行为,经税务机关依法下达追缴通知后,补缴应纳税款,缴纳滞纳金,已受行政处罚的,不予追究刑事责任;但是,五年内因逃避缴纳税款受过刑事处罚或者被税务机关给予二次以上行政处罚的除外。

116. 什么是抗税罪,对其如何认定和处罚?

"抗税罪"是指负有纳税义务或者代扣代缴、代收代缴义务的个人或者企业事业单位的直接责任人员,故意违反税收法律、法规,以暴力、威胁方法拒不缴纳税款的行为。本罪的构成要件或特征解读如下:

(1)本罪侵犯的客体是复杂客体,既侵犯了国家的税收管理制度,又侵犯了执行征税职务活动人员的人身权利。犯罪对象包括依法应缴纳的税款及依法征税的税务人员。

(2)本罪在客观方面表现为违反税收法律、法规,以暴力、威胁方法拒不缴纳税款的行为。"暴力"是指犯罪分子对他人身体实施袭击或者使用其他强暴手段,如殴打、伤害、捆绑、禁闭等足以危及他人人身安全的行为;"胁迫"是指犯罪分子使用威胁、恫吓,达到精神上强制他人不能抗拒的状态。

(3)本罪的犯罪主体是依法负有纳税义务和扣缴税款义务的人,既包括个人,也包括单位。单位犯抗税罪的,由其直接负责的主管人员和直接责任人员承担刑事责任。

(4)本罪在主观方面为故意。即明知负有纳税义务而故意抗拒缴纳税款,并且通过使用暴力、威胁方法达到不缴纳税款、非法获利的目的。

按照刑法和相关司法解释的规定,对于抗税罪,根据情节轻重予以处罚:

(1)对情节轻的,处三年以下有期徒刑或者拘役,并处拒缴税款一倍以上五倍以下的罚金;

(2)有下列严重情节的,处三年以上七年以下有期徒刑,并处拒缴税款一倍以上五倍以下罚金:①聚众抗税的首要分子;②抗税数额在十万元以上的;③多次抗税的;④故意伤害致人轻伤的;⑤具有其他严重情节的。

(3)实施抗税行为致人重伤、死亡的,按照故意伤害罪、故意杀人罪论处。

≫法条链接≫

《刑法》第二百零二条:以暴力、威胁方法拒不缴纳税款的,处三年以下有期徒刑或者拘役,并处拒缴税款一倍以上五倍以下罚金;情节严重的,处三年以上七年以下有期徒刑,并处拒缴税款一倍以上五倍以下罚金。

117. 什么是假冒注册商标罪,对其如何认定和处罚?

"假冒注册商标罪"是指违反国家商标管理法律、法规,未经注册商标所有人许可,在同一种商品上使用与其注册商标相同的商标,情节严重的行为。本罪的构成要件或特征解读如下:

(1)本罪侵犯的客体是国家对商标的管理制度和他人的注册商标专用权,犯罪对象是他人的注册商标。

(2)本罪在客观上表现为未经注册商标所有人许可,在同一种商品上使用与其注册商标相同的商标,情节严重的行为。具体表现为:①在同一种商品上使用与他人注册商标相同的商标;②在同一种商品上使用与他人注册商标相近似的商标;③在类似商品上使用与他人注册商标相同的商标;④在类似商品上使用与他人注册商标相近似的商标。

(3)本罪的犯罪主体为一般主体。即任何企业事业单位或者具有刑事责任能力的个人都可以成为本罪的犯罪主体。

(4)本罪在主观方面为故意,且以营利为目的。

在立案标准上,按照《最高人民检察院、公安部关于公安机关管辖的刑事案件立案追诉标准的规定(二)》第六十九条规定,未经注册商标所有人许可,在同一种商品上使用与其注册商标相同的商标,涉嫌下列情形之一的,应予立案追诉:

(1)非法经营数额在五万元以上或者违法所得数额在三万元以上的;

(2)假冒两种以上注册商标,非法经营数额在三万元以上或者违法所得数额在二万元以上的;

(3)其他情节严重的情形。

按照刑法和《最高人民法院、最高人民检察院关于办理侵犯知识产权刑事案件具体应用法律若干问题的解释》第一条的规定,未经注册商标所有人许可,在同一种商品上使用与其注册商标相同的商标,具有下列情形之一的,属于《刑法》第二百一十三条规定的"情节严重",应当以假冒注册商标罪判处三年以下有期徒刑或者拘役,并处或者单处罚金:

(1)非法经营数额在五万元以上或者违法所得数额在三万元以上的;

(2)假冒两种以上注册商标,非法经营数额在三万元以上或者违法所得数额在二万元以上的;

(3)其他情节严重的情形。

具有下列情形之一的,属于《刑法》第二百一十三条规定的"情节特别严重",应当以假冒注册商标罪判处三年以上七年以下有期徒刑,并处罚金:

(1)非法经营数额在二十五万元以上或者违法所得数额在十五万元以上的;

(2)假冒两种以上注册商标,非法经营数额在十五万元以上或者违法所得数额在十万元以上的;

(3)其他情节特别严重的情形。

≫法条链接≫

《刑法》第二百一十三条:未经注册商标所有人许可,在同一种商品上使用与其注册商标相同的商标,情节严重的,处三年以下有期徒刑或者拘役,并处或者单处罚金;情节特别严重的,处三年以上七年以下有期徒刑,并处罚金。

118. 什么是销售假冒注册商标的商品罪,对其如何认定和处罚?

"销售假冒注册商标的商品罪"是指销售明知是假冒注册商标的商品,销售金额在五万元以上的行为。本罪的构成要件或特征解读如下:

(1)本罪侵犯的客体为他人合法的注册商标专用权和国家商标管理秩序。

(2)本罪在客观方面表现为经销假冒注册商标的商品,并且经销金额较大的行为。

(3)本罪的犯罪主体为一般主体。即任何单位和具有刑事责任能力的个人。

(4)本罪在主观方面是故意。即明知是假冒注册商标的商品而予以销售。

在立案标准上,按照《最高人民检察院、公安部关于公安机关管辖的刑事案件立案追诉标准的规定(二)》第七十条规定,销售明知是假冒注册商标的商品,涉嫌下列情形之一的,应予立案追诉:

(1)销售金额在五万元以上的;

(2)尚未销售,货值金额在十五万元以上的;

(3)销售金额不满五万元,但已销售金额与尚未销售的货值金额合计在十五万元以上的。

按照刑法和《最高人民法院、最高人民检察院关于办理侵犯知识产权刑事案件具体应用法律若干问题的解释》第二条的规定,犯本罪并且销售金额在五万元以上的,属于"数额较大",判处三年以下有期徒刑或者拘役,并处或者单处罚金;销售金额在二十五万元以上的,属于"数额巨大",应当判处三年以上七年以下有期徒刑,并处罚金。

≫法条链接≫

《刑法》第二百一十四条:销售明知是假冒注册商标的商品,销售金额数额较大的,处三年以下有期徒刑或者拘役,并处或者单处罚金;销售金额数额巨大的,处三年以上七年以下有期徒刑,并处罚金。

119. 什么是非法制造、销售非法制造的注册商标标识罪,对其如何认定和处罚?

"非法制造、销售非法制造的注册商标标识罪"是指伪造、擅自制造他人注册商标标识或者销售伪造、擅自制造的注册商标标识,情节严重的行为。本罪的构成要件或特征解读如下:

(1)本罪侵犯的客体是国家对商标的管理秩序和他人注册商标的专用权。

(2)本罪在客观上表现为违反商标管理法规,伪造、擅自制造他人注册商标标识或者销售伪造、擅自制造的商标标识,情节严重的行为。

(3)本罪主体为一般主体。除具备刑事责任能力的自然人外,单位也可以是本罪的犯罪主体。

(4)本罪在主观方面是故意。即明知是他人的注册商标标识而仍故意伪造,或明知违反注册商标标识印制委托合同的规定,仍然故意超量制造,或明知是伪造的或擅自制造的他人注册商标标识,却仍故意销售。

在立案标准上,按照《最高人民检察院、公安部关于公安机关管辖的刑事案件立案追诉标准的规定(二)》第七十一条规定,伪造、擅自制造他人注册商标标识或者销售伪造、擅自制造的注册商标标识,涉嫌下列情形之一的,应予立案追诉:

(1)伪造、擅自制造或者销售伪造、擅自制造的注册商标标识数量在二万件以上,或者非法经营数额在五万元以上,或者违法所得数额在三万元以上的;

(2)伪造、擅自制造或者销售伪造、擅自制造两种以上注册商标标识数量在一万件以上,或者非法经营数额在三万元以上,或者违法所得数额在二万元以上的;

(3)其他情节严重的情形。

按照刑法规定,犯本罪情节严重的,处三年以下有期徒刑、拘役或者管制,并处或者单处罚金;情节特别严重的,处三年以上七年以下有期徒刑,并处罚金。

按照刑法和《最高人民法院、最高人民检察院关于办理侵犯知识产权刑事案件具体应用法律若干问题的解释》第三条的规定，伪造、擅自制造他人注册商标标识或者销售伪造、擅自制造的注册商标标识，具有下列情形之一的，属于《刑法》第二百一十五条规定的"情节严重"，应当以非法制造、销售非法制造的注册商标标识罪判处三年以下有期徒刑、拘役或者管制，并处或者单处罚金：

(1)伪造、擅自制造或者销售伪造、擅自制造的注册商标标识数量在二万件以上，或者非法经营数额在五万元以上，或者违法所得数额在三万元以上的；

(2)伪造、擅自制造或者销售伪造、擅自制造两种以上注册商标标识数量在一万件以上，或者非法经营数额在三万元以上，或者违法所得数额在二万元以上的；

(3)其他情节严重的情形。

具有下列情形之一的，属于《刑法》第二百一十五条规定的"情节特别严重"，应当以非法制造、销售非法制造的注册商标标识罪判处三年以上七年以下有期徒刑，并处罚金：

(1)伪造、擅自制造或者销售伪造、擅自制造的注册商标标识数量在十万件以上，或者非法经营数额在二十五万元以上，或者违法所得数额在十五万元以上的；

(2)伪造、擅自制造或者销售伪造、擅自制造两种以上注册商标标识数量在五万件以上，或者非法经营数额在十五万元以上，或者违法所得数额在十万元以上的；

(3)其他情节特别严重的情形。

≫**法条链接**≫

《刑法》第二百一十五条：伪造、擅自制造他人注册商标标识或者销售伪造、擅自制造的注册商标标识，情节严重的，处三年以下有期徒刑、拘役或者管制，并处或者单处罚金；情节特别严重的，处三年以上七年以下有期徒刑，并处罚金。

120. 什么是虚假广告罪，对其如何认定和处罚？

"虚假广告罪"是指广告主、广告经营者、广告发布者违反国家规定，利用广告对商品或服务作虚假宣传，情节严重的行为。本罪的构成要件或特征解读如下：

(1)本罪侵犯的客体是国家对广告经营的管理制度,犯罪对象是广告。

(2)本罪在客观方面表现为违反国家广告管理法规,利用广告对商品或者服务作虚假宣传。犯罪行为的具体表现形式为对商品的性质、产地、用途、质量、价格、生产者、生产日期、有效期、售后服务,以及对服务的内容、形式、质量、价格等做不真实的、欺骗性的宣传。

(3)本罪的犯罪主体是特殊主体,包括广告主、广告经营者和广告发布者。

(4)本罪在主观方面表现为故意。即明知是不真实的广告而故意作虚假宣传。

在本罪的立案标准上,按照《最高人民检察院、公安部关于公安机关管辖的刑事案件立案追诉标准的规定(二)》第七十五条的规定,广告主、广告经营者、广告发布者违反国家规定,利用广告对商品或者服务作虚假宣传,涉嫌下列情形之一的,应予立案追诉:

(1)违法所得数额在十万元以上的;

(2)给单个消费者造成直接经济损失数额在五万元以上的,或者给多个消费者造成直接经济损失数额累计在二十万元以上的;

(3)假借预防、控制突发事件的名义,利用广告作虚假宣传,致使多人上当受骗,违法所得数额在三万元以上的;

(4)虽未达到上述数额标准,但两年内因利用广告作虚假宣传,受过行政处罚二次以上,又利用广告作虚假宣传的;

(5)造成人身伤残的;

(6)其他情节严重的情形。

在本罪的处罚标准上,按照刑法规定,自然人犯本罪的,处二年以下有期徒刑或者拘役,并处或者单处罚金。单位犯本罪的,对单位判处罚金,对其直接负责的主管人员和其他直接责任人员依上述规定追究刑事责任。

>> **法条链接** >>

《刑法》第二百二十二条:广告主、广告经营者、广告发布者违反国家规定,利用广告对商品或者服务作虚假宣传,情节严重的,处二年以下有期徒刑或者拘役,并处或者单处罚金。

121. 什么是合同诈骗罪,对其如何认定和处罚?

"合同诈骗罪"是指以非法占有为目的,在签订、履行合同过程中,采取虚构

事实或者隐瞒真相等欺骗手段,骗取对方当事人的财物,数额较大的行为。本罪的构成要件或特征解读如下:

(1)本罪侵犯的客体是复杂客体。即国家对经济合同的管理秩序和公私财产所有权。犯罪对象是公私财物。

(2)本罪在客观方面表现为在签订、履行合同过程中,行为人以虚构事实或者隐瞒真相的方法,骗取对方当事人财物,数额较大。犯罪行为的具体表现形式有:①以虚构单位或者冒用他人的名义签订合同的;②以伪造、变造、作废的票据或者其他虚假的产权证明作担保的;③没有实际履行能力,以先履行小额合同或者部分履行合同的方法,诱骗对方当事人继续签订和履行合同的;④收受对方当事人给付的货物、货款、预付款或者担保财产后逃匿的;⑤以其他方法骗取对方当事人财物的。

(3)本罪的犯罪主体为一般主体。即任何具备刑事责任能力的自然人都可以成为本罪的犯罪主体,单位也可以成为本罪的犯罪主体。

(4)本罪在主观方面表现为直接故意,并以非法占有对方当事人财物为目的。

在本罪的立案标准上,按照《最高人民检察院、公安部关于公安机关管辖的刑事案件立案追诉标准的规定(二)》第七十七条的规定,以非法占有为目的,在签订、履行合同过程中,骗取对方当事人财物,数额在二万元以上的,应予立案追诉。

在处罚标准上,按照刑法规定,犯本罪数额较大的,处三年以下有期徒刑或者拘役,并处或者单处罚金;数额巨大或者有其他严重情节的,处三年以上十年以下有期徒刑,并处罚金;数额特别巨大或者有其他特别严重情节的,处十年以上有期徒刑或者无期徒刑,并处罚金或者没收财产。

≫法条链接≫

《刑法》第二百二十四条:有下列情形之一,以非法占有为目的,在签订、履行合同过程中,骗取对方当事人财物,数额较大的,处三年以下有期徒刑或者拘役,并处或者单处罚金;数额巨大或者有其他严重情节的,处三年以上十年以下有期徒刑,并处罚金;数额特别巨大或者有其他特别严重情节的,处十年以上有期徒刑或者无期徒刑,并处罚金或者没收财产:

(一)以虚构的单位或者冒用他人名义签订合同的;

(二)以伪造、变造、作废的票据或者其他虚假的产权证明作担保的;

(三)没有实际履行能力,以先履行小额合同或者部分履行合同的方法,诱骗对方当事人继续签订和履行合同的;

(四)收受对方当事人给付的货物、货款、预付款或者担保财产后逃匿的;

(五)以其他方法骗取对方当事人财物的。……

122. 什么是组织、领导传销活动罪,对其如何认定和处罚?

"组织、领导传销活动罪"是指组织、领导以推销商品、提供服务等经营活动为名,要求参加者以缴纳费用或者购买商品、服务等方式获得加入资格,并按照一定顺序组成层级,直接或者间接以发展人员的数量作为计酬或者返利依据,引诱、胁迫参加者继续发展他人参加,骗取财物,扰乱经济社会秩序的传销活动的行为。本罪的构成要件或特征解读如下:

(1)本罪侵犯的客体为复杂客体。既侵犯了公民的财产所有权,也侵犯了市场经济秩序和社会管理秩序。

(2)本罪在客观方面表现为违反国家规定,组织、从事传销活动,扰乱市场秩序,情节严重的行为。

(3)本罪的犯罪主体是一般主体。即达到法定刑事责任年龄、具有刑事责任能力的自然人均能构成本罪主体。对专门从事传销行为的公司,依照司法解释的规定,不以单位犯罪论处,而对其组织者和主要参与人以自然人犯罪定罪处罚。

(4)本罪在主观方面表现为故意。即行为人明知自己实施传销行为是国家法律所禁止的行为,但为达到非法牟利的目的,仍然实施这种行为,且对危害结果的发生持希望和积极追求的态度。

在本罪的立案标准上,按照《最高人民检察院、公安部关于公安机关管辖的刑事案件立案追诉标准的规定(二)》第七十八条的规定,组织、领导以推销商品、提供服务等经营活动为名,要求参加者以缴纳费用或者购买商品、服务等方式获得加入资格,并按照一定顺序组成层级,直接或者间接以发展人员的数量作为计酬或者返利依据,引诱、胁迫参加者继续发展他人参加,骗取财物,扰乱经济社会秩序的传销活动,涉嫌组织、领导的传销活动人员在三十人以上且层级在三级以上的,对组织者、领导者,应予立案追诉。

所谓"传销活动的组织者、领导者",是指在传销活动中起组织、领导作用的发起人、决策人、操纵人,以及在传销活动中担负策划、指挥、布置、协调等重要职责,或者在传销活动实施中起到关键作用的人员。

在本罪的处罚标准上,按照刑法规定,处五年以下有期徒刑或者拘役,并处罚金;情节严重的,处五年以上有期徒刑,并处罚金。

≫**法条链接**≫

《刑法》第二百二十四条:……组织、领导以推销商品、提供服务等经营活动为名,要求参加者以缴纳费用或者购买商品、服务等方式获得加入资格,并按照一定顺序组成层级,直接或者间接以发展人员的数量作为计酬或者返利依据,引诱、胁迫参加者继续发展他人参加,骗取财物,扰乱经济社会秩序的传销活动的,处五年以下有期徒刑或者拘役,并处罚金;情节严重的,处五年以上有期徒刑,并处罚金。

123. 什么是非法经营罪,对其如何认定和处罚?

"非法经营罪"是指未经许可经营专营、专卖物品或其他限制买卖的物品,买卖进出口许可证、进出口原产地证明以及其他法律、行政法规规定的经营许可证或者批准文件,以及从事其他非法经营活动,扰乱市场秩序,情节严重的行为。

(1)本罪侵犯的客体是国家限制买卖物品和经营许可证的市场管理制度。

(2)本罪在客观上表现为未经许可经营专营、专卖物品或其他限制买卖的物品,买卖进出口许可证、进出口原产地证明以及其他法律、行政法规规定的经营许可证或者批准文件,以及从事其他非法经营活动,扰乱市场秩序,情节严重。

(3)本罪的主体是一般主体。即一切达到刑事责任年龄、具有刑事责任能力的自然人。依法成立、具有责任能力的单位也可以成为本罪的主体。

(4)本罪在主观方面为故意,并以谋取非法利润为目的。

在本罪的立案标准上,按照《最高人民检察院、公安部关于公安机关管辖的刑事案件立案追诉标准的规定(二)》第七十九条的规定,违反国家规定,进行非法经营活动,扰乱市场秩序,涉嫌下列情形之一的,应予立案追诉:

(1)违反国家有关盐业管理规定,非法生产、储运、销售食盐,扰乱市场秩序,具有下列情形之一的:

①非法经营食盐数量在二十吨以上的;

②曾因非法经营食盐行为受过二次以上行政处罚又非法经营食盐,数量在十吨以上的。

(2)违反国家烟草专卖管理法律、法规,未经烟草专卖行政主管部门许可,无烟草专卖生产企业许可证、烟草专卖批发企业许可证、特种烟草专卖经营企业许可证、烟草专卖零售许可证等许可证明,非法经营烟草专卖品,具有下列情形之一的:

①非法经营数额在五万元以上,或者违法所得数额在二万元以上的;

②非法经营卷烟二十万支以上的;

③曾因非法经营烟草专卖品三年内受过二次以上行政处罚,又非法经营烟草专卖品且数额在三万元以上的。

……

(8)从事其他非法经营活动,具有下列情形之一的:

①个人非法经营数额在五万元以上,或者违法所得数额在一万元以上的;

②单位非法经营数额在五十万元以上,或者违法所得数额在十万元以上的;

③虽未达到上述数额标准,但二年内因同种非法经营行为受过二次以上行政处罚,又进行同种非法经营行为的;

④其他情节严重的情形。

在处罚标准上,按照刑法和相关司法解释的规定,具体内容详述如下:

(1)非法经营食盐

①五年以下有期徒刑、拘役、单处罚金法定基准刑参照点。非法经营食盐二十吨以上不满三十吨的,为拘役刑或罚金刑。非法经营食盐三十吨的,为有期徒刑一年,每增加六吨,刑期增加一年。曾因非法经营食盐行为受过二次以上行政处罚,又非法经营食盐十吨的,为有期徒刑六个月,每增加二吨,刑期增加六个月。

②五年以上有期徒刑法定基准刑参照点。非法经营食盐五十吨,为有期徒刑五年,每增加十吨,刑期增加一年。曾因非法经营食盐行为受过二次以上行政处罚,又非法经营食盐二十五吨的,为有期徒刑五年,每增加十吨,刑期增加一年。

(2)非法经营烟草制品

①五年以下有期徒刑、拘役法定基准刑参照点。未经烟草专卖行政主管部门许可,无生产许可证、批发许可证、零售许可证,而生产、批发烟草制品,具有下列情形之一的,为情节严重,法定基准刑为有期徒刑一年:

第一,个人非法经营数额达五万元,或者违法所得数额满一万元;

第二,单位非法经营数额达五十万元,或者违法所得数额满十万元;

第三,曾因非法经营烟草制品行为受过两次以上行政处罚又非法经营,数额达二万元的。

②五年以上有期徒刑法定基准刑参照点。非法经营烟草制品情节特别严重的,法定基准刑为有期徒刑五年。

非法经营其他业务的具体量刑问题,因农村地区几乎不涉及,不再赘述。

≫**法条链接**≫

《刑法》第二百二十五条:违反国家规定,有下列非法经营行为之一,扰乱市场秩序,情节严重的,处五年以下有期徒刑或者拘役,并处或者单处违法所得一倍以上五倍以下罚金;情节特别严重的,处五年以上有期徒刑,并处违法所得一倍以上五倍以下罚金或者没收财产:

(一)未经许可经营法律、行政法规规定的专营、专卖物品或者其他限制买卖的物品的;

(二)买卖进出口许可证、进出口原产地证明以及其他法律、行政法规规定的经营许可证或者批准文件的;

(三)未经国家有关主管部门批准非法经营证券、期货、保险业务的,或者非法从事资金支付结算业务的;

(四)其他严重扰乱市场秩序的非法经营行为。

124. 什么是强迫交易罪,对其如何认定和处罚?

"强迫交易罪"是指以暴力、威胁手段强买强卖商品、强迫他人提供服务或者强迫他人接受服务,情节严重的行为。本罪的构成要件或特征解读如下:

(1)本罪侵犯的客体是商品交易市场秩序和交易相对方的合法权益。

(2)本罪在客观方面表现为以暴力、威胁手段强买强卖商品、强迫他人提供服务或者强迫他人接受服务,情节严重的行为。"暴力"是指对被强迫人的人身或财产实行强制或打击,如殴打、捆绑、抱住、围困、伤害或者砸毁其财物等;"威胁"是指对被害人实行精神强制,以加害其人身、毁坏其财物、揭露其隐私、破坏其名誉、加害其亲属等相要挟。在行为内容上表现为:①强买强卖商品的;②强迫他人提供或者接受服务的;③强迫他人参与或者退出投标、拍卖的;④强迫他人转让或者收购公司、企业的股份、债券或者其他资产的;⑤强迫他人参与或者退出特定的经营活动的。

(3)本罪的犯罪主体为一般主体。即达到刑事责任年龄并且具备刑事责任能力的自然人均能构成本罪犯罪主体。

(4)本罪在主观方面表现为直接故意。即明知采取暴力、威胁等方法强迫他人和自己交易是犯罪行为,而故意实施这种行为。

在本罪的追诉标准上,按照《最高人民检察院、公安部关于公安机关管辖的刑事案件立案追诉标准的规定(一)》第二十八条的规定,以暴力、威胁手段强买强卖商品、强迫他人提供服务或者强迫他人接受服务,涉嫌下列情形之一的,应予立案追诉:

(1)造成被害人轻微伤或者其他严重后果的;

(2)造成直接经济损失二千元以上的;

(3)强迫交易三次以上或者强迫三人以上交易的;

(4)强迫交易数额一万元以上,或者违法所得数额二千元以上的;

(5)强迫他人购买伪劣商品数额五千元以上,或者违法所得数额一千元以上的;

(6)其他情节严重的情形。

在本罪的处罚标准上,按照刑法规定,情节严重的,处三年以下有期徒刑或者拘役,并处或者单处罚金;情节特别严重的,处三年以上七年以下有期徒刑,并处罚金。

≫法条链接≫

《刑法》第二百二十六条:以暴力、威胁手段,实施下列行为之一,情节严重的,处三年以下有期徒刑或者拘役,并处或者单处罚金;情节特别严重的,处三年以上七年以下有期徒刑,并处罚金:

(一)强买强卖商品的;

(二)强迫他人提供或者接受服务的;

(三)强迫他人参与或者退出投标、拍卖的;

(四)强迫他人转让或者收购公司、企业的股份、债券或者其他资产的;

(五)强迫他人参与或者退出特定的经营活动的。

常见的侵犯公民人身权利、民主权利罪

125. 什么是故意杀人罪,对其如何认定和处罚?

"故意杀人罪"是指故意地非法剥夺他人生命的行为。本罪的构成要件或特征解读如下:

(1)本罪侵犯的客体是他人的生命权。

(2)本罪在客观方面表现为行为人实施了非法剥夺他人生命的行为。杀人行为的方式包括积极作为的方式和消极的不作为方式,具体行为手段多种多样。如果行为人使用放火、爆炸、投毒等危险方法杀害特定的受害人,一旦行为危及到了不特定多数人的生命、健康或重大公私财产安全的,就应当按照以危险方法危害公共安全罪论处。另外,行为人如果教唆未达到刑事责任年龄或没有刑事责任能力的人去杀害他人的,对教唆犯应直接以故意杀人罪论处。

(3)本罪的犯罪主体是一般主体。即只要年满十四周岁并且精神正常的人都可以成为本罪的犯罪主体。

(4)本罪在主观上为故意,包括直接故意和间接故意。即明知自己的行为会发生他人死亡的危害后果,并且希望或者放任这种结果的发生。

按照刑法规定,犯本罪的,首先考虑处以死刑、无期徒刑或者十年以上有期徒刑;如果情节较轻的,处三年以上十年以下有期徒刑。根据司法实践,情节较轻主要包括:①义愤杀人;②帮助他人自杀的杀人;③防卫过当的故意杀人;④生父母溺婴;⑤教唆自杀等。

≫**法条链接**≫

《刑法》第二百三十二条:故意杀人的,处死刑、无期徒刑或者十年以上有期徒刑;情节较轻的,处三年以上十年以下有期徒刑。

126. 什么是过失致人死亡罪,对其如何认定和处罚?

"过失致人死亡罪"是指行为人因疏忽大意没有预见到或者已经预见到但轻

信能够避免造成的他人死亡,剥夺他人生命权的行为。本罪的构成要件或特征解读如下:

(1)本罪侵犯的客体是他人的生命权。

(2)本罪在犯罪客观方面的表现为过失致人死亡,即行为人的过失行为和受害人死亡之间存在因果关系。

(3)本罪的犯罪主体是一般主体。即年满十六周岁以上并具有刑事责任能力的自然人。已满十四周岁不满十六周岁的自然人只能构成故意杀人罪的主体,而不能成为本罪主体。

(4)本罪在犯罪主观上为过失,既包括过于自信的过失,也包括疏忽大意的过失。疏忽大意的过失致人死亡与意外事件很相似,区分这两者的关键在于要查明行为人在当时的情况下,对死亡结果的发生,是否应当预见。如果应当预见,但由于疏忽大意而没有预见,则属于过失致人死亡。如果是由于不能预见的原因而引起死亡的,就是刑法上的意外事件,行为人对此不应负刑事责任。

按照刑法规定,犯本罪的,处三年以上七年以下有期徒刑;情节较轻的,处三年以下有期徒刑。

>> **法条链接** >>

《刑法》第二百三十三条:过失致人死亡的,处三年以上七年以下有期徒刑;情节较轻的,处三年以下有期徒刑。本法另有规定的,依照规定。

127. 什么是故意伤害罪,对其如何认定和处罚?

"故意伤害罪"是指故意侵犯或者损害被害人身体的行为。本罪的构成要件或特征解读如下:

(1)本罪侵犯的客体是他人的身体健康权。

(2)本罪在客观方面表现为行为人实施了非法损害他人身体的行为。具体表现为:①有损害他人身体的行为;②损害他人身体的行为必须是非法进行的;③损害他人身体的行为必须已造成了他人人身一定程度的损害。

(3)本罪的主体为一般主体。即达到刑事责任年龄并具备刑事责任能力的自然人。其中,已满十四周岁未满十六周岁的自然人有故意伤害致人重伤或死亡行为的,应当负刑事责任。

(4)本罪在主观方面表现为故意。即行为人明知自己的行为会造成损害他人身体健康的结果,而希望或放任这种结果的发生。

按照刑法规定,故意伤害他人身体的,处三年以下有期徒刑、拘役或者管制;故意伤害致人重伤的,处三年以上十年以下有期徒刑;故意伤害他人身体,致人死亡或者以特别残忍手段致人重伤造成严重残疾的,处十年以上有期徒刑、无期徒刑或者死刑。

>> **法条链接** >>

《刑法》第二百三十四条:故意伤害他人身体的,处三年以下有期徒刑、拘役或者管制。

犯前款罪,致人重伤的,处三年以上十年以下有期徒刑;致人死亡或者以特别残忍手段致人重伤造成严重残疾的,处十年以上有期徒刑、无期徒刑或者死刑。本法另有规定的,依照规定。……

128. 什么是组织出卖人体器官罪,如何认定和处罚?

"组织出卖人体器官罪"是指在征得被害人同意或者承诺的情况下,组织出卖人体器官以获得非法利益的行为。本罪的构成要件或特征解读如下:

(1)本罪的客体是复杂客体。既侵犯了器官出卖者的身体健康权,也破坏了国家有关器官移植的医疗管理制度。

(2)本罪在客观方面表现为组织他人进行出卖人体器官的行为。"组织"是指行为人实施领导、策划、控制他人进行其所指定的行为活动。行为组织者通常是以给器官捐献者支付报酬为诱饵,非正当说服他人进行器官的出卖。

(3)本罪的主体是一般主体。即年满十六周岁并具有刑事责任能力的自然人。

(4)本罪在主观方面为故意。即行为人明知其行为侵害了他人身体健康并违反国家法律制度,而希望或放任其行为的实施。

按照刑法规定,犯本罪的,处五年以下有期徒刑,并处罚金;情节严重的,处五年以上有期徒刑,并处罚金或者没收财产。

如果组织者未经本人同意摘取其器官,或者摘取不满十八周岁的人的器官,或者强迫、欺骗他人捐献器官的,则应当按照故意伤害罪或故意杀人罪论处。如果组织者违背本人生前意愿摘取其尸体器官,或者本人生前未表示同意,违背其近亲属意愿摘取其尸体器官的,都应当按照侮辱尸体罪论处。

>> **法条链接** >>

《刑法》第二百三十四条:……组织他人出卖人体器官的,处五年以下有期徒刑,并处罚金;情节严重的,处五年以上有期徒刑,并处罚金或者没收财产。

未经本人同意摘取其器官,或者摘取不满十八周岁的人的器官,或者强迫、欺骗他人捐献器官的,依照本法第二百三十四条、第二百三十二条的规定定罪处罚。

违背本人生前意愿摘取其尸体器官,或者本人生前未表示同意,违反国家规定,违背其近亲属意愿摘取其尸体器官的,依照本法第三百零二条的规定定罪处罚。

《刑法》第三百零二条:盗窃、侮辱尸体的,处三年以下有期徒刑、拘役或者管制。

129. 什么是过失致人重伤罪,对其如何认定和处罚?

"过失致人重伤罪"是指过失伤害他人身体,致人重伤的行为。本罪的构成要件或特征解读如下:

(1)本罪侵犯的客体是他人身体健康的权利。

(2)本罪在客观方面表现为给他人身体造成重伤的行为。关于重伤的认定,请参见本书第53个问题的解读。

(3)本罪的犯罪主体是一般主体。即年满十六周岁并且具有刑事责任能力的自然人。

(4)本罪的主观方面为过失,包括疏忽大意的过失和过于自信的过失。

按照刑法规定,犯本罪的,处三年以下有期徒刑或者拘役。

≫**法条链接**≫

《刑法》第二百三十五条:过失伤害他人致人重伤的,处三年以下有期徒刑或者拘役。本法另有规定的,依照规定。

130. 什么是强奸罪,对其如何认定和处罚?

"强奸罪"是指违背妇女意志,使用暴力、胁迫或者其他手段,强行与妇女发生性交的行为。本罪的构成要件或特征解读如下:

(1)本罪侵犯的客体是妇女性的不可侵犯的权利,犯罪对象是女性。

(2)本罪在客观上必须具有使用暴力、胁迫或者其他手段,使妇女处于不能反抗、不敢反抗、不知反抗状态或利用妇女处于不知、无法反抗的状态,进而对受害人实施奸淫。

(3)本罪的犯罪主体为年满十四周岁具有刑事责任能力的男子。女子不能成为独立的强奸罪的犯罪主体,但妇女教唆或者帮助男子强奸其他妇女的,可以强奸罪的共犯论处。

(4)本罪在主观方面表现为故意,并且具有奸淫的目的。

按照刑法规定,犯本罪的,处三年以上十年以下有期徒刑。如果犯罪分子具有下列情形之一的,处十年以上有期徒刑、无期徒刑或者死刑:

(1)强奸妇女、奸淫幼女情节恶劣的;
(2)强奸妇女、奸淫幼女多人的;
(3)在公共场所当众强奸妇女的;
(4)二人以上轮奸的;
(5)致使被害人重伤、死亡或者造成其他严重后果的。

在司法实践中,强奸罪中"情节特别严重"的主要包括:①强奸妇女、奸淫幼女手段残酷的;②强奸妇女、奸淫幼女多人或者多次的;③轮奸妇女尤其是轮奸幼女的首要分子;④因强奸妇女或者奸淫幼女引起被害人自杀、精神失常以及其他严重后果的;⑤在公共场所劫持并强奸妇女的;⑥多次利用淫秽物品等手段引诱女青年,进行强奸的;⑦以恋爱为幌子多次强奸的等。

≫法条链接≫

《刑法》第二百三十六条:以暴力、胁迫或者其他手段强奸妇女的,处三年以上十年以下有期徒刑。

奸淫不满十四周岁的幼女的,以强奸论,从重处罚。

强奸妇女、奸淫幼女,有下列情形之一的,处十年以上有期徒刑、无期徒刑或者死刑:

(一)强奸妇女、奸淫幼女情节恶劣的;
(二)强奸妇女、奸淫幼女多人的;
(三)在公共场所当众强奸妇女的;
(四)二人以上轮奸的;
(五)致使被害人重伤、死亡或者造成其他严重后果的。

131. 什么是强制猥亵、侮辱妇女罪,对其如何认定和处罚?

"强制猥亵、侮辱妇女罪"是指违背妇女的意愿,以暴力、胁迫或者其他方法强制猥亵妇女或者侮辱妇女的行为。本罪的构成要件或特征解读如下：

(1)本罪侵犯的客体是妇女的身体自由权、隐私权和名誉权。

(2)本罪在客观方面表现为以暴力、胁迫或者其他方法强制猥亵妇女，或者侮辱妇女的行为。"暴力"是指对被害妇女的人身采取殴打、捆绑、堵嘴、掐脖子、按倒等侵害人身安全或者人身自由的强暴方法，使妇女不能反抗。"胁迫"是指对被害妇女采取威胁、恐吓等方法实行精神上的强制，使妇女不能反抗。"猥亵妇女"是指对妇女的抠摸、舌舔、吸吮、亲吻、搂抱、手淫等行为；"侮辱妇女"是指用下流动作或淫秽语言调戏妇女的行为。

(3)本罪的犯罪主体为一般主体。即达到刑事责任年龄并且具备刑事责任能力的自然人。

(4)本罪在主观方面为故意，并具有刺激或者满足行为人性欲的倾向，但并不具有强行奸淫的目的。

犯本罪的，处五年以下有期徒刑或者拘役，聚众或者在公共场所当众强制猥亵妇女或者侮辱妇女，处五年以上有期徒刑。"聚众"，一般是指聚集"三人以上"。

≫**法条链接**≫

《刑法》第二百三十七条：以暴力、胁迫或者其他方法强制猥亵妇女或者侮辱妇女的，处五年以下有期徒刑或者拘役。

聚众或者在公共场所当众犯前款罪的，处五年以上有期徒刑。

猥亵儿童的，依照前两款的规定从重处罚。

132. 什么是非法拘禁罪，对其如何认定和处罚？

"非法拘禁罪"是指以拘押、禁闭或者其他强制方法，非法剥夺他人人身自由的行为。本罪的构成要件或特征解读如下：

(1)本罪侵犯的客体是公民的人身自由权。

(2)本罪在客观上表现为非法剥夺他人身体自由，而且这种非法行为是一种持续行为，即该行为在一定时间内处于继续状态，使他人在一定时间内失去身体自由，不具有间断性。时间持续的长短不影响非法拘禁罪的成立，只影响量刑。当然，如果时间过短、瞬间性的剥夺人身自由的行为，则不能认定为非法拘禁罪。

(3)本罪的犯罪主体为一般主体。即达到刑事责任年龄并且具备刑事责任能力的自然人。

(4)本罪在主观方面表现为故意,并以剥夺他人人身自由为目的。

按照刑法规定,犯本罪的,处三年以下有期徒刑、拘役、管制或者剥夺政治权利;如果行为人又具有殴打、侮辱情节的,则应当从重处罚;如果因为犯非法拘禁罪致人重伤的,处三年以上十年以下有期徒刑;致人死亡的,处十年以上有期徒刑;如果是因为使用暴力而导致受害人伤残、死亡的,此时就应当按照故意伤害罪、故意杀人罪论处;如果国家机关工作人员利用职权犯非法拘禁罪的,则应当从重处罚。

≫法条链接≫

《刑法》第二百三十八条:非法拘禁他人或者以其他方法非法剥夺他人人身自由的,处三年以下有期徒刑、拘役、管制或者剥夺政治权利。具有殴打、侮辱情节的,从重处罚。

犯前款罪,致人重伤的,处三年以上十年以下有期徒刑;致人死亡的,处十年以上有期徒刑。使用暴力致人伤残、死亡的,依照本法第二百三十四条、第二百三十二条的规定定罪处罚。

为索取债务非法扣押、拘禁他人的,依照前两款的规定处罚。

国家机关工作人员利用职权犯前三款罪的,依照前三款的规定从重处罚。

≫案例分析≫

案情回放:赵某拖欠张某和郭某六千多元的打工报酬一直不付。张某与郭某商定后,将赵某十五岁的女儿甲骗到外地扣留,以迫使赵某支付报酬。在此期间(共二十一天),张、郭多次打电话让赵某支付报酬,但赵某仍以种种理由拒不支付。张、郭遂决定将甲卖给他人。在张某外出寻找买主期间,郭某奸淫了甲。张某找到了买主陈某后,张、郭二人以六千元将甲卖给了陈某。陈某欲与甲结为夫妇,遭到甲的拒绝。陈某为防甲逃走,便将甲反锁在房间里一月余。陈某后来觉得甲年纪小、太可怜,便放甲返回家乡。陈某找到张某要求退回六千元钱。张某拒绝退还,陈某便于深夜将张某的一辆价值四千元的摩托车骑走。问题:请根据上述案情,分析张某、郭某、陈某的刑事责任。

法理分析:(1)张某构成非法拘禁罪,拐卖妇女罪;(2)郭某构成非法拘禁罪,拐卖妇女罪;(3)张某和郭某是非法拘禁罪、拐卖妇女罪的共同犯罪人,二人均应按非法拘禁罪和拐卖妇女罪,数罪并罚;(4)郭某和张某拐卖妇女罪应适用不同的法定刑,其中张某按拐卖妇女罪的基础法定刑量刑,郭某奸淫被拐卖的妇女,法定刑升格;(5)陈某构成收买被拐卖的妇女罪、非法拘禁罪和盗窃罪,应当数罪并罚;(6)陈某所犯的收买被拐卖的妇女罪,由于他中途自愿将被害人放回家,属犯罪中止,可以不追究该罪的刑事责任。

133. 什么是绑架罪,对其如何认定和处罚?

"绑架罪"是指以勒索财物或者扣押人质为目的,使用暴力、胁迫或者其他方法,绑架他人的行为。本罪的构成要件或特征解读如下:

(1)本罪侵犯的客体是复杂客体。即他人的人身自由权利、健康、生命权利及公私财产所有权利。

(2)客观方面表现为使用暴力、胁迫或者其他的方法,绑架他人的行为。所谓"暴力",是指行为人直接对被害人进行捆绑、殴打等人身强制或者对被害人进行伤害、殴打等人身攻击。而"胁迫"则是指对被害人实行精神强制,或者对被害人及其家属以实施暴力相威胁。"其他方法"是指除暴力、胁迫以外的方法,如利用醉酒等方法使被害人处于昏迷状态等。

(3)本罪的犯罪主体为一般主体。即达到刑事责任年龄并且具备刑事责任能力的自然人。

(4)本罪在主观方面表现为直接故意,并且具有勒索财物或者扣押人质的目的。以勒索财物为目的绑架他人,行为人的直接目的在于勒令与人质有关的亲友,逼迫其在一定期限内交出一定财物;绑架他人作为人质主要是出于政治性目的,逃避追捕或者出于要求司法机关释放罪犯等其他目的,劫持他人作为人质。

按照刑法规定,犯本罪的,处十年以上有期徒刑或者无期徒刑,并处罚金或者没收财产;如果情节较轻,则处五年以上十年以下有期徒刑,并处罚金。如果致使被绑架人死亡或者杀害被绑架人的,处死刑,并处没收财产。

≫法条链接≫

《刑法》第二百三十九条:以勒索财物为目的绑架他人的,或者绑架他人作为人质的,处十年以上有期徒刑或者无期徒刑,并处罚金或者没收财产;情节较轻的,处五年以上十年以下有期徒刑,并处罚金。

犯前款罪,致使被绑架人死亡或者杀害被绑架人的,处死刑,并处没收财产。

以勒索财物为目的偷盗婴幼儿的,依照前两款的规定处罚。

134. 什么是拐卖妇女、儿童罪,对其如何认定和处罚?

"拐卖妇女、儿童罪"是指以出卖为目的,拐骗、绑架、收买、贩卖、接送、中转妇女、儿童的行为。本罪的构成要件或特征解读如下:

(1)本罪侵犯的客体是被害妇女、儿童的身体自由和人格尊严。

(2)本罪在客观上表现为非法拐骗、绑架、收买、贩卖、接送或者中转妇女、儿童的行为。其中,拐骗是指行为人以利诱、欺骗等非暴力手段使妇女、儿童脱离家庭或监护人并为自己所控制的行为。"绑架"是指以暴力、胁迫、麻醉等方法将被害人劫离原地和把持控制被害人的行为。"收买"是指为了再转手出卖而从拐卖妇女、儿童的犯罪分子手中买来被拐骗妇女、儿童的行为。"贩卖"是指行为人将买来的被拐的妇女、儿童再出卖给第二人的行为。"接送、中转"是指在拐卖妇女、儿童的共同犯罪中,进行接应、藏匿、转送、接转被拐骗的妇女、儿童的行为。

(3)本罪的犯罪主体为一般主体。即达到刑事责任年龄并且具备刑事责任能力的自然人。

(4)本罪在主观方面表现为直接故意,并具有出卖的目的。只要行为人以出卖为目的实施了拐骗、绑架、收买、贩卖、接送、中转被拐妇女、儿童行为之一的,即构成本罪。至于拐卖是否成功,并不影响本罪的成立。

按照刑法规定,犯本罪的,处五年以上十年以下有期徒刑,并处罚金;有法定的从重处罚情形之一的(参见法条链接),处十年以上有期徒刑或者无期徒刑,并处罚金或者没收财产;情节特别严重的,处死刑,并处没收财产。

≫**法条链接**≫

《刑法》第二百四十条:拐卖妇女、儿童的,处五年以上十年以下有期徒刑,并处罚金;有下列情形之一的,处十年以上有期徒刑或者无期徒刑,并处罚金或者没收财产;情节特别严重的,处死刑,并处没收财产:

(一)拐卖妇女、儿童集团的首要分子;

(二)拐卖妇女、儿童三人以上的;

(三)奸淫被拐卖的妇女的;

(四)诱骗、强迫被拐卖的妇女卖淫或者将被拐卖的妇女卖给他人迫使其卖淫的;

(五)以出卖为目的,使用暴力、胁迫或者麻醉方法绑架妇女、儿童的;

(六)以出卖为目的,偷盗婴幼儿的;

(七)造成被拐卖的妇女、儿童或者其亲属重伤、死亡或者其他严重后

果的;

(八)将妇女、儿童卖往境外的。

拐卖妇女、儿童是指以出卖为目的,有拐骗、绑架、收买、贩卖、接送、中转妇女、儿童的行为之一的。

》案例分析》

案情回放:杨某在拐卖妇女过程中,将被害妇女某甲强行奸污,之后又强迫其卖淫。案发后,被人民法院判处有期徒刑十五年,服刑十年后被假释。在假释考验期的第三年,杨某抢劫一辆汽车但未被发现。假释考验期满后的第四年,杨某又因抢劫他人财物而被逮捕,并如实交代了其在假释考验期限内抢劫汽车的行为。同时,为争取宽大处理,杨某还将其知道的曾经在本省有重大影响、但一直未能侦破的持枪抢劫恶性案件的重要线索告诉了公安机关。公安机关根据这一线索顺利地侦破了这起特大抢劫案。

问题:(1)杨某拐卖妇女又强奸被拐卖的妇女,并迫使其卖淫的行为,应如何定罪处理?(2)对杨某是否需要撤销假释?为什么?

法理分析:根据刑法规定和刑法原理,对上述问题分析如下:

(1)对杨某应定拐卖妇女罪。按刑法规定,对于杨某拐卖妇女的过程中有强奸、迫使卖淫的行为,仍以拐卖妇女罪定罪,并应当从重处罚。

(2)对杨某需要撤销假释。因为杨某在假释考验期限内又实施了抢劫行为,根据刑法规定,应当撤销假释。

135. 什么是收买被拐卖的妇女、儿童罪,对其如何认定和处罚?

"收买被拐卖的妇女、儿童罪"是指不以出卖为目的,收买被拐卖的妇女、儿童的行为。本罪的构成要件或特征解读如下:

(1)本罪侵犯的客体是人身不受买卖的权利。

(2)本罪在客观上表现为收买被拐卖的妇女、儿童。本罪是结果犯,即只有买到被拐卖的妇女、儿童才达到犯罪既遂状态。收买被拐卖妇女、儿童后,按照被买妇女的意愿,不阻碍其返回原居住地,对收买的儿童没有虐待行为,不阻碍有关机关对其解救的,可以不追究刑事责任。

(3)本罪的犯罪主体为一般主体。即达到刑事责任年龄并且具备刑事责任能力的自然人。

(4)本罪在主观上是故意。即明知道收买被拐卖的妇女儿童行为是犯罪行为而追求或放任这种结果的发生。

按照刑法规定,犯本罪的,处三年以下有期徒刑、拘役或者管制。如果收买人强行与被收买的妇女发生性关系,则应当按照收买被拐卖妇女罪和强奸罪两罪并罚。如果收买者对收买的妇女、儿童,非法剥夺、限制其人身自由或者有伤害、侮辱行为,则应当按照收买被拐卖妇女罪和非法拘禁罪、故意伤害罪或侮辱罪等实行数罪并罚。

>> **法条链接** >>

《刑法》第二百四十一条:收买被拐卖的妇女、儿童的,处三年以下有期徒刑、拘役或者管制。

收买被拐卖的妇女,强行与其发生性关系的,依照本法第二百三十六条的规定定罪处罚。

收买被拐卖的妇女、儿童,非法剥夺、限制其人身自由或者有伤害、侮辱等犯罪行为的,依照本法的有关规定定罪处罚。

收买被拐卖的妇女、儿童,并有第二款、第三款规定的犯罪行为的,依照数罪并罚的规定处罚。

收买被拐卖的妇女、儿童又出卖的,依照本法第二百四十条的规定定罪处罚。

收买被拐卖的妇女、儿童,按照被买妇女的意愿,不阻碍其返回原居住地的,对被买儿童没有虐待行为,不阻碍对其进行解救的,可以不追究刑事责任。

136. 什么是聚众阻碍解救被收买的妇女、儿童罪,对其如何认定和处罚?

"聚众阻碍解救被收买的妇女、儿童罪"是指聚集多人,阻碍国家机关工作人员解救被收买的妇女、儿童的行为。

(1)本罪侵犯的客体是被拐卖妇女、儿童的人身权和国家机关的公务活动。犯罪对象是被拐卖的妇女、儿童和国家公务人员。

(2)本罪在客观方面表现为聚众阻碍国家公务人员的解救行动。"聚众阻碍"是指有预谋、有组织、有领导地纠集多人阻碍国家机关工作人员解救被收买的妇女、儿童的行为。不管聚众阻碍的结果如何,行为人只要实施了聚众阻碍国家机关工作人员解救被收买的妇女、儿童的行为,即构成本罪。

(3)本罪的主体要件必须是十六周岁以上的聚众阻碍解救被收买的妇女、儿童公务的首要分子。所谓"首要分子"是指起组织、纠集、策划、指挥、煽动作用的人员。

(4)本罪在主观上为直接故意。即明知对方是国家机关工作人员,并且正在依法解救被收买的妇女、儿童,而故意聚众予以阻碍。

按照刑法规定,聚众阻碍国家机关工作人员解救被收买的妇女、儿童的首要分子,处五年以下有期徒刑或者拘役。但是,如果行为人采用暴力、威胁方法阻碍国家机关工作人员解救被收买的妇女、儿童的,就不再以本罪论处了,而应当按照妨害公务罪论处。

>>**法条链接**>>

《刑法》第二百四十二条:以暴力、威胁方法阻碍国家机关工作人员解救被收买的妇女、儿童的,依照本法第二百七十七条的规定定罪处罚。

聚众阻碍国家机关工作人员解救被收买的妇女、儿童的首要分子,处五年以下有期徒刑或者拘役;其他参与者使用暴力、威胁方法的,依照前款的规定处罚。

《刑法》第二百七十七条:以暴力、威胁方法阻碍国家机关工作人员依法执行职务的,处三年以下有期徒刑、拘役、管制或者罚金。

137. 什么是诬告陷害罪,对其如何认定和处罚?

"诬告陷害罪"是指捏造事实诬告陷害他人,意图使他人受刑事追究,情节严重的行为。本罪的构成要件或特征解读如下:

(1)本罪侵犯的客体是他人的人身权利和司法机关的正常活动。

(2)本罪在客观上表现为:第一,必须存在行为人捏造犯罪事实,即无中生有、栽赃陷害、借题发挥,把杜撰的或他人的犯罪事实强加于被害人;第二,行为人必须向国家机关或有关单位告发,或者采取其他方法足以引起司法机关的追究活动;第三,必须是针对特定的对象。

(3)本罪的主体是一般主体。即达到法定刑事责任年龄并具有刑事责任能力的人。

(4)本罪在主观方面为直接故意。即明知自己在捏造事实,一旦向有关机关或单位告发,就会产生被告发人遭受刑事追究的危害后果,并且希望这一危害结果发生。不管出于何种犯罪动机,均不影响本罪的成立。

按照刑法规定,犯本罪的,处三年以下有期徒刑、拘役或者管制;造成严重后果的,处三年以上十年以下有期徒刑。国家机关工作人员犯本罪的,从重处罚。

≫**法条链接**≫

《刑法》第二百四十三条:捏造事实诬告陷害他人,意图使他人受刑事追究,情节严重的,处三年以下有期徒刑、拘役或者管制;造成严重后果的,处三年以上十年以下有期徒刑。

国家机关工作人员犯前款罪的,从重处罚。

不是有意诬陷,而是错告,或者检举失实的,不适用前两款的规定。

138. 什么是强迫劳动罪,对其如何认定和处罚?

"强迫劳动罪"是指以暴力、威胁或者限制人身自由的方法强迫他人劳动的行为。本罪的构成要件或特征解读如下:

(1)本罪侵犯的客体是劳动者的人身自由权和休息、休假权利。

(2)本罪在客观方面表现为用人单位违反劳动管理法律、法规,以限制人身自由方法强迫职工劳动,情节严重的行为。

(3)本罪的犯罪主体是特殊主体。即雇用职工为其劳动的企业或者个体经济组织的直接责任人员。

(4)本罪在主观方面必须出于直接故意。即行为人明知自己的行为违反劳动管理法律、法规,并产生人身侵权的危害后果,但仍以暴力、威胁或者限制人身自由的方法强迫他人劳动。

在本罪的立案标准上,按照《最高人民检察院、公安部关于公安机关管辖的刑事案件立案追诉标准的规定(一)》第三十一条的规定,用人单位违反劳动管理法律、法规,以限制人身自由方法强迫职工劳动,涉嫌下列情形之一的,应予立案追诉:

(1)强迫他人劳动,造成人员伤亡或者患职业病的;

(2)采用殴打、胁迫、扣发工资、扣留身份证件等手段限制人身自由,强迫他人劳动的;

(3)强迫妇女从事井下劳动、国家规定的第四级体力劳动强度的劳动或者其他禁忌从事的劳动,或者强迫处于经期、孕期和哺乳期妇女从事国家规定的第三级体力劳动强度以上的劳动或者其他禁忌从事的劳动的;

(4)强迫已满十六周岁未满十八周岁的未成年人从事国家规定的第四级体

力劳动强度的劳动,或者从事高空、井下劳动,或者在爆炸性、易燃性、放射性、毒害性等危险环境下从事劳动的;

(5)其他情节严重的情形。

在本罪的处罚标准上,按照刑法规定,处三年以下有期徒刑或者拘役,并处罚金;情节严重的,处三年以上十年以下有期徒刑,并处罚金。

≫法条链接≫

《刑法》第二百四十四条:以暴力、威胁或者限制人身自由的方法强迫他人劳动的,处三年以下有期徒刑或者拘役,并处罚金;情节严重的,处三年以上十年以下有期徒刑,并处罚金。

明知他人实施前款行为,为其招募、运送人员或者有其他协助强迫他人劳动行为的,依照前款的规定处罚。

单位犯前两款罪的,对单位判处罚金,并对其直接负责的主管人员和其他直接责任人员,依照第一款的规定处罚。

139. 什么是雇用童工从事危重劳动罪,对其如何认定和处罚?

"雇用童工从事危重劳动罪"是指违反劳动管理法律、法规,雇用未满十六周岁的未成年人从事超强度体力劳动,或者从事高空、井下作业,或者在爆炸性、易燃性、放射性、毒害性等危险环境下从事劳动,情节严重的行为。本罪的构成要件或特征解读如下:

(1)本罪侵犯的客体是未成年人的身心健康。

(2)本罪在客观方面表现为行为人实施了以下行为:①雇用未满十六周岁的未成年人从事超强度体力劳动的;②雇用未满十六周岁的未成年人从事高空、井下作业的;③雇用未满十六周岁的未成年人在爆炸性、易燃性、放射性、毒害性等危险环境下从事劳动,情节严重的。

(3)本罪的主体是一般主体。即达到法定刑事责任年龄并具有刑事责任能力的人。

(4)本罪在主观方面为故意。即明知或应知是不满十六周岁的人而雇用其从事危重劳动。

在本罪的立案标准上,按照《最高人民检察院、公安部关于公安机关管辖的刑事案件立案追诉标准的规定(一)》第三十二条的规定,违反劳动管理法规,雇用未满十六周岁的未成年人从事国家规定的第四级体力劳动强度的劳动,或者

从事高空、井下劳动,或者在爆炸性、易燃性、放射性、毒害性等危险环境下从事劳动,涉嫌下列情形之一的,应予立案追诉:

(1)造成未满十六周岁的未成年人伤亡或者对其身体健康造成严重危害的;

(2)雇用未满十六周岁的未成年人三人以上的;

(3)以强迫、欺骗等手段雇用未满十六周岁的未成年人从事危重劳动的;

(4)其他情节严重的情形。

在本罪的处罚标准上,按照刑法规定,犯本罪的,对直接责任人员,处三年以下有期徒刑或者拘役,并处罚金;情节特别严重的,处三年以上七年以下有期徒刑,并处罚金。犯本罪,造成事故,又构成其他犯罪的,如故意伤害等,则应当依照数罪并罚的规定处罚。

≫**法条链接**≫

同本书第138个问题。

140. 什么是非法搜查罪,对其如何认定和处罚?

"非法搜查罪"是指非法对他人的身体或住宅进行搜查的行为。本罪的构成要件或特征解读如下:

(1)本罪侵犯的客体是他人的隐私权。

(2)本罪在客观方面表现为非法搜查他人身体和住宅的行为。"搜查"是指搜索检查,既包括对他人身体的搜查,也包括对他人住宅的搜查。

(3)本罪的主体是一般主体。即达到法定刑事责任年龄并具有刑事责任能力的人。

(4)本罪在主观方面为直接故意,不能由间接故意或者过失构成。

按照刑法规定,犯本罪的,处三年以下有期徒刑或者拘役。

≫**法条链接**≫

《刑法》第二百四十五条:非法搜查他人身体、住宅,或者非法侵入他人住宅的,处三年以下有期徒刑或者拘役。

司法工作人员滥用职权,犯前款罪的,从重处罚。

141. 什么是非法侵入住宅罪,对其如何认定和处罚?

"非法侵入住宅罪"是指违背住宅内成员的意愿或无法律依据,进入公民住宅,或进入公民住宅后经要求退出而拒不退出的行为。本罪的构成要件或特征解读如下：

(1)本罪侵犯的客体为公民住宅不受侵犯的权利。

(2)本罪在客观方面表现为行为人实施了非法侵入他人住宅的行为。"非法"是指违背住宅内成员的意愿，或者没有法律根据。

(3)本罪的主体是一般主体。即达到法定刑事责任年龄并具有刑事责任能力的人。

(4)本罪在主观方面表现为故意。即行为人明知自己的侵入或不退出行为违反了权利人的意思，或破坏他人住宅的安宁，而积极侵入或消极不退出。由此可见，非法侵入住宅罪的主观故意形态为直接故意。

按照刑法规定，犯本罪的，处三年以下有期徒刑或者拘役。

≫**法条链接**≫

同本书第140个问题。

142. 什么是侮辱罪，对其如何认定和处罚？

"侮辱罪"是指使用暴力或者以其他方法，公然贬损他人人格，破坏他人名誉，情节严重的行为。本罪的构成要件或特征解读如下：

(1)本罪侵犯的客体是他人的人格尊严和名誉权。

(2)本罪在客观方面表现以暴力或其他方法公然贬损他人人格、破坏他人名誉，情节严重的行为。行为的主要手段包括暴力侮辱人身、采用言语进行侮辱、文字侮辱等。另外，侮辱行为必须公然进行，所谓"公然"，是指当着第三者甚至众人的面，或者利用可以使不特定人或多数人听到、看到的方式，对他人进行侮辱。

(3)本罪的主体是一般主体。即达到法定刑事责任年龄并具有刑事责任能力的人。

(4)本罪在主观方面表现为直接故意，并且具有贬损他人人格，破坏他人名誉的目的。

根据刑法规定，犯本罪的，处三年以下有期徒刑、拘役、管制或者剥夺政治权利。该罪属于告诉才处理的犯罪，即只有被害人向法院告发，法院才追究犯罪。

≫**法条链接**≫

《刑法》第二百四十六条：以暴力或者其他方法公然侮辱他人或者捏造事实诽谤他人，情节严重的，处三年以下有期徒刑、拘役、管制或者剥夺政治权利。

前款罪,告诉的才处理,但是严重危害社会秩序和国家利益的除外。

143. 什么是诽谤罪,它与侮辱罪有何区别?

"诽谤罪"是指故意捏造并散布虚构的事实,足以贬损他人人格,破坏他人名誉,情节严重的行为。本罪的构成要件或特征解读如下:

(1)本罪侵犯的客体是他人的人格尊严、名誉权,犯罪对象是自然人。

(2)本罪在客观方面表现为:①行为人必须有捏造某种事实的行为;②行为人必须有散布捏造事实的行为;③诽谤行为必须是针对特定的人进行的;④捏造事实诽谤他人的行为必须属于情节严重。

(3)本罪的主体是一般主体。即达到法定刑事责任年龄并具有刑事责任能力的人。

(4)本罪主观上必须是故意。即行为人明知自己散布的是足以损害他人名誉的虚假事实,明知自己的行为会发生损害他人名誉的危害结果,并且希望这种结果的发生。

本罪与侮辱罪的区别在于:①侮辱不是用捏造的方式进行,而诽谤则必须是捏造事实;②侮辱含暴力侮辱行为,而诽谤则不使用暴力手段;③侮辱往往是当着被害人的面进行的,诽谤则是当众或者向第三者散布的。

根据刑法规定,犯本罪的,处三年以下有期徒刑、拘役、管制或者剥夺政治权利。诽谤罪也属于告诉才处理的犯罪。

>>**法条链接**>>

《刑法》第二百四十六条:……捏造事实诽谤他人,情节严重的,处三年以下有期徒刑、拘役、管制或者剥夺政治权利。

前款罪,告诉的才处理,但是严重危害社会秩序和国家利益的除外。

144. 什么是刑讯逼供罪,对其如何认定和处罚?

"刑讯逼供罪"是指司法工作人员对犯罪嫌疑人、被告人使用肉刑或者变相肉刑,逼取口供的行为。本罪的构成要件或特征解读如下:

(1)本罪侵犯的客体是复杂客体。即公民的人身权利和国家司法机关的正常司法活动。

(2)本罪在客观上表现为对犯罪嫌疑人、被告人使用肉刑或者变相肉刑,逼取口供的行为。"肉刑"是指对被害人的肉体施行暴力,如捆绑、殴打等。"变相肉刑"是指对被害人使用非暴力的摧残和折磨,如冻、饿、晒等。另外,行为人必须有逼供行为,即逼迫犯罪嫌疑人、被告人作出行为人所期待的口供。

(3)本罪的犯罪主体是特殊主体。即司法工作人员,包括侦查、检察、审判和监管人员。

(4)本罪在主观上只能是故意,并且具有逼取口供的目的。

按照刑法规定,犯本罪的,处三年以下有期徒刑或者拘役。如果因为暴力逼供而导致受害人受伤或者死亡的,不能以刑讯逼供罪论处,则应当认定为故意伤害罪或故意杀人罪。

>> **法条链接** >>

《刑法》第二百四十七条:司法工作人员对犯罪嫌疑人、被告人实行刑讯逼供……处三年以下有期徒刑或者拘役。致人伤残、死亡的,依照本法第二百三十四条、第二百三十二条的规定定罪从重处罚。

145. 什么是暴力取证罪,对其如何认定和处罚?

"暴力取证罪"是侵犯公民人身权利、民主权利罪的一种,它是指司法工作人员使用暴力逼取证人证言的行为。本罪的构成要件或特征解读如下:

(1)本罪侵犯的客体是复杂客体。即公民的人身权利和国家司法机关的正常司法活动。

(2)本罪在客观上表现为使用暴力逼取证人证言的行为。

(3)本罪的犯罪主体是特殊主体。即司法工作人员,包括侦查、检察、审判和监管人员。

(4)本罪主观方面是故意,并以逼取证人证言为目的。

在立案标准上,根据2005年12月29日最高人民检察院《关于渎职侵权犯罪案件立案标准的规定》,涉嫌下列情形之一的,应予立案:①以殴打、捆绑、违法使用械具等恶劣手段逼取证人证言的;②暴力取证造成证人轻伤、重伤、死亡的;③暴力取证,情节严重,导致证人自杀、自残,造成重伤、死亡,或者精神失常的;④暴力取证,造成错案的;⑤暴力取证三人次以上的;⑥纵容、授意、指使、强迫他人暴力取证,具有上述情形之一的;⑦其他暴力取证应予追究刑事责任的情形。

按照刑法规定,犯本罪的,处三年以下有期徒刑或者拘役。如果因为暴力逼供而导致受害人受伤或者死亡的,不能以暴力取证罪论处,则应当认定为故意伤害罪或故意杀人罪。

≫**法条链接**≫

《刑法》第二百四十七条:司法工作人员……使用暴力逼取证人证言的,处三年以下有期徒刑或者拘役。致人伤残、死亡的,依照本法第二百三十四条、第二百三十二条的规定定罪从重处罚。

146. 什么是报复陷害罪,对其如何认定和处罚?

"报复陷害罪"是指国家机关工作人员滥用职权、假公济私,对控告人、申诉人、批评人、举报人实行报复陷害的行为。本罪的构成要件或特征解读如下:

(1)本罪侵犯的客体是公民的民主权利和国家机关的正常活动。

(2)本罪在客观方面表现为滥用职权、假公济私,对控告人、申诉人或批评人、举报人实行打击报复陷害的行为。

(3)本罪的犯罪主体是特殊主体。即国家机关工作人员。

(4)本罪在主观方面表现为直接故意,并且具有报复陷害他人的目的。

本罪与诬告陷害罪很相似,但二者有着重要的区别:①主体要件不同。报复陷害罪的主体只能是国家机关工作人员,而诬告陷害罪的主体则可以是任何公民;②犯罪目的不同。报复陷害罪的目的是打击报复陷害他人,而诬告陷害罪的目的则是意图使他人受刑事追究;③犯罪手段不同。报复陷害罪必须是基于职务,滥用职权或假公济私,诬告陷害罪则不要求必须利用职权;④陷害的对象不同。报复陷害罪只限于控告人、申诉人、批评人、举报人这四种人,而诬告陷害罪可以是任何干部和群众。

按照刑法规定,犯本罪的,处二年以下有期徒刑或者拘役;情节严重的,处二年以上七年以下有期徒刑。

≫**法条链接**≫

《刑法》第二百五十四条:国家机关工作人员滥用职权、假公济私,对控告人、申诉人、批评人、举报人实行报复陷害的,处二年以下有期徒刑或者拘役;情节严重的,处二年以上七年以下有期徒刑。

147. 什么是破坏选举罪,对其如何认定和处罚?

"破坏选举罪"是指在选举各级人民代表大会代表和国家机关领导人员时,以暴力、威胁、欺骗、贿赂、伪造选举文件、虚报选举票数或者编造选举结果等手段破坏选举或者妨害选民和代表自由行使选举权和被选举权,情节严重的行为。

本罪的构成要件或特征解读如下：

(1)本罪侵犯的客体是公民的选举权利和国家的选举制度。

(2)本罪在客观方面表现为在选举各级人民代表大会和国家机关领导人员时，行为人采用各种手段破坏选举或者妨害选民和代表自由行使选举权和被选举权，情节严重的情形。在犯罪手段上，可以表现为暴力、威胁、欺骗、贿赂、伪造选举文件、虚报选举票数或者编造选举结果等方式。破坏选举的行为必须是发生在选举各级人民代表大会和国家机关领导人员的活动中，除此之外的选举，如村委会选举、企事业单位内部选举等，不以破坏选举罪论处其中的破坏行为。

(3)本罪的主体是一般主体。即达到法定刑事责任年龄并具有刑事责任能力的人，既可以是普通公民，也可以是国家工作人员。

(4)本罪在主观方面表现为故意。犯罪动机可能会多种多样，但不影响定罪。

按照刑法规定，犯本罪的，处三年以下有期徒刑、拘役或者剥夺政治权利。

》法条链接》

《刑法》第二百五十六条：在选举各级人民代表大会代表和国家机关领导人员时，以暴力、威胁、欺骗、贿赂、伪造选举文件、虚报选举票数等手段破坏选举或者妨害选民和代表自由行使选举权和被选举权，情节严重的，处三年以下有期徒刑、拘役或者剥夺政治权利。

148. 什么是暴力干涉婚姻自由罪，对其如何认定和处罚？

"暴力干涉婚姻自由罪"是指用暴力手段干涉他人结婚自由或离婚自由的行为。本罪的构成要件或特征解读如下：

(1)本罪侵犯的客体是复杂客体。犯罪行为既侵犯了他人的婚姻自由，也侵犯了其人身权利。

(2)本罪在客观方面表现为使用暴力干涉婚姻。所谓"暴力"，是指对意图结婚或离婚的人实行拳打脚踢、捆绑、禁闭、强抢等人身强制的方法。

(3)本罪的主体是一般主体。即达到法定刑事责任年龄并具有刑事责任能力的人。

(4)本罪在主观方面表现为直接故意，犯罪动机可能会多种多样，但不影响定罪。

按照刑法规定，犯本罪的，处二年以下有期徒刑或者拘役。如果行为人的行为致使被害人死亡的,处二年以上七年以下有期徒刑。另外,按照刑法规定,本罪是告诉才处理的案件,即只有被害人直接向法院告发,法院才予以审理。

> **法条链接**

《刑法》第二百五十七条:以暴力干涉他人婚姻自由的,处二年以下有期徒刑或者拘役。

犯前款罪,致使被害人死亡的,处二年以上七年以下有期徒刑。

第一款罪,告诉的才处理。

149. 什么是重婚罪,对其如何认定和处罚?

"重婚罪"是指有配偶又与他人结婚或者明知他人有配偶而与之结婚的行为。本罪的构成要件或特征解读如下:

(1)本罪侵害的客体是一夫一妻的婚姻制度。

(2)本罪在客观方面表现为行为人必须具有重婚的行为。即有配偶的人又与他人结婚的,或者明知他人有配偶而与之结婚。"有配偶"是指男人有妻、女人有夫,而且这种夫妻关系未经法律程序解除。如果夫妻关系已经解除,或者因配偶一方死亡夫妻关系自然消失,即不再是有配偶的人。"又与他人结婚",包括骗取合法手续登记结婚的和虽未经婚姻登记手续但以夫妻关系共同生活。"明知他人有配偶而与之结婚"是指本人虽无配偶,但明知对方有配偶,而故意与之结婚的。

(3)本罪的主体为一般主体。包括有配偶的人在夫妻关系存续期间又与他人成立婚姻关系,以及没有配偶的人明知对方有配偶而与之结婚。

(4)本罪在主观方面表现为直接故意。即明知他人有配偶而与之结婚或自己有配偶而故意与他人结婚。如果没有配偶一方确实不知对方有配偶而与之结婚或以夫妻关系共同生活的,无配偶一方不构成重婚罪,有配偶一方则构成重婚罪。

按照刑法规定,犯本罪的,处二年以下有期徒刑或者拘役。

> **法条链接**

《刑法》第二百五十八条:有配偶而重婚的,或者明知他人有配偶而与之结婚的,处二年以下有期徒刑或者拘役。

150. 什么是破坏军婚罪,对其如何认定和处罚?

"破坏军婚罪"是指明知是现役军人的配偶而与之同居或者结婚的行为。本罪的构成要件或特征解读如下：

(1)本罪侵犯的客体是现役军人的婚姻关系。

(2)本罪在犯罪客观方面表现为违反婚姻法的一夫一妻制的规定，并与现役军人的配偶结婚或者同居。

(3)本罪的主体是一般主体。即达到法定刑事责任年龄并具有刑事责任能力的人。

(4)本罪在犯罪主观方面表现为故意。即明知道对方是军人的配偶而与之同居，如果不知对方是军人配偶而与之结婚或者同居的，不构成本罪。

按照刑法规定，构成本罪的，处三年以下有期徒刑或者拘役。如果行为人利用自己的职权、从属关系，以胁迫手段奸淫现役军人的妻子的，就不再以破坏军婚罪论处，而应当认定为强奸罪。

≫**法条链接**≫

《刑法》第二百五十九条：明知是现役军人的配偶而与之同居或者结婚的，处三年以下有期徒刑或者拘役。

利用职权、从属关系，以胁迫手段奸淫现役军人的妻子的，依照本法第二百三十六条的规定定罪处罚。

151. 什么是虐待罪，对其如何认定和处罚？

"虐待罪"是指对共同生活的家庭成员经常以打骂、捆绑、冻饿、限制自由、凌辱人格、不给治病或者强迫过度劳动等方法，从肉体上和精神上进行摧残迫害，情节恶劣的行为。本罪的构成要件或特征解读如下：

(1)本罪侵犯的客体是家庭成员在家庭中的平等权利。犯罪对象只能是共同生活的家庭成员。

(2)本罪在客观方面表现为经常虐待家庭成员的行为。具体表现为：①对被害人肉体和精神进行摧残、折磨、迫害；②行为必须具有经常性；③虐待行为必须是情节恶劣，情节恶劣包括虐待动机卑鄙、手段残酷、持续时间较长、屡教不改的、被害人是年幼、年老、病残者、孕妇、产妇等情形。

(3)本罪的犯罪主体为特殊主体。即共同生活的同一家庭的成员，行为人与被害人之间存在一定的亲属关系或者扶养关系。

(4)本罪在主观方面表现为故意。即行为人故意地对被害人进行肉体上和精神上的摧残和折磨。

按照刑法规定,犯本罪的,处二年以下有期徒刑、拘役或者管制;如果虐待行为导致受害人重伤或死亡的,处二年以上七年以下有期徒刑。另外,按照刑法规定,本罪是告诉才处理的案件,即只有被害人本人直接向法院告发,法院才予以审理。

≫**法条链接**≫

《刑法》第二百六十条:虐待家庭成员,情节恶劣的,处二年以下有期徒刑、拘役或者管制。

犯前款罪,致使被害人重伤、死亡的,处二年以上七年以下有期徒刑。

第一款罪,告诉的才处理。

152. 什么是遗弃罪,如何认定和处罚?

"遗弃罪"是指对于年老、年幼、患病或者其他没有独立生活能力的人,负有扶养义务而拒绝扶养,情节恶劣的行为。本罪的构成要件或特征解读如下:

(1)本罪侵犯的客体是被害人在家庭成员中的平等权利。犯罪对象是年老、年幼、患病或者其他没有独立生活能力的家庭成员,具体包括以下几种情况的人:①因年老、伤残、疾病等而丧失劳动能力,没有生活来源;②虽有生活来源,但因病、老、伤残,生活不能自理;③因年幼或智力低下等原因,没有独立生活能力。

(2)本罪在客观方面表现为对年老、年幼、患病或者其他没有独立生活能力的家庭成员,应当扶养而拒不扶养,情节恶劣的行为。行为方式表现为拒绝承担赡养、抚养义务等。情节恶劣包括因遗弃而导致被害人重伤、死亡的;被害人因被遗弃而生活无着,流离失所,被迫沿街乞讨;因遗弃而使被害人走投无路,被迫自杀等等。

(3)本罪的主体为特殊主体,必须是对被遗弃者负有法律上的扶养义务并具有抚养能力的人。

(4)本罪在主观方面表现为故意。即明知自己应履行扶养义务而拒绝扶养。

按照刑法规定,犯本罪的,处五年以下有期徒刑、拘役或者管制。

≫**法条链接**≫

《刑法》第二百六十一条:对于年老、年幼、患病或者其他没有独立生活能力的人,负有扶养义务而拒绝扶养,情节恶劣的,处五年以下有期徒刑、拘役或者管制。

153. 什么是拐骗儿童罪，如何认定和处罚？

"拐骗儿童罪"指以欺骗、引诱或者其他方法，使不满十四周岁的男、女儿童脱离家庭或者监护人的行为。本罪的构成要件或特征解读如下：

(1)本罪侵犯的客体是他人的家庭关系和儿童的合法权益。犯罪对象是不满十四周岁的未成年人。

(2)本罪在客观方面表现为采用蒙骗、利诱或者其他方法，使儿童脱离自己的家庭或者监护人的行为。

(3)本罪的主体是一般主体。即达到法定刑事责任年龄并具有刑事责任能力的人。

(4)本罪在主观方面表现为故意。在犯罪目的方面，绝大多数的犯罪目的是为了将拐骗的儿童收养为自己的子女，但也有少数是为了奴役被害人等。

按照刑法规定，犯本罪的，处五年以下有期徒刑或者拘役。

>> **法条链接** >>

《刑法》第二百六十二条：拐骗不满十四周岁的未成年人，脱离家庭或者监护人的，处五年以下有期徒刑或者拘役。……

154. 什么是组织残疾人、儿童乞讨罪，对其如何认定和处罚？

"组织残疾人、儿童乞讨罪"是指以暴力、胁迫手段组织残疾人或者不满十四周岁的未成年人乞讨的行为。本罪的构成要件或特征解读如下：

(1)本罪侵犯的客体是复杂客体。犯罪行为既侵害了残疾人与未成年人的身心健康，也损害了社会正常的管理秩序。

(2)本罪在客观方面表现为行为人以暴力、胁迫的手段，组织残疾人与未成年人进行乞讨的行为。"暴力手段"是指行为人直接对残疾人、未成年人的身体实施打击和强制，如殴打、捆绑、非法拘禁、非法限制其人身自由等；"胁迫手段"是指行为人对残疾人、未成年人威胁、恐吓，以达到精神上的强制。

(3)本罪的主体是一般主体。即达到法定刑事责任年龄并具有刑事责任能力的人。

(4)本罪在主观方面是直接故意。即明知道自己组织未成年人、残疾人乞讨会发生危害社会的后果，并且希望这种危害结果的发生。

按照刑法规定，犯本罪的，处三年以下有期徒刑或者拘役，并处罚金；情节严重的，处三年以上七年以下有期徒刑，并处罚金。

≫法条链接≫

《刑法》第二百六十二条：……以暴力、胁迫手段组织残疾人或者不满十四周岁的未成年人乞讨的，处三年以下有期徒刑或者拘役，并处罚金；情节严重的，处三年以上七年以下有期徒刑，并处罚金。

常见的侵犯财产罪

155. 什么是抢劫罪,对其如何认定和处罚?

"抢劫罪"是以非法占有为目的,对财物的所有人或者保管人当场使用暴力、胁迫或其他方法,强行将公私财物抢走的行为。本罪的构成要件或特征解读如下:

(1)本罪侵犯的客体是复杂客体。即公私财物的所有权和公民的人身权利。

(2)本罪在客观方面表现为行为人对公私财物的所有者、保管者或者守护者当场使用暴力、胁迫或者其他对人身实施强制的方法,强行劫取公私财物的行为。所谓"暴力",是指对财物的所有人、管理人、占有人的人身实施不法的打击或强制,致使被害人不能反抗的行为,如殴打、捆绑、伤害、禁闭等。所谓"胁迫",是指对被害人以当场实施暴力相威胁,进行精神强制,从而使其产生恐惧而不敢反抗,任其抢走财物或者被迫交出财物的行为,胁迫的内容是当场对被害人施以暴力。所谓"其他方法",是指使用暴力、胁迫以外的方法使得被害人不知反抗或无法反抗,而当场劫取财物的行为,如用酒灌醉、用药物麻醉等。

(3)本罪的主体为一般主体。即年满十四周岁并具有刑事责任能力的自然人。

(4)本罪在主观方面表现为直接故意,并具有将公私财物非法占有的目的。

按照刑法规定,犯本罪的,处三年以上十年以下有期徒刑,并处罚金;如果有法定从重处罚情形之一的(参见法条链接),则应当处十年以上有期徒刑、无期徒刑或者死刑,并处罚金或者没收财产。

≫法条链接≫

《刑法》第二百六十三条:以暴力、胁迫或者其他方法抢劫公私财物的,处三年以上十年以下有期徒刑,并处罚金;有下列情形之一的,处十年以上有期徒刑、无期徒刑或者死刑,并处罚金或者没收财产:

(一)入户抢劫的;

(二)在公共交通工具上抢劫的；

(三)抢劫银行或者其他金融机构的；

(四)多次抢劫或者抢劫数额巨大的；

(五)抢劫致人重伤、死亡的；

(六)冒充军警人员抢劫的；

(七)持枪抢劫的；

(八)抢劫军用物资或者抢险、救灾、救济物资的。

≫案例分析≫

案情回放：陈某见熟人赵某做生意赚了不少钱便产生歹意，勾结高某，谎称赵某欠自己十万元货款未还，请高某协助索要，并承诺要回款项后给高某一万元作为酬谢。高某同意。某日，陈某和高某以谈生意为名把赵某诱骗到一宾馆某房间，共同将赵扣押，并由高某对赵某进行看管。次日，陈某和高某对赵某拳打脚踢，强迫赵某拿钱。赵某迫于无奈给其公司出纳李某打电话，以谈成一笔生意急需十万元现金为由，让李某将现金送到宾馆附近一公园交给陈某。陈某指派高某到公园取钱。李某来到约定地点，见来人不认识，就不肯把钱交给高某。高某威胁李某说："赵某已被我们扣押，不把钱给我，我们就把赵某给杀了"。李某不得已将十万元现金交给高某。高某回到宾馆房间，发现陈某不在，赵某倒在窗前已经断气。见此情形，高某到公安机关投案，并协助司法机关将陈某抓获归案。事后查明，赵某因爬窗逃跑被陈某用木棒猛击脑部，致赵某身亡。

问题：(1)陈某将赵某扣押向其索要十万元的行为构成何种犯罪？为什么？(2)高某将赵某扣押向其索要十万元的行为构成何种犯罪？为什么？(3)陈某与高某是否构成共同犯罪？为什么？(4)陈某对赵某的死亡，应当如何承担刑事责任？为什么？(5)高某对赵某的死亡后果是否承担刑事责任？为什么？

法理分析：根据刑法规定和刑法原理，上述问题分析如下：

(1)构成抢劫罪而非绑架罪，因为陈某是直接向赵某索取财物，而非向第三者索取财物。

(2)构成非法拘禁罪，因为高某并无绑架的故意，而以为是索要债务。

(3)构成共同犯罪。因为根据部分犯罪共同说，陈某的抢劫罪与高某的非法拘禁罪之间成立共同犯罪。

(4)不另定故意杀人罪,因为陈某的故意杀人行为包含在抢劫罪当中。

(5)不负刑事责任,因为陈某的杀人行为超出了高某的故意范围。

156. 如何正确认识抢劫杀人案件?

在抢劫案件中,通常会伴随犯罪分子杀害受害人或其他相关人员的情况,对此,是按照抢劫罪论处,还是按照故意杀人罪定性,或者按照抢劫罪和故意杀人罪实行数罪并罚,应具体问题具体分析。现就该问题解读如下:

(1)先杀人后抢劫的案件。即事先只有非法剥夺他人生命的目的,而无抢劫他人财物的目的,抢劫财物是在杀人以后对其亲属实施的,或者杀人以后,见财起意又将其财物拿走。基于杀人的故意,实施杀人的行为,构成故意杀人罪,后又基于非法占有被害人财物的故意,实施了抢劫的行为,构成抢劫罪,此时,应定抢劫罪和故意杀人罪,实行两罪并罚。

(2)在实施抢劫财物过程中先杀人后劫物的案件。即在抢劫财物过程中,先将财物的所有人、经管人杀死,剥夺其反抗能力,为其顺利实施抢劫创造有利条件,然后当场劫走其财物,杀人是劫走财物的必要手段。虽杀人在先,劫取财物在后,但都发生在抢劫过程中,而且杀人是劫取购物的必要手段,此时,应定抢劫罪。

(3)抢劫以后又杀人的案件。即抢劫财物后,为了保护赃物、抗拒逮捕、毁灭罪证,当场又杀人的,或者为杀人灭口而杀死被害人或目击证人的案件。杀人灭口行为,与抢劫没有内在联系,二者是两个独立的犯罪,应分别定抢劫罪和故意杀人罪,实行两罪并罚。

总之,对于抢劫杀人案件的定性应把握两个关节点:第一,杀人是否发生在抢劫财物过程中;第二,杀人是否是抢劫财物的必要手段,是否与非法占有公私财物之间存在目的与手段的内在联系。

157. 对于抢劫罪,在哪些情形下可以判处死刑?

按照《刑法》第二百六十三条的规定,有下列情形之一的,处十年以上有期徒刑、无期徒刑或者死刑,并处罚金或者没收财产,也就是说,抢劫情节特别恶劣的,有可能判处死刑:

(1)入户抢劫的。这里所说"户",应理解为居民住宅,不包括单位的办公楼、学校、公共娱乐场所等场所。当然,如果日常的生活住宅与办公区混同在一起,行为人到这种特定的区域实施抢劫，也应认定为入户抢劫。

(2)在公共交通工具上抢劫的。这里所说的"公共交通工具"，包括从事旅客运输的各种公共汽车、电车、出租车、客运列车、客运轮船、客运飞机等正在运营中的交通工具。

(3)抢劫银行或者其他金融机构的。这里所说的"银行"包括国有银行、民营银行和外国在我国境内设立的银行。"其他金融机构"是指银行以外的依法从事货币资金的融通和信用的机构，如证券公司、保险公司、信托投资公司、融资租赁公司、企业集团财务公司等。另外，这里所说的"银行或其他金融机构"也包括对正在行驶途中的上述单位所属运钞车。

(4)多次抢劫或者抢劫数额巨大的。"多次抢劫"是指在一定时期内抢劫三次以上；抢劫数额巨大的标准由各省、自治区、直辖市规定，具体数额并不完全一致。

(5)抢劫致人重伤、死亡的。即行为人在抢劫过程中，因使用暴力或者其他方法而直接导致被害人重伤、死亡的结果。

(6)冒充军警人员抢劫的。"军警人员"是指军人和警察，军人是指中国人民解放军、中国人民武装警察部队的现役军官(警官)、文职干部、士兵及具有军籍的学员；"警察"是指我国武装性质的国家治安行政力量，包括公安机关、国家安全机关、监狱、劳动教养管理机关的人民警察和人民法院、人民检察院的司法警察。

(7)持枪抢劫的。"持枪"是指行为人在实施抢劫的过程中，手中持有枪支或者向被害人显示所佩带的枪支。无论行为人是否实际使用了枪支都不影响对此情形的认定。如果行为人并未实际持有枪支，而是口头上表示有枪或者虽然随身携带有枪支，但未持在手中，也未向被害人显示，均不属于这种情形。

(8)抢劫军用物资或者抢险、救灾、救济物资的。"军用物资"是指除枪支、弹药、爆炸物以外的所有军事用品；"抢险、救灾、救济物资"是指已明确用于抢险、救灾、救济的物资。

158. 什么是盗窃罪，对其如何认定和处罚？

"盗窃罪"是指以非法占有为目的，秘密窃取公私财物数额较大或者多次盗窃公私财物的行为。本罪的构成要件或特征解读如下：

(1)本罪侵犯的客体是公私财物的所有权。犯罪对象是公私财物。

(2)本罪在客观方面表现为行为人具有窃取数额较大的公私财物或者多次窃取公私财物的行为。所谓"窃取",是指行为人违反被害人的意志,将他人占有的财物转移为自己或第三者(包括单位)占有。

(3)本罪的主体是一般主体。即达到法定刑事责任年龄并具有刑事责任能力的人。

(4)本罪在主观方面表现为直接故意,并且具有非法占有的目的。

按照刑法规定,犯本罪的,处三年以下有期徒刑、拘役或者管制,并处或者单处罚金;数额巨大或者有其他严重情节的,处三年以上十年以下有期徒刑,并处罚金;数额特别巨大或者有其他特别严重情节的,处十年以上有期徒刑或者无期徒刑,并处罚金或者没收财产。按照最高人民法院、最高人民检察院 2013 年最新发布的《最高人民法院、最高人民检察院关于办理盗窃刑事案件适用法律若干问题的解释》的规定,盗窃公私财物价值一千元至三千元以上、三万元至十万元以上、三十万元至五十万元以上的,应当分别认定为刑法第二百六十四条规定的"数额较大""数额巨大""数额特别巨大"。

≫法条链接≫

《刑法》第二百六十四条:盗窃公私财物,数额较大的,或者多次盗窃、入户盗窃、携带凶器盗窃、扒窃的,处三年以下有期徒刑、拘役或者管制,并处或者单处罚金;数额巨大或者有其他严重情节的,处三年以上十年以下有期徒刑,并处罚金;数额特别巨大或者有其他特别严重情节的,处十年以上有期徒刑或者无期徒刑,并处罚金或者没收财产。

《刑法》第二百六十五条:以牟利为目的,盗接他人通信线路、复制他人电信码号或者明知是盗接、复制的电信设备、设施而使用的,依照本法第二百六十四条的规定定罪处罚。

≫案例分析≫

案情回放:甲和乙均缺钱。乙得知甲的情妇丙家是信用社代办点,配有保险柜,认为肯定有钱,便提议去丙家借钱,并说:"如果她不借,也许我们可以偷或者抢她的钱。"甲说:"别瞎整!"乙未再吭声。某晚,甲、乙一起开车前往丙家。乙在车上等,甲进屋向丙借钱,丙说:"家里没钱。"甲在丙家吃饭过夜。乙见甲长时间不出来,只好开车回家。甲一觉醒来,见丙已睡着,便起身试图打开保险柜。丙惊醒大声斥责甲,说道:"快住手,不然我报警了!"甲恼怒之下将丙打死,藏尸地窖。

甲不知密码打不开保险柜，翻箱倒柜只找到了丙的一张储蓄卡及身份证。甲回家后想到乙会开保险柜，即套问乙开柜方法，但未提及杀丙一事。甲将丙的储蓄卡和身份证交乙保管，声称系从丙处所借。两天后甲又到丙家，按照乙的方法打开保险柜，发现柜内并无钱款。乙未与甲商量，通过丙的身份证号码试出储蓄卡密码，到商场刷卡购买了一件价值两万元的皮衣。

案发后，公安机关认为甲有犯罪嫌疑，即对其实施拘传。甲在派出所乘民警应对突发事件无人看管之机逃跑。半年后，得知甲行踪的乙告知甲，公安机关正在对甲进行网上通缉，甲于是到派出所交代了自己的罪行。

问题：请根据刑法有关规定，对上述案件中甲、乙的各种行为和相关事实、情节进行分析，分别提出处理意见，并简要说明理由。

法理分析：根据刑法规定和刑法原理，问题分析如下：

（1）关于甲的行为定性。甲的行为属于抢劫罪（即转化型抢劫罪），因为甲在着手盗窃丙的保险柜过程中，因罪行败露而实施杀害丙的行为，甲的犯罪目的是取得财物，根据《刑法》第二百六十九条的规定，其杀人行为属于盗窃过程中为抗拒抓捕而对被害人使用暴力，应当成立抢劫罪。

（2）关于乙的行为定性。乙事先的提议甲并未接受，当时没有达成犯罪合意，二人没有共同犯罪故意。甲的抢劫行为属于临时起意，系单独犯罪，不能认为乙的行为构成教唆犯罪。甲套问乙打开保险柜的方法，将丙的储蓄卡、身份证交乙保管时，均未告知乙实情，乙缺乏传授犯罪方法罪，掩饰、隐瞒犯罪所得、犯罪所得收益罪的故意。乙去商场购物的行为，根据《刑法》第一百九十六条的规定，属于冒用他人信用卡，构成信用卡诈骗罪。

159. 什么是诈骗罪，如何认定和处罚？

"诈骗罪"是指以非法占有为目的，使用虚构事实或者隐瞒真相的方法，骗取数额较大的公私财物的行为。本罪的构成要件或特征解读如下：

（1）本罪侵犯的客体是公私财物所有。

（2）本罪在客观上表现为使用欺诈方法骗取数额较大的公私财物。"欺诈"

是指行为人通过虚构事实或隐瞒真相的方法使被害人陷入错误认识的行为。

(3)本罪的主体是一般主体。即达到法定刑事责任年龄并具有刑事责任能力的人。

(4)本罪在主观方面表现为直接故意,并且具有非法占有公私财物的目的。

按照刑法规定,犯本罪数额较大的,处三年以下有期徒刑、拘役或者管制,并处或者单处罚金;数额巨大或者有其他严重情节的,处三年以上十年以下有期徒刑,并处罚金;数额特别巨大或者有其他特别严重情节的,处十年以上有期徒刑或者无期徒刑,并处罚金或者没收财产。

按照《最高人民法院、最高人民检察院关于办理诈骗刑事案件具体应用法律若干问题的解释》(2011年4月8日起施行)的规定,诈骗公私财物价值三千元至一万元以上、三万元至十万元以上、五十万元以上的,应当分别认定为《刑法》第二百六十六条规定的"数额较大"、"数额巨大"、"数额特别巨大"。

≫法条链接≫

> 《刑法》第二百六十六条:诈骗公私财物,数额较大的,处三年以下有期徒刑、拘役或者管制,并处或者单处罚金;数额巨大或者有其他严重情节的,处三年以上十年以下有期徒刑,并处罚金;数额特别巨大或者有其他特别严重情节的,处十年以上有期徒刑或者无期徒刑,并处罚金或者没收财产。本法另有规定的,依照规定。

160. 什么是抢夺罪,对其如何认定和处罚?

"抢夺罪"是指以非法占有为目的,乘人不备,公开夺取数额较大的公私财物的行为。本罪的构成要件或特征解读如下:

(1)本罪侵犯的客体是公私财物的所有权。犯罪对象是一般的财物,如金钱、物品等,不包括枪支、弹药等特殊物品,否则,不构成本罪。因为刑法中专门规定了抢夺枪支、弹药罪。

(2)本罪在客观方面表现为乘人不备,出其不意,公然对财物进行抢夺,使他人不能抗拒,因而取得数额较大的财物的行为。抢夺行为必须是公然进行的,即公开夺取财物,或者说在被害人当场可以得知财物被抢的情况下实施抢夺行为,公然夺取不能理解为必须在不特定人或多数人面前实施抢夺行为。按照刑法规定,犯罪分子如果携带凶器抢夺的,应当按照抢劫罪定罪量刑。

(3)本罪的主体是一般主体。即达到法定刑事责任年龄并具刑事责任能力的人。

(4)本罪在主观方面表现为故意,犯罪目的是非法占有公私财物。即行为人明知自己的行为会发生侵害公私财产的结果,并且希望这种结果发生。

按照刑法规定,犯本罪数额较大的,处三年以下有期徒刑、拘役或者管制,并处或者单处罚金;数额巨大或者有其他严重情节的,处三年以上十年以下有期徒刑,并处罚金;数额特别巨大或者有其他特别严重情节的,处十年以上有期徒刑或者无期徒刑,并处罚金或者没收财产。

按照最高人民法院2002年7月20日起施行的《关于审理抢夺刑事案件具体应用法律若干问题的解释》第一条规定,抢夺公私财物"数额较大"、"数额巨大"、"数额特别巨大"的标准分别为抢夺公私财物价值人民币五百元至二千元以上、五千元至二万元以上、三万元至十万元以上的。具体标准由各地自行规定。

≫法条链接≫

《刑法》第二百六十七条:抢夺公私财物,数额较大的,处三年以下有期徒刑、拘役或者管制,并处或者单处罚金;数额巨大或者有其他严重情节的,处三年以上十年以下有期徒刑,并处罚金;数额特别巨大或者有其他特别严重情节的,处十年以上有期徒刑或者无期徒刑,并处罚金或者没收财产。

携带凶器抢夺的,依照本法第二百六十三条的规定定罪处罚。

161. 抢劫罪与抢夺罪有哪些区别?

抢劫罪和抢夺罪仅一字之差,二者的构成要件和处罚标准截然不同,抢劫罪与抢夺罪的主要区别和联系如下:

首先,二者的区别主要表现为以下四个方面:

(1)客体要件不同。抢劫罪侵犯的是复杂客体,既侵犯了公私财产所有权,也侵害了公民的人身权利;而抢夺罪侵犯的是单一客体,仅为公私财产的所有权。

(2)犯罪方式不同。抢劫罪在客观方面表现为使用暴力、胁迫或者其他方法劫取公私财产的行为;而抢夺罪在客观方面表现为公然夺取公私财物的行为。

(3)犯罪标准不同。抢劫罪的成立对抢劫财物的数额或价值没有法定标准或要求;而抢夺罪的成立必须达到数额较大的标准。

(4)最高法定刑不同。抢劫罪情节特别严重的可以判处死刑;而抢夺罪最高法定刑为无期徒刑。

其次,二者的联系主要表现在以下三方面:

(1)在客体要件上,二者都侵犯了公私财产所有权。

(2)在客观方面,抢劫罪使用暴力、胁迫或者其他方法,往往造成被害人伤亡;由于抢夺罪使用的是强力夺取的方法,有时也会发生致人伤亡的结果。

(3)在一定条件下,抢劫罪和抢夺罪可以相互转化。按照刑法规定,携带凶器抢夺的,按照抢劫罪论处。另外,实施抢夺罪的,行为人为窝藏赃物、抗拒抓捕或者毁灭罪证而当场使用暴力或者以暴力相威胁的,依法也应当按照抢劫罪论处。

162. 什么是聚众哄抢罪,对其如何认定和处罚?

"聚众哄抢罪"是指纠集多人,实施哄抢公私财物,数额较大或者情节严重的行为。本罪的构成要件或特征解读如下:

(1)本罪侵犯的客体是公私财产的所有权。

(2)本罪在客观方面表现为聚众哄抢公私财物,数额较大或情节严重的行为。所谓"聚众哄抢公私财物",是指三人或者三人以上聚合起来,公开抢夺公私财物。

(3)本罪的主体是一般主体。即达到法定刑事责任年龄并具有刑事责任能力的人。并非所有参加聚众哄抢的行为人都是本罪的主体,而是其中的首要分子或者积极参加的人才能成为本罪主体。

(4)本罪在主观方面表现为故意。即行为人具有聚众哄抢的故意,其目的是非法占有公私财物。

根据刑法规定,犯本罪的,处三年以下有期徒刑、拘役或者管制,并处罚金;数额巨大或者有其他特别严重情节的,处三年以上十年以下有期徒刑,并处罚金。关于数额较大、数额巨大,各省、自治区、直辖市规定不尽相同,恕不详述。

≫**法条链接**≫

《刑法》第二百六十八条:聚众哄抢公私财物,数额较大或者有其他严重情节的,对首要分子和积极参加的,处三年以下有期徒刑、拘役或者管制,并处罚金;数额巨大或者有其他特别严重情节的,处三年以上十年以下有期徒刑,并处罚金。

163. 什么是转化型抢劫罪?

"转化型抢劫罪"不是一个独立的罪名,只是抢劫罪的一种特殊形式。它是指行为人在实施盗窃、诈骗、抢夺三种犯罪行为过程中,为窝藏赃物、抗拒抓捕或者毁灭罪证而当场使用暴力或者以暴力相威胁时,法律规定以抢劫罪论处的情形。

转化型抢劫罪的成立必须具备以下三个条件:

(1)行为人首先实施了盗窃、诈骗、抢夺犯罪行为。这是转化型抢劫罪成立的前提条件。

(2)行为人必须是当场使用暴力或者以暴力相威胁。"当场"是指犯罪分子实施盗窃、诈骗、抢夺罪的现场或者刚一离开现场就被人发觉并追捕或阻止的过程。"使用暴力或者以暴力相威胁"是指犯罪分子对抓捕或阻止他的人实施打击或强制,或者以将要立即实施这种行为相威胁。

(3)行为人实施暴力或以暴力相威胁的目的是为了窝藏赃物、抗拒抓捕或者毁灭罪证。"窝藏赃物"是指防护已到手的赃物不被追回。"抗拒抓捕"是指抗拒公安机关或任何公民的逮捕、扭送。"毁灭罪证"是指消灭自己遗留在作案现场的痕迹、物品等罪证,或者威胁知情者不得报案等。

>> **法条链接** >>

《刑法》第二百六十九条:犯盗窃、诈骗、抢夺罪,为窝藏赃物、抗拒抓捕或者毁灭罪证而当场使用暴力或者以暴力相威胁的,依照本法第二百六十三条的规定定罪处罚。

>> **案例分析** >>

案情回放:被告人某甲于1995年6月2日到某电器公司门市部闲逛时,正好遇到高中同学某乙在门市部当售货员,甲见货架上摆满了高档电器,遂起盗窃之心。甲对乙说:"没想到你这儿东西还挺全!"乙漫不经心地说:"还行。"当晚,甲到乙家,密谋盗窃该门市部的电器一事,乙开始不太同意,后来在甲的鼓动下终于同意了,并让甲小心点,准备充分点。第三天晚十二点,甲、乙撬开该门市部的后门,偷得电器数十件,价值三万余元。在逃离现场时,乙为了破坏现场,从柜台里拿出一个电炉插上,并在上面扔了一个纸箱子。在逃跑的路上,甲问:"刚才你在后面磨蹭什么?"乙回答:"我把电炉插上了。"甲未吱声,事后才知道插电炉是为了放火。当夜,该门市部被大火烧毁。

问题如下：

(1)甲构成什么罪？乙构成什么罪？两人之间有无属于共同犯罪的行为？

(2)如果当时甲看见乙将电炉插上，并问乙："干吗？"乙回答"破坏现场呀！"甲夸道："还是老兄厉害！"接着两人离开现场，大火烧毁了该门市部。此时，甲与乙对放火行为是否构成共同犯罪？

(3)如果乙某在插电炉时，甲并不知道，只是站在门市部大门处等乙出来。此时正巧该门市部主任丙到门市部有事，看见甲站在该门市部门口，身边放着一大堆电器，且门市部的大门半开着，便查问甲："你是干什么的？"甲很害怕，操起事先准备好的铁棍朝丙头上砸去，丙当即倒地，后经查验，丙为重度脑震荡。乙某放火后与甲匆匆带赃物逃离了现场。综观全案，甲、乙各构成什么罪？

法理分析：根据刑法规定和刑法原理，问题分析如下：

(1)被告人某甲构成盗窃罪，乙构成盗窃和放火罪。甲与乙有盗窃的共同故意，并共同实施和盗窃行为，因而是共同犯罪（盗窃罪）。而乙某在放火时，并没有与甲商量，他们之间没有共同的犯罪故意，而且甲也没有实施放火行为。所以，甲不能成为放火罪的共犯。

(2)甲、乙应当构成共同犯罪，即共同构成放火罪，因为甲与乙有共同的犯罪故意，并且有协同一致的犯罪行为。

(3)甲构成抢劫罪，乙构成盗窃罪与放火罪。甲的抢劫罪属于转化型抢劫罪。

164. 什么是侵占罪，对其如何认定和处罚？

"侵占罪"是指以非法占有为目的，将他人的交给自己保管的财物、遗忘物或者埋藏物非法占为己有，数额较大，拒不交还的行为。本罪的构成要件或特征解读如下：

(1)本罪所侵害的客体是他人财物的所有权。

(2)本罪在客观方面表现为将他人的交由自己代为保管的财物、遗忘物或者埋藏物非法占为己有，数额较大，拒不交还的行为。

(3)本罪的主体是一般主体。即达到法定刑事责任年龄并具有刑事责任能力的人。

(4)本罪在主观方面必须出于故意。即明知属于他人交由自己保管的财物、遗忘物或者埋藏物而仍非法占为己有。

根据刑法规定,犯本罪的,数额较大,拒不退还的,处二年以下有期徒刑、拘役或者罚金;数额巨大或者有其他严重情节的,处二年以上五年以下有期徒刑,并处罚金。关于数额较大、数额巨大的具体标准,各省、自治区、直辖市规定不尽相同。另外,本罪属于告诉的才处理的犯罪,即没有被害人直接向法院控告,公安司法机关不予追究。

≫法条链接≫

《刑法》第二百七十条:将代为保管的他人财物非法占为己有,数额较大,拒不退还的,处二年以下有期徒刑、拘役或者罚金;数额巨大或者有其他严重情节的,处二年以上五年以下有期徒刑,并处罚金。

将他人的遗忘物或者埋藏物非法占为己有,数额较大,拒不交出的,依照前款的规定处罚。

本条罪,告诉的才处理。

165. 什么是职务侵占罪,对其如何认定和处罚?

"职务侵占罪"是指公司、企业或者其他单位的人员,利用职务上的便利,将本单位财物非法占为己有,数额较大的行为。本罪的构成要件或特征解读如下:

(1)本罪的犯罪客体是公司、企业或者其他单位的财产所有权。

(2)本罪在客观方面表现为行为人利用职务上的便利,侵占本单位财物,数额较大的行为。具体包括:第一,必须是行为人利用自己的职务上的便利实施的行为,所谓"利用职务上的便利",是指利用职权及与职务有关的便利条件;第二,行为人的行为必须是侵占的行为;第三,非法占有的财物必须达到数额较大的程度。司法解释规定的是五千元以上,但各地具体规定不尽统一。

(3)本罪主体为特殊主体,包括公司、企业或者其他单位的人员。

(4)本罪在主观方面表现为直接故意,并且具有非法占有公司、企业或其他单位财物的目的。

在本罪的立案标准上,按照《最高人民检察院、公安部关于公安机关管辖的刑事案件立案追诉标准的规定(二)》第八十四条的规定,公司、企业或者其他单位的人员,利用职务上的便利,将本单位财物非法占为己有,数额在五千元至一万元以上的,应予立案追诉。

在处罚标准上,根据刑法规定,犯本罪的,处五年以下有期徒刑或者拘役;数额巨大的,处五年以上有期徒刑,即单罪最高为十五年有期徒刑,可以并处没收财产。如果行为人是国有公司、企业或者其他国有单位中从事公务的人员,或者国有公司、企业或者其他国有单位委派到非国有公司、企业以及其他单位从事公务的人员,则应当按照贪污罪论处。

≫**法条链接**≫

《刑法》第二百七十一条:公司、企业或者其他单位的人员,利用职务上的便利,将本单位财物非法占为己有,数额较大的,处五年以下有期徒刑或者拘役;数额巨大的,处五年以上有期徒刑,可以并处没收财产。

国有公司、企业或者其他国有单位中从事公务的人员和国有公司、企业或者其他国有单位委派到非国有公司、企业以及其他单位从事公务的人员有前款行为的,依照本法第三百八十二条、第三百八十三条的规定定罪处罚。

《刑法》第三百八十二条:国家工作人员利用职务上的便利,侵吞、窃取、骗取或者以其他手段非法占有公共财物的,是贪污罪。

受国家机关、国有公司、企业、事业单位、人民团体委托管理、经营国有财产的人员,利用职务上的便利,侵吞、窃取、骗取或者以其他手段非法占有国有财物的,以贪污论。

与前两款所列人员勾结,伙同贪污的,以共犯论处。

166. 职务侵占罪与贪污罪有哪些区别?

二者的区别主要表现以下几方面:

(1)犯罪客体不同。贪污罪是复杂客体,既侵犯了国家工作人员的职务廉洁性,也侵犯了公共财产所有权;而职务侵占罪的客体是简单客体,只侵犯了单位所有财产所有权。

(2)犯罪对象不同。贪污罪的犯罪对象是公共财产;而职务侵占罪的犯罪对象是非公共财产,即非国有单位的财物。

(3)犯罪主体不同。贪污罪的主体是国家工作人员和受国家机关、国有公司、企业事业单位、人民团体委托管理经营国有财产的工作人员;而职务侵占罪的主体则是公司企业中不具有国家工作人员身份的工作人员,即非国家工作人员。

(4)法定最高刑不同。贪污罪的法定最高刑为死刑;而职务侵占罪的法定最高刑为五年以上有期徒刑,即单罪最高为十五年有期徒刑。

167. 什么是挪用资金罪,对其如何认定和处罚?

"挪用资金罪"是指公司、企业或者其他单位的工作人员利用职务上的便利,挪用本单位资金归个人使用或者借贷给他人,数额较大、超过三个月未还的,或者虽未超过三个月,但数额较大、进行营利活动的,或者进行非法活动的行为。本罪的构成要件或特征解读如下:

(1)本罪所侵害的客体是公司、企业或者其他单位资金的使用收益权,犯罪对象是本单位的资金。

(2)本罪在客观方面表现为行为人利用职务上的便利,挪用本单位资金归个人使用或者借贷给他人,数额较大、超过三个月未还;或者挪用本单位资金归个人使用或者借贷给他人,虽未超过三个月,但数额较大、进行营利活动;或者挪用本单位资金进行非法活动。

(3)本罪的主体为特殊主体。即公司、企业或者其他单位的工作人员。

(4)罪在主观方面只能出于故意。即行为人明知自己在挪用或借贷本单位资金,并且利用了职务上的便利,实施挪用行为。

在本罪的立案标准上,按照《最高人民检察院、公安部关于公安机关管辖的刑事案件立案追诉标准的规定(二)》第八十五条的规定,公司、企业或者其他单位的工作人员,利用职务上的便利,挪用本单位资金归个人使用或者借贷给他人,涉嫌下列情形之一的,应予立案追诉:

(1)挪用本单位资金数额在一万元至三万元以上,超过三个月未还的;

(2)挪用本单位资金数额在一万元至三万元以上,进行营利活动的;

(3)挪用本单位资金数额在五千元至二万元以上,进行非法活动的。

具有下列情形之一的,属于本条规定的"归个人使用":

(1)将本单位资金供本人、亲友或者其他自然人使用的;

(2)以个人名义将本单位资金供其他单位使用的;

(3)个人决定以单位名义将本单位资金供其他单位使用,谋取个人利益的。

在处罚标准上,根据刑法规定,犯本罪的,处三年以下有期徒刑或者拘役;挪用本单位资金数额巨大的,或者数额较大不退还的,处三年以上十年以下有期徒刑。

》法条链接》

《刑法》第二百七十二条：公司、企业或者其他单位的工作人员，利用职务上的便利，挪用本单位资金归个人使用或者借贷给他人，数额较大、超过三个月未还的，或者虽未超过三个月，但数额较大、进行营利活动的，或者进行非法活动的，处三年以下有期徒刑或者拘役；挪用本单位资金数额巨大的，或者数额较大不退还的，处三年以上十年以下有期徒刑。

168. 什么是挪用特定款物罪，对其如何认定和处罚？

"挪用特定款物罪"是指违反特定款物专用的财经管理制度，挪用国家用于救灾、抢险、防汛、优抚、扶贫、移民、救济等款物，情节严重，致使国家和人民群众利益遭受重大损害的行为。本罪的构成要件或特征解读如下：

(1)本罪侵犯的客体是国家关于特定款物专门使用的财经管理制度。犯罪对象是救灾、抢险、防汛、优抚、扶贫、移民、救济等款物。

(2)本罪在客观方面表现为挪用国家用于救灾、抢险、防汛、优抚、扶贫、移民、救济等款物，情节严重，致使国家和人民群众利益遭受重大损害的行为。

(3)本罪的犯罪主体是特殊主体。即对保管、分配和使用特定款物直接负责的主管人员和其他直接责任人员。

(4)本罪在主观方面表现为故意。即明知是国家救灾、抢险、防汛、优抚、扶贫、移民、救济等款物而故意挪用，过失不能构成本罪。

在本罪的立案标准上，按照《最高人民检察院、公安部关于公安机关管辖的刑事案件立案追诉标准的规定(二)》第八十六条的规定，挪用用于救灾、抢险、防汛、优抚、扶贫、移民、救济等款物，涉嫌下列情形之一的，应予立案追诉：

(1)挪用特定款物数额在五千元以上的；

(2)造成国家和人民群众直接经济损失数额在五万元以上的；

(3)虽未达到上述数额标准，但多次挪用特定款物的，或者造成人民群众的生产、生活严重困难的；

(4)严重损害国家声誉，或者造成恶劣社会影响的；

(5)其他致使国家和人民群众利益遭受重大损害的情形。

在本罪的处罚标准上，按照刑法规定，犯本罪的，处三年以下有期徒刑或者拘役；情节特别严重的，处三年以上七年以下有期徒刑。

≫**法条链接**≫

《刑法》第二百七十三条：挪用用于救灾、抢险、防汛、优抚、扶贫、移民、救济款物，情节严重，致使国家和人民群众利益遭受重大损害的，对直接责任人员，处三年以下有期徒刑或者拘役；情节特别严重的，处三年以上七年以下有期徒刑。

169. 什么是敲诈勒索罪，对其如何认定和处罚？

"敲诈勒索罪"是指以非法占有为目的，对被害人使用威胁或要挟的方法，强行索要公私财物的行为。本罪的构成要件或特征解读如下：

(1)本罪侵犯的客体是复杂客体。即公私财物的所有权和他人的人身权利等。

(2)本罪在客观方面表现为行为人采用威胁、要挟、恫吓等手段，迫使被害人交出财物的行为。"威胁"是指以伤害相通告，迫使被害人处分财产，即如果不按照行为人的要求处分财产，就会在将来的某个时间遭受伤害；"要挟"是指行为人抓住被害人的某些把柄，迫使其交付财物，如以揭发贪污、生活作风等相要挟。

(3)本罪的主体是一般主体。即达到法定刑事责任年龄并具有刑事责任能力的人。

(4)本罪在主观方面表现为直接故意，并且具有非法强索他人财物的目的。

按照刑法规定，犯本罪数额较大或者多次敲诈勒索的，处三年以下有期徒刑、拘役或者管制，并处或者单处罚金；数额巨大或者有其他严重情节的，处三年以上十年以下有期徒刑，并处罚金；数额特别巨大或者有其他特别严重情节的，处十年以上有期徒刑，并处罚金。

按照最高人民法院《关于敲诈勒索罪数额认定标准问题的规定》，数额较大为一千元至三千元；数额巨大为一万元至三万元，具体由各省、自治区、直辖市高级人民法院根据本地区实际确定。

≫**法条链接**≫

《刑法》第二百七十四条：敲诈勒索公私财物，数额较大或者多次敲诈勒索的，处三年以下有期徒刑、拘役或者管制，并处或者单处罚金；数额巨大或者有其他严重情节的，处三年以上十年以下有期徒刑，并处罚金；数额特别巨大或者有其他特别严重情节的，处十年以上有期徒刑，并处罚金。

170. 什么是故意毁坏财物罪,对其如何认定和处罚?

"故意毁坏财物罪"是指故意毁灭或者损坏公私财物,数额较大或者有其他严重情节的行为。本罪的构成要件或特征解读如下:

(1)本罪侵犯的客体是公私财物的所有权。

(2)本罪在客观方面表现为毁灭或者损坏公私财物数额较大或者有其他严重情节的行为。"毁灭"是指用焚烧、摔砸等方法使物品全部丧失其价值或使用价值;"损坏"是指使物品部分丧失其价值或使用价值。

(3)本罪的主体是一般主体。即达到法定刑事责任年龄并具有刑事责任能力的人。

(4)本罪在主观方面表现为故意。行为人的犯罪目的不是非法获取财物,而是将财物毁坏。

在本罪的立案标准上,按照《最高人民检察院、公安部关于公安机关管辖的刑事案件立案追诉标准的规定(一)》第三十三条的规定,故意毁坏公私财物,涉嫌下列情形之一的,应予立案追诉:

(1)造成公私财物损失五千元以上的;

(2)毁坏公私财物三次以上的;

(3)纠集三人以上公然毁坏公私财物的;

(4)其他情节严重的情形。

在本罪的处罚标准上,按照刑法规定,犯本罪数额较大或者有其他严重情节的,处三年以下有期徒刑、拘役或者罚金;数额巨大或者有其他特别严重情节的,处三年以上七年以下有期徒刑。

>> **法条链接** >>

《刑法》第二百七十五条:故意毁坏公私财物,数额较大或者有其他严重情节的,处三年以下有期徒刑、拘役或者罚金;数额巨大或者有其他特别严重情节的,处三年以上七年以下有期徒刑。

171. 什么是破坏生产经营罪,对其如何认定和处罚?

"破坏生产经营罪"是指出于泄愤报复或者其他个人目的,毁坏机器设备,残害耕牛或者以其他方法破坏生产经营的行为。本罪的构成要件或特征解读如下:

(1)本罪所侵害的客体是生产经营的正常活动。

(2)本罪在客观方面表现为以毁坏机器设备、残害耕畜或其他方法破坏生产经营的行为。

(3)本罪的主体是一般主体。即达到法定刑事责任年龄并具有刑事责任能力的人。

(4)本罪在主观方面表现为直接故意,并且具有泄愤报复或者其他个人目的。

在本罪的立案标准上,按照《最高人民检察院、公安部关于公安机关管辖的刑事案件立案追诉标准的规定(一)》第三十四条的规定,由于泄愤报复或者其他个人目的,毁坏机器设备、残害耕畜或者以其他方法破坏生产经营,涉嫌下列情形之一的,应予立案追诉:

(1)造成公私财物损失五千元以上的;

(2)破坏生产经营三次以上的;

(3)纠集三人以上公然破坏生产经营的;

(4)其他破坏生产经营应予追究刑事责任的情形。

在本罪的处罚标准上,按照刑法规定,犯本罪的,处三年以下有期徒刑、拘役或者管制;情节严重的,处三年以上七年以下有期徒刑。

≫**法条链接**≫

《刑法》第二百七十六条:由于泄愤报复或者其他个人目的,毁坏机器设备、残害耕畜或者以其他方法破坏生产经营的,处三年以下有期徒刑、拘役或者管制;情节严重的,处三年以上七年以下有期徒刑。……

172. 什么是拒不支付劳动报酬罪,对其如何认定和处罚?

"拒不支付劳动报酬罪"是指以转移财产、逃匿等方法逃避支付劳动者的劳动报酬或者有能力支付而不支付劳动者的劳动报酬,数额较大,经政府有关部门责令支付仍不支付的行为。本罪的构成要件或特征解读如下:

(1)本罪的犯罪客体是双重客体。既侵犯劳动者的财产权,又妨碍了正常的劳动用工关系。

(2)本罪在客观上表现为行为人以转移财产、逃匿等方法逃避支付劳动者的劳动报酬或者有能力支付而不支付劳动者的劳动报酬,数额较大,经政府有关部门责令支付仍不支付。

(3)本罪的犯罪主体为一般主体,包括劳动用工企业和自然人。

(4)本罪在主观方面为故意。即行为人主观上明知自己的不支付劳动者劳动报酬的行为是违法的,却希望或放任这种后果发生。

按照刑法规定,犯本罪的,处三年以下有期徒刑或者拘役,并处或者单处罚金;造成严重后果的,处三年以上七年以下有期徒刑,并处罚金。

≫**法条链接**≫

《刑法》第二百七十六条:……以转移财产、逃匿等方法逃避支付劳动者的劳动报酬或者有能力支付而不支付劳动者的劳动报酬,数额较大,经政府有关部门责令支付仍不支付的,处三年以下有期徒刑或者拘役,并处或者单处罚金;造成严重后果的,处三年以上七年以下有期徒刑,并处罚金。

常见的妨害社会管理秩序罪

173. 什么是妨害公务罪,对其如何认定和处罚?

"妨害公务罪"是指以暴力、威胁方法阻碍国家机关工作人员、人大代表依法执行职务;或者在自然灾害中和突发事件中,使用暴力、威胁方法阻碍红十字会工作人员依法履行职责;或故意阻碍国家安全机关、公安机关依法执行国家安全工作任务,虽未使用暴力,但造成严重后果的行为。本罪的构成要件或特征解读如下:

(1)本罪侵犯的客体是国家机关和红十字会的公务活动。犯罪对象只能是正在依法执行职务、履行职责的国家机关工作人员、人民代表大会代表或正在依法履行职责的红十字会工作人员。

(2)本罪在客观方面表现为以暴力、威胁方法阻碍国家机关工作人员、人民代表大会代表、红十字会工作人员依法执行职务或者履行职责的行为,或者阻碍国家安全机关、公安机关依法执行国家安全工作任务,未使用暴力、威胁方法,但造成严重后果的行为。

(3)本罪的主体是一般主体。即达到法定刑事责任年龄并具有刑事责任能力的人。

(4)本罪主观上为故意。即行为人必须明知上述人员正在依法执行公务而加以阻碍。

按照刑法规定,犯本罪的,处三年以下有期徒刑、拘役、管制或者罚金。

≫ **法条链接** ≫

《刑法》第二百七十七条:以暴力、威胁方法阻碍国家机关工作人员依法执行职务的,处三年以下有期徒刑、拘役、管制或者罚金。

174. 什么是招摇撞骗罪,对其如何认定和处罚?

"招摇撞骗罪"是指以谋取非法利益为目的,冒充国家机关工作人员招摇撞骗的行为。本罪的构成要件或特征解读如下：

(1)本罪侵犯的客体是国家机关的威信及其正常活动。

(2)本罪在客观方面表现为行为人具有冒充国家机关工作人员的身份或职称，进行诈骗的行为。具体而言，第一，行为人必须具有冒充国家机关工作人员的身份或者职称的行为；第二，行为人要以假冒国家机关工作人员身份或职称，招摇炫耀，利用人民群众对国家机关工作人员的信任，实施了骗取非法利益的行为，包括骗吃、骗钱、骗色等。

(3)本罪的主体是一般主体。即达到法定刑事责任年龄并具有刑事责任能力的人。

(4)本罪在主观方面是故意，犯罪目的是为了谋取非法利益。

按照刑法规定，犯本罪的，处三年以下有期徒刑、拘役、管制或者剥夺政治权利；情节严重的，处三年以上十年以下有期徒刑。

》法条链接》

《刑法》第二百七十九条：冒充国家机关工作人员招摇撞骗的，处三年以下有期徒刑、拘役、管制或者剥夺政治权利；情节严重的，处三年以上十年以下有期徒刑。

175. 什么是聚众扰乱社会秩序罪，对其如何认定和处罚？

"聚众扰乱社会秩序罪"是指聚众扰乱社会秩序，情节严重，致工作、生产、营业和教学、科研无法进行，造成严重损失的行为。本罪的构成要件或特征解读如下：

(1)本罪侵犯的客体是社会秩序。

(2)本罪在客观方面表现为以聚众的方式扰乱企事业单位、社会团体的正常活动，致使其工作、生产、营业和教学、科研无法进行，造成严重损失。所谓"聚众"，是指纠集多人实施犯罪行为，一般应当是纠集三人以上。

(3)本罪的主体是一般主体。即达到法定刑事责任年龄并具有刑事责任能力的人。但是，并非一切聚众扰乱社会秩序的人都能构成本罪，构成本罪的只能是扰乱社会秩序的首要分子和其他积极参加者。"首要分子"是指在扰乱社会秩序犯罪中起组织、策划、指挥作用的犯罪分子。"其他积极参加者"是指除首要分子以外的在犯罪活动中起主要作用的犯罪分子。对于一般参加者，只能追究其行政责任。

(4)本罪在主观方面只能出故意。

按照刑法规定,犯本罪的,对首要分子,处三年以上七年以下有期徒刑;对其他积极参加的,处三年以下有期徒刑、拘役、管制或者剥夺政治权利。

>>**法条链接**>>

《刑法》第二百九十条:聚众扰乱社会秩序,情节严重,致使工作、生产、营业和教学、科研无法进行,造成严重损失的,对首要分子,处三年以上七年以下有期徒刑;对其他积极参加的,处三年以下有期徒刑、拘役、管制或者剥夺政治权利。……

176. 什么是聚众冲击国家机关罪,对其如何认定和处罚?

"聚众冲击国家机关罪"是指组织、策划、指挥或者积极参加聚众强行侵入国家机关的活动,致使国家机关工作无法进行,造成严重损失的行为。本罪的构成要件或特征解读如下:

(1)本罪侵犯的客体是国家机关的正常工作秩序。

(2)本罪的客观方面表现为聚众冲击国家机关,致使国家机关无法工作,造成严重损失的行为。"聚众"是指纠集多人实施犯罪行为,一般应当是纠集三人以上。"聚众冲击"是指在首要分子纠集下,多人强行冲入国家机关办公区;包围国家机关驻地;用石块、杂物袭击办公区;切断电源、水源、电话线等;堵塞通道,阻止国家工作人员出入;强占办公室、会议室;辱骂、追打工作人员;毁损公共财物、毁弃文件、材料等。

(3)本罪的主体是一般主体。即达到法定刑事责任年龄并具有刑事责任能力的人。但是,并非一切冲击国家机关的人都能构成本罪,构成本罪的只能是冲击国家机关的首要分子和其他积极参加者。

(4)本罪在主观方面为故意。犯罪目的是通过制造事端,给国家机关施加压力,以实现自己的某种无理要求或者借机发泄不满情绪。

按照刑法规定,犯本罪的,对首要分子,处五年以上十年以下有期徒刑;对其他积极参加的,处五年以下有期徒刑、拘役、管制或者剥夺政治权利。

>>**法条链接**>>

《刑法》第二百九十条:……聚众冲击国家机关,致使国家机关工作无法进行,造成严重损失的,对首要分子,处五年以上十年以下有期徒刑;对其他积极参加的,处五年以下有期徒刑、拘役、管制或者剥夺政治权利。

177. 什么是聚众斗殴罪,对其如何认定和处罚？

"聚众斗殴罪"是指为了报复他人、争霸一方或者其他不正当目的,纠集众人成帮结伙地互相进行殴斗,破坏公共秩序的行为。本罪的构成要件或特征解读如下：

(1)本罪侵犯的客体是公共秩序。

(2)本罪在客观方面表现为纠集众人结伙殴斗的行为。"聚众"一般是指人数众多,至少不得少于三人相互搏斗。聚众斗殴多表现为利益团体之间、家族之间、恶势力或流氓团伙之间互相殴斗,他们往往是约定时间、地点,相互间大打出手,不计后果,严重影响社会公共秩序和安全。

(3)本罪的主体是一般主体。即达到法定刑事责任年龄并具有刑事责任能力的人。但是,并非参与斗殴的人都能构成本罪,构成本罪的只能是首要分子和其他积极参加者。

(4)本罪在主观方面是故意。

按照刑法规定,犯本罪的,对首要分子和其他积极参加的,处三年以下有期徒刑、拘役或者管制;有法定从重处罚情节的(参见法条链接),处以三年以上十年以下有期徒刑。

≫法条链接≫

《刑法》第二百九十二条：聚众斗殴的,对首要分子和其他积极参加的,处三年以下有期徒刑、拘役或者管制;有下列情形之一的,对首要分子和其他积极参加的,处三年以上十年以下有期徒刑：

(一)多次聚众斗殴的;

(二)聚众斗殴人数多,规模大,社会影响恶劣的;

(三)在公共场所或者交通要道聚众斗殴,造成社会秩序严重混乱的;

(四)持械聚众斗殴的。

聚众斗殴,致人重伤、死亡的,依照本法第二百三十四条、第二百三十二条的规定定罪处罚。

178. 什么是寻衅滋事罪,对其如何认定和处罚？

"寻衅滋事罪"是指在公共场所无事生非、起哄闹事、殴打伤害无辜、肆意挑衅、横行霸道、破坏公共秩序的行为。本罪的构成要件或特征解读如下：

(1)本罪侵犯的客体是社会秩序。

(2)本罪在客观上表现为：①随意殴打他人，情节恶劣的；②追逐、拦截、辱骂他人，情节恶劣的；③强拿硬要或者任意损毁、占用公私财物，情节严重的；④在公共场所起哄闹事，造成公共场所秩序严重混乱的等。

(3)本罪的犯罪主体为一般主体。即已满十六周岁具有刑事责任能力的自然人均能成为本罪的主体。

(4)本罪主观方面是直接故意。即行为人明知自己的行为会发生破坏社会秩序的危害结果，并且希望这种结果发生。

按照刑法规定，犯本罪的，处五年以下有期徒刑、拘役或者管制。如果行为人纠集他人多次实施法定的寻衅滋事行为，严重破坏社会秩序的，处五年以上十年以下有期徒刑，可以并处罚金。

≫**法条链接**≫

《刑法》第二百九十三条：有下列寻衅滋事行为之一，破坏社会秩序的，处五年以下有期徒刑、拘役或者管制：

(一)随意殴打他人，情节恶劣的；

(二)追逐、拦截、辱骂、恐吓他人，情节恶劣的；

(三)强拿硬要或者任意损毁、占用公私财物，情节严重的；

(四)在公共场所起哄闹事，造成公共场所秩序严重混乱的。

纠集他人多次实施前款行为，严重破坏社会秩序的，处五年以上十年以下有期徒刑，可以并处罚金。

179. 什么是传授犯罪方法罪，对其如何认定和处罚？

"传授犯罪方法罪"是指用语言、文字、动作、图像或者其他方法，故意向他人传授实施犯罪的具体经验和技能的行为。本罪的构成要件或特征解读如下：

(1)本罪侵犯的客体是社会治安管理秩序。

(2)本罪的客观方面表现为实施了传授犯罪方法的行为，即以语言、文字、动作或者其他方式的方法将实施犯罪的具体经验、技能传授给他人的行为。"犯罪方法"是指犯罪的经验与技能，包括手段、步骤、反侦查方法，等等，如果行为人所传授的只是一般的违法方法，则不构成本罪。行为对象既可以是达到刑事责任年龄、具有刑事责任能力的人，也可以是未达到刑事责任年龄、不具有刑事责任能力的人。传授犯罪方法罪属于举动犯，不存在既遂和未遂之分。

(3)本罪的犯罪主体为一般主体。即已满十六周岁并具有刑事责任能力的自然人均能成为本罪的主体。

(4)本罪的主观方面是故意。即行为人为了使他人接受自己所传授的犯罪方法并以此去实施犯罪,而故意向其进行传授。

按照刑法规定,犯本罪的,处五年以下有期徒刑、拘役或者管制;情节严重的,处五年以上十年以下有期徒刑;情节特别严重的,处十年以上有期徒刑或者无期徒刑。

≫**法条链接**≫

《刑法》第二百九十五条:传授犯罪方法的,处五年以下有期徒刑、拘役或者管制;情节严重的,处五年以上十年以下有期徒刑;情节特别严重的,处十年以上有期徒刑或者无期徒刑。

180. 什么是组织、利用会道门、邪教组织、利用迷信破坏法律实施罪,对其如何认定和处罚?

"组织、利用会道门、邪教组织、利用迷信破坏法律实施罪"是指组织、利用会道门、邪教组织或者利用迷信活动破坏国家法律、行政法规实施的行为。本罪的构成要件或特征解读如下:

(1)本罪侵犯的客体是正常的社会管理秩序。

(2)本罪在客观方面表现为组织、利用会道门、邪教组织或者利用迷信活动破坏国家法律、行政法规实施的行为。"法律"是指全国人民代表大会及其常务委员会制定的规范性法律文件,如刑法、刑事诉讼法等。"行政法规"是指国务院制定的规范性法律文件,如建设工程安全管理条例等。破坏国家法律、行政法规实施,必须要有组织、利用会道门、邪教组织或者利用迷信活动的行为。

(3)本罪的犯罪主体为一般主体。即已满十六周岁并具有刑事责任能力的自然人均能成为本罪的主体。

(4)本罪的主观方面是故意。即行为人明知是组织、利用会道门、邪教组织或利用迷信进行破坏国家法律、行政法规实施的活动而有意实施。

按照刑法规定,犯本罪的,处三年以上七年以下有期徒刑;情节特别严重的,处七年以上有期徒刑。

≫**法条链接**≫

《刑法》第三百条:组织和利用会道门、邪教组织或者利用迷信破坏国家法律、行政法规实施的,处三年以上七年以下有期徒刑;情节特别严重的,处七年以上有期徒刑。

181. 什么是赌博罪，对其如何认定和处罚？

"赌博罪"是指以营利为目的，聚众赌博或者以赌博为业的行为。本罪的构成要件或特征解读如下：

(1)本罪侵犯的客体是国家对社会风尚的管理秩序。

(2)本罪在客观万面表现为聚众赌博或者以赌博为业的行为。"聚众赌博"是指组织、招引多人进行赌博，本人从中抽头渔利。"以赌博为业"是指嗜赌成性，一贯赌博，以赌博所得为其生活来源。

按照《最高人民法院、最高人民检察院关于办理赌博刑事案件具体应用法律若干问题的解释》第一条的规定，以营利为目的，有下列情形之一的，属于《刑法》第三百零三条规定的"聚众赌博"：①组织三人以上赌博，抽头渔利数额累计达到五千元以上的；②组织三人以上赌博，赌资数额累计达到五万元以上的；③组织三人以上赌博，参赌人数累计达到二十人以上的；④组织中华人民共和国公民十人以上赴境外赌博，从中收取回扣、介绍费的。

(3)本罪的犯罪主体为一般主体。即已满十六周岁并具有刑事责任能力的自然人均能成为本罪的主体。

(4)本罪在主观方面表现为故意，并且以营利为目的。

按照刑法规定，犯本罪的，处三年以下有期徒刑、拘役或者管制，并处罚金。需要说明的是，开设赌场行为不以赌博罪论处，而属于开设赌场罪。

≫法条链接≫

《刑法》第三百零三条：以营利为目的，聚众赌博或者以赌博为业的，处三年以下有期徒刑、拘役或者管制，并处罚金。……

182. 什么是开设赌场罪，对其如何认定和处罚？

"开设赌场罪"是指行为人以营利为目的，为赌博提供场所，设定赌博方式，提供赌具、筹码、资金等组织赌博的行为。本罪的构成要件或特征解读如下：

(1)本罪侵犯的客体是国家对社会风尚的管理秩序。

(2)本罪在客观上表现是为赌博提供场所，设定赌博方式，提供赌具、筹码、资金等组织赌博的行为。提供棋牌室等娱乐场所只收取正常的场所和服务费用的经营性行为，不属于开设赌场行为。

按照最高人民法院、最高人民检察院、公安部2010年制定的《关于办理网络赌博犯罪案件适用法律若干问题的意见》的规定,利用互联网、移动通讯终端等传输赌博视频、数据,组织赌博活动,具有下列情形之一的,属于《刑法》第三百零三条第二款规定的"开设赌场"行为:①建立赌博网站并接受投注的;②建立赌博网站并提供给他人组织赌博的;③为赌博网站担任代理并接受投注的;④参与赌博网站利润分成的。

(3)本罪的犯罪主体为一般主体。即已满十六周岁并具有刑事责任能力的自然人均能成为本罪的主体。

(4)本罪在主观方面表现为故意,并且以营利为目的。

按照刑法规定,犯本罪的,处三年以下有期徒刑、拘役或者管制,并处罚金;情节严重的,处三年以上十年以下有期徒刑,并处罚金。按照最高人民法院、最高人民检察院、公安部2010年制定的《关于办理网络赌博犯罪案件适用法律若干问题的意见》的规定,具有下列情形之一的,应当认定为《刑法》第三百零三条规定的"情节严重":①抽头渔利数额累计达到三万元以上的;②赌资数额累计达到三十万元以上的;③参赌人数累计达到一百二十人以上的;④建立赌博网站后通过提供给他人组织赌博,违法所得数额在三万元以上的;⑤参与赌博网站利润分成,违法所得数额在三万元以上的;⑥为赌博网站招募下级代理,由下级代理接受投注的;⑦招揽未成年人参与网络赌博的;⑧其他情节严重的情形。

>>法条链接>>

《刑法》第三百零三条:……开设赌场的,处三年以下有期徒刑、拘役或者管制,并处罚金;情节严重的,处三年以上十年以下有期徒刑,并处罚金。

183. 什么是伪证罪,对其如何认定和处罚?

"伪证罪"是指在刑事诉讼中,证人、鉴定人、记录人和翻译人对与案件有重要关系的情节,故意作虚假证明、鉴定、记录、翻译,意图陷害他人或者隐匿罪证的行为。本罪的构成要件或特征解读如下:

(1)本罪侵犯的客体是复杂客体。即公民的人身权利与司法机关的正常活动。

(2)本罪在客观方面表现为在刑事侦查、起诉、审判中,行为人对与案件有重要关系的情节,作虚假的证明、鉴定、记录、翻译的行为,或者隐匿罪证的行为。

(3)本罪的主体是特殊主体。即只能是在刑事诉讼中的证人、鉴定人、记录人和翻译人。

(4)本罪在主观方面为直接故意。即行为人明知其虚假陈述、鉴定、记录、翻译是与案件有重要关系的情节,但为了陷害他人或者隐匿罪证而有意为之。

按照刑法规定,犯本罪的,处三年以下有期徒刑或者拘役;情节严重的,处三年以上七年以下有期徒刑。

≫**法条链接**≫

《刑法》第三百零五条:在刑事诉讼中,证人、鉴定人、记录人、翻译人对与案件有重要关系的情节,故意作虚假证明、鉴定、记录、翻译,意图陷害他人或者隐匿罪证的,处三年以下有期徒刑或者拘役;情节严重的,处三年以上七年以下有期徒刑。

184. 什么是窝藏、包庇罪,对其如何认定和处罚?

"窝藏、包庇罪"是指明知是犯罪的人而为其提供隐藏处所、财物,帮助其逃匿或者作假证明包庇的行为。本罪的构成要件或特征解读如下:

(1)本罪侵犯的客体是司法机关对犯罪进行刑事追诉和刑事执行的正常活动。

(2)本罪在客观方面表现为行为人实施了窝藏或包庇犯罪分子的行为。具体而言,一是为犯罪分子提供隐藏处所、财物,帮助其逃匿;二是作假证明包庇犯罪的人。

(3)本罪的犯罪主体为一般主体。即已满十六周岁并具有刑事责任能力的自然人均能成为本罪的主体。

(4)本罪在主观方面为故意。如果行为人不知道对方是犯罪分子而为其提供藏身之所或物质帮助等行为,不能按照犯罪来论处。

按照刑法规定,犯本罪的,处三年以下有期徒刑、拘役或者管制;情节严重的,处三年以上十年以下有期徒刑。

≫**法条链接**≫

《刑法》第三百一十条:明知是犯罪的人而为其提供隐藏处所、财物,帮助其逃匿或者作假证明包庇的,处三年以下有期徒刑、拘役或者管制;情节严重的,处三年以上十年以下有期徒刑。

185. 什么是掩饰、隐瞒犯罪所得、犯罪所得收益罪,对其如何认定和处罚?

"掩饰、隐瞒犯罪所得、犯罪所得收益罪"是指行为人明知是犯罪所得及其产生的收益而予以窝藏、转移、收购、代为销售或者以其他方法掩饰、隐瞒犯罪所得及其收益的行为。本罪的构成要件或特征解读如下:

(1)本罪侵犯的客体是司法机关的正常活动。

(2)本罪在客观方面表现为窝藏、转移、收购、代为销售或者以其他方法掩饰、隐瞒犯罪所得及其收益的行为。"窝藏"是指为犯罪分子提供藏匿犯罪所得及其收益的处所。"转移"是指帮助犯罪分子搬动、运输其犯罪所得及其收益。"收购"是指有偿购入,然后再高价出卖。"代为销售"是指受犯罪分子委托,帮助其销售犯罪所得及收益的行为。

(3)本罪的犯罪主体为一般主体。即已满十六周岁并具有刑事责任能力的自然人均能成为本罪的主体,单位也可以成为本罪的犯罪主体。

(4)本罪在主观方面为故意。即行为人明知道是犯罪所得及其产生的收益而予以掩饰、隐瞒。

按照刑法规定,犯本罪的,处三年以下有期徒刑、拘役或者管制,并处或者单处罚金;情节严重的,处三年以上七年以下有期徒刑,并处罚金。

>> **法条链接** >>

《刑法》第三百一十二条:明知是犯罪所得及其产生的收益而予以窝藏、转移、收购、代为销售或者以其他方法掩饰、隐瞒的,处三年以下有期徒刑、拘役或者管制,并处或者单处罚金;情节严重的,处三年以上七年以下有期徒刑,并处罚金。

186. 什么是非法组织卖血罪,对其如何认定和处罚?

"非法组织卖血罪"是指违反国家有关规定,非法组织他人出卖血液的行为。本罪的构成要件或特征解读如下:

(1)本罪侵犯的客体是国家血液管理制度和公共卫生安全。

(2)本罪在客观方面表现为非法组织他人出卖血液的行为。即行为人在组织他人卖血过程中实施了策划、指挥、领导的行为。

(3)本罪的主体要件是一般主体。任何达到刑事责任年龄且具备刑事责任能力的自然人均能构成本罪。

(4)本罪在主观方面只能由故意构成。

在本罪的立案标准上,按照《最高人民检察院、公安部关于公安机关管辖的刑事案件立案追诉标准的规定(一)》第五十二条的规定,非法组织他人出卖血液,涉嫌下列情形之一的,应予立案追诉:

(1)组织卖血三人次以上的;

(2)组织卖血非法获利二千元以上的;

(3)组织未成年人卖血的;

(4)被组织卖血的人的血液含有艾滋病病毒、乙型肝炎病毒、丙型肝炎病毒、梅毒螺旋体等病原微生物的;

(5)其他非法组织卖血应予追究刑事责任的情形。

在处罚标准上,按照刑法规定,犯本罪的,处五年以下有期徒刑,并处罚金。如果行为人以暴力、威胁方法强迫他人出卖血液的,犯罪罪名就不再是非法组织卖血罪,而应当是强迫卖血罪,处五年以上十年以下有期徒刑,并处罚金。

>> **法条链接** >>

《刑法》第三百三十三条:非法组织他人出卖血液的,处五年以下有期徒刑,并处罚金;以暴力、威胁方法强迫他人出卖血液的,处五年以上十年以下有期徒刑,并处罚金。

有前款行为,对他人造成伤害的,依照本法第二百三十四条的规定定罪处罚。

187. 什么是医疗事故罪,对其如何认定和处罚?

"医疗事故罪"是指医务人员在医务工作中由于严重不负责任,造成就诊人员死亡或者严重损害就诊人员身体健康的行为。本罪的构成要件或特征解读如下:

(1)本罪侵犯的客体是医疗单位的工作秩序和公民的生命健康权利。

(2)本罪在客观方面表现为医务人员严重不负责任,造成就诊人死亡或者严重损害就诊人身体健康的行为。具体内容包括:第一,医务人员在诊疗护理工作中有严重不负责任的行为;第二,医务人员因严重不负责任行为导致病人严重损害身体健康或死亡的结果;第三,医务人员严重不负责任行为与病员重伤、死亡之间必须存在刑法上的因果关系。

(3)本罪主体为特殊主体。即达到刑事责任年龄并具有刑事责任能力的医务人员。

(4)本罪在主观方面表现为过失,即行为人主观上对病人伤亡存在重大业务过失。

在本罪的立案标准上,按照《最高人民检察院、公安部关于公安机关管辖的刑事案件立案追诉标准的规定(一)》第五十六条的规定,医务人员由于严重不负责任,造成就诊人死亡或者严重损害就诊人身体健康的,应予立案追诉。

具有下列情形之一的,属于本条规定的"严重不负责任":

(1)擅离职守的;

(2)无正当理由拒绝对危急就诊人实行必要的医疗救治的;

(3)未经批准擅自开展试验性医疗的;

(4)严重违反查对、复核制度的;

(5)使用未经批准使用的药品、消毒药剂、医疗器械的;

(6)严重违反国家法律、法规及有明确规定的诊疗技术规范、常规的;

(7)其他严重不负责任的情形。

"严重损害就诊人身体健康"是指造成就诊人严重残疾、重伤、感染艾滋病、病毒性肝炎等难以治愈的疾病或者其他严重损害就诊人身体健康的后果。

在处罚标准上,按照刑法规定,犯本罪的,处三年以下有期徒刑或者拘役。

>>**法条链接**>>

《刑法》第三百三十五条:医务人员由于严重不负责任,造成就诊人死亡或者严重损害就诊人身体健康的,处三年以下有期徒刑或者拘役。

188. 什么是非法行医罪,对其如何认定和处罚?

"非法行医罪"是指未取得医生执业资格的人擅自从事医疗活动,情节严重的行为。本罪的构成要件或特征解读如下:

(1)本罪侵犯的客体是国家对医疗机构的管理制度及公众的生命健康安全。

(2)本罪在客观上表现为行为人擅自从事医疗活动,具体包括:①利用巫术、封建迷信行医;②利用气功行医;③利用现代仪器进行非法医疗活动;④非医疗机构超越服务范围进行医疗活动;⑤具备一定医学知识的人擅自开办诊所,进行医疗活动;⑥利用非法行医的手段推销产品。另外,构成本罪还要求在客观上情节严重。

(3)本罪的主体是特殊主体。即未取得医生执业资格的人。

(4)本罪在主观方面为故意。即明知自己不具备行医资格,仍然从事医疗活动。

在本罪的立案标准上,按照《最高人民检察院、公安部关于公安机关管辖的刑事案件立案追诉标准的规定(一)》第五十七条的规定,未取得医生执业资格的人非法行医,涉嫌下列情形之一的,应予立案追诉:

(1)造成就诊人轻度残疾、器官组织损伤导致一般功能障碍,或者中度以上残疾、器官组织损伤导致严重功能障碍,或者死亡的;

(2)造成甲类传染病传播、流行或者有传播、流行危险的;

(3)使用假药、劣药或不符合国家规定标准的卫生材料、医疗器械,足以严重危害人体健康的;

(4)非法行医被卫生行政部门行政处罚两次以后,再次非法行医的;

(5)其他情节严重的情形。

具有下列情形之一的,属于"未取得医生执业资格的人非法行医":

(1)未取得或者以非法手段取得医师资格从事医疗活动的;

(2)个人未取得《医疗机构执业许可证》开办医疗机构的;

(3)被依法吊销医师执业证书期间从事医疗活动的;

(4)未取得乡村医生执业证书,从事乡村医疗活动的;

(5)家庭接生员实施家庭接生以外的医疗活动的。

在处罚标准上,按照刑法规定,犯本罪的,处三年以上十年以下有期徒刑,并处罚金;造成就诊人死亡的,处十年以上有期徒刑,并处罚金。……

≫ **法条链接** ≫

《刑法》第三百三十六条:未取得医生执业资格的人非法行医,情节严重的,处三年以下有期徒刑、拘役或者管制,并处或者单处罚金;严重损害就诊人身体健康的,处三年以上十年以下有期徒刑,并处罚金;造成就诊人死亡的,处十年以上有期徒刑,并处罚金。……

189. 什么是非法进行节育手术罪,对其如何认定和处罚?

"非法进行节育手术罪"是指未取得医生执业资格的人擅自为他人进行节育复通手术、假节育手术、终止妊娠手术或者摘取宫内节育器,情节严重的行为。本罪的构成要件或特征解读如下:

(1)本罪侵犯的是复杂客体。即国家计划生育制度和公共卫生。

(2)本罪在客观方面表现为擅自为他人进行节育复通手术、假节育手术、终止妊娠手术或者摘取宫内节育器,情节严重的行为。"擅自为他人进行节育复通手术"是指没有医师资格的人,违反计划生育政策和制度,为他人进行输卵(精)管复通手术的行为。"擅自为他人进行假节育手术"是指没有医师资格的人,违反计划生育政策和制度,为他人进行假结扎输卵(精)管手术的行为。"情节严重",一般是指多次为他人进行节育复通等手术,致使多人超计划生育的;使用不合卫生标准或医疗标准的方法,致使就诊人遭受重大痛苦或者损害就诊人健康的等。

(3)本罪主体为一般主体。即未取得医生执业的人。

(4)本罪在主观方面为故意。即行为人明知自己无权为他人实施计划生育手术,但为了获取非法利益有意而为之。

在本罪的立案标准上,按照《最高人民检察院、公安部关于公安机关管辖的刑事案件立案追诉标准的规定(一)》第五十八条的规定,未取得医生执业资格的人擅自为他人进行节育复通手术、假节育手术、终止妊娠手术或者摘取宫内节育器,涉嫌下列情形之一的,应予立案追诉:

(1)造成就诊人轻伤、重伤、死亡或者感染艾滋病、病毒性肝炎等难以治愈的疾病的;

(2)非法进行节育复通手术、假节育手术、终止妊娠手术或者摘取宫内节育器五人次以上的;

(3)致使他人超计划生育的;

(4)非法进行选择性别的终止妊娠手术的;

(5)非法获利累计五千元以上的;

(6)其他情节严重的情形。

在处罚标准上,按照刑法规定,犯本罪的,处三年以下有期徒刑、拘役或者管制,并处或者单处罚金;严重损害就诊人身体健康的,处三年以上十年以下有期徒刑,并处罚金;造成就诊人死亡的,处十年以上有期徒刑,并处罚金。

≫法条链接≫

《刑法》第三百三十六条:……未取得医生执业资格的人擅自为他人进行节育复通手术、假节育手术、终止妊娠手术或者摘取宫内节育器,情节严重的,处三年以下有期徒刑、拘役或者管制,并处或者单处罚金;严重损害就诊人身体健康的,处三年以上十年以下有期徒刑,并处罚金;造成就诊人死亡的,处十年以上有期徒刑,并处罚金。

190. 什么是污染环境罪，对其如何认定和处罚？

"污染环境罪"是指违反防治环境污染的法律规定，造成环境污染，后果严重，依照法律应受到刑事处罚的行为。本罪的构成要件或特征解读如下：

(1)本罪侵犯的客体是国家防治环境污染的管理制度。

(2)本罪在客观方面表现为违反国家规定，向土地、水体、大气排放、倾倒或者处置有放射性的废物、含传染病病原体的废物、有毒物质或其他危险废物，造成环境污染，致使公私财产遭受重大损失或者人身伤亡的严重后果的行为。

(3)本罪的主体要件是一般主体。任何达到刑事责任年龄且具备刑事责任能力的自然人均能构成本罪。

(4)本罪在主观方面表现为过失。即行为人对造成环境污染，致公私财产遭受重大损失或者人身伤亡严重后果本应预见，但由于疏忽大意而没有预见，或者虽已预见到但轻信能够避免。

按照刑法规定，犯本罪的，后果特别严重的处三年以上七年以下有期徒刑，并处罚金。

>>法条链接>>

《刑法》第三百三十八条：违反国家规定，排放、倾倒或者处置有放射性的废物、含传染病病原体的废物、有毒物质或者其他有害物质，严重污染环境的，处三年以下有期徒刑或者拘役，并处或者单处罚金；后果特别严重的，处三年以上七年以下有期徒刑，并处罚金。

191. 什么是非法捕捞水产品罪，对其如何认定和处罚？

"非法捕捞水产品罪"是指违反保护水产资源法律、法规，在禁渔区、禁渔期或者使用禁用的工具、方法捕捞水产品，情节严重的行为。本罪的构成要件或特征解读如下：

(1)本罪侵犯的客体是国家保护水产资源的管理制度。

(2)本罪在客观方面表现为违反保护水产资源法律、法规，在禁渔区、禁渔期或者使用禁用的工具、方法捕捞水产品的行为。"禁渔区"是指由国家法令或者地方政府规定，对某些重要鱼、虾、蟹、贝、藻等，以及其他重要水生生物的产卵场、索饵场、越冬场和洄游通道，划定一定的范围，禁止所有渔业生产作业的区域，或者禁止某种渔业生产作业的区域。"禁渔期"是指对某些重要水生生物的产卵场、索饵场、越冬场和洄游通道,规定禁止渔业生产作业或者限制作业的一定期限。"禁用的工具"是指禁止使用的超过国家对不同捕捞对象所分别规定的最小网目尺寸的渔具。"禁用的方法"是指禁止采用的损害水产资源正常繁殖、生长的方法,如毒鱼、炸鱼、电鱼等。

(3)本罪的主体要件是一般主体,任何达到刑事责任年龄且具备刑事责任能力的自然人均能构成本罪。

(4)本罪在主观方面为故意,犯罪动机和目的如何,不影响本罪的成立。

在本罪的立案标准上,按照《最高人民检察院、公安部关于公安机关管辖的刑事案件立案追诉标准的规定(一)》第六十三条的规定,违反保护水产资源法规,在禁渔区、禁渔期或者使用禁用的工具、方法捕捞水产品,涉嫌下列情形之一的,应予立案追诉:

(1)在内陆水域非法捕捞水产品五百公斤以上或者价值五千元以上,或者在海洋水域非法捕捞水产品二千公斤以上或者价值二万元以上的;

(2)非法捕捞有重要经济价值的水生动物苗种、怀卵亲体或者在水产种质资源保护区内捕捞水产品,在内陆水域五十公斤以上或者价值五百元以上,或者在海洋水域二百公斤以上或者价值二千元以上的;

(3)在禁渔区内使用禁用的工具或者禁用的方法捕捞的;

(4)在禁渔期内使用禁用的工具或者禁用的方法捕捞的;

(5)在公海使用禁用渔具从事捕捞作业,造成严重影响的;

(6)其他情节严重的情形。

按照刑法规定,犯本罪的,处三年以下有期徒刑、拘役、管制或者罚金。

≫**法条链接**≫

《刑法》第三百四十条:违反保护水产资源法规,在禁渔区、禁渔期或者使用禁用的工具、方法捕捞水产品,情节严重的,处三年以下有期徒刑、拘役、管制或者罚金。

192. 什么是非法猎捕、杀害珍贵、濒危野生动物罪,对其如何认定和处罚?

"非法猎捕、杀害珍贵、濒危野生动物罪"是指违反野生动物保护法规,猎捕、杀害国家重点保护的珍贵、濒危野生动物的行为。本罪的构成要件或特征解读如下:

(1)本罪侵犯的客体是国家珍贵、濒危野生动物保护制度。

(2)本罪在客观方面表现为非法猎捕、杀害国家重点保护的珍贵、濒危野生动物的行为。

(3)本罪的主体要件是一般主体。即达到刑事责任年龄且具备刑事责任能力的自然人。

(4)本罪主观方面为故意。即明知是珍贵、濒危野生动物而予以猎捕、杀害的主观心理状态。

按照刑法规定,犯本罪的,处五年以下有期徒刑或者拘役,并处罚金;情节严重的,处五年以上十年以下有期徒刑,并处罚金;情节特别严重的,处十年以上有期徒刑,并处罚金或者没收财产。

≫**法条链接**≫

《刑法》第三百四十一条:非法猎捕、杀害国家重点保护的珍贵、濒危野生动物的,或者非法收购、运输、出售国家重点保护的珍贵、濒危野生动物及其制品的,处五年以下有期徒刑或者拘役,并处罚金;情节严重的,处五年以上十年以下有期徒刑,并处罚金;情节特别严重的,处十年以上有期徒刑,并处罚金或者没收财产。

违反狩猎法规,在禁猎区、禁猎期或者使用禁用的工具、方法进行狩猎,破坏野生动物资源,情节严重的,处三年以下有期徒刑、拘役、管制或者罚金

193. 什么是非法占用农用地罪,对其如何认定和处罚?

"非法占用农用地罪"是指违反土地管理法规,非法占用耕地改作他用,数量较大,造成耕地大量毁坏的行为。本罪的构成要件或特征解读如下:

(1)本罪侵犯的客体是国家耕地管理制度。

(2)本罪在客观方面表现为违反土地管理法规,非法占用耕地改作他用,数量较大,造成耕地大量毁坏的行为。

(3)本罪的犯罪主体为一般主体。既可以是自然人,也可以是单位。

(4)本罪在主观方面表现为故意。即明知占用耕地改作他用的行为违反土地管理法规,而且对于占用耕地改作他用会造成大量耕地被毁坏的结果,却故意而为之。

在本罪的立案标准上,按照《最高人民检察院、公安部关于公安机关管辖的刑事案件立案追诉标准的规定(一)》第六十七条的规定,违反土地管理法规,非法占用耕地、林地等农用地,改变被占用土地用途,造成耕地、林地等农用地大量

毁坏,涉嫌下列情形之一的,应予立案追诉:

(1)非法占用基本农田五亩以上或者基本农田以外的耕地十亩以上的;

(2)非法占用防护林地或者特种用途林地数量分别或者合计五亩以上的;

(3)非法占用其他林地数量十亩以上的;

(4)非法占用本款第(2)项、第(3)项规定的林地,其中一项数量达到相应规定的数量标准的百分之五十以上,且两项数量合计达到该项规定的数量标准的;

(5)非法占用其他农用地数量较大的情形。

按照刑法规定,犯本罪的,处五年以下有期徒刑或者拘役,并处或者单处罚金。

>> **法条链接** >>

《刑法》第三百四十二条:违反土地管理法规,非法占用耕地、林地等农用地,改变被占用土地用途,数量较大,造成耕地、林地等农用地大量毁坏的,处五年以下有期徒刑或者拘役,并处或者单处罚金。

194. 什么是非法采矿罪,对其如何认定和处罚?

"非法采矿罪"是指违反矿产资源保护法的规定,未取得采矿许可证擅自采矿,擅自进入国家规划矿区、对国民经济具有重要价值的矿区和他人矿区范围采矿,擅自开采国家规定实行保护性开采的特定矿种,经责令停止开采后拒不停止开采,造成矿产资源破坏的行为。本罪的构成要件或特征解读如下:

(1)本罪侵犯的客体是国家矿产资源和矿业生产的管理制度以及国家对矿产资源的所有权。

(2)本罪在客观上表现为违反矿产资源保护法的规定进行非法采矿,破坏矿产资源的行为。"非法采矿即无证开采"是指未取得采矿许可证擅自采矿,进入国家规划矿区、对国民经济具有重要价值的矿区和他人矿区范围采矿,擅自开采国家规定实行保护性开采的特定矿种,或者虽有采矿许可证,但不按采矿许可证上所规定的采矿范围进行采矿,经责令停止开采后拒不停止开采,造成矿产资源破坏的行为。

(3)本罪的主体要件是一般主体。即达到刑事责任年龄且具备刑事责任能力的自然人。

(4)本罪在主观上为故意。

在本罪的立案标准上,按照《最高人民检察院、公安部关于公安机关管辖的刑事案件立案追诉标准的规定(一)》第六十八条的规定,违反矿产资源法的规定,未取得采矿许可证擅自采矿的,或者擅自进入国家规划矿区、对国民经济具有重要价值的矿区和他人矿区范围采矿的,或者擅自开采国家规定实行保护性开采的特定矿种,经责令停止开采后拒不停止开采,造成矿产资源破坏的价值数额在五万元至十万元以上的,应予立案追诉。

在处罚标准上,按照刑法规定,犯本罪的,处三年以下有期徒刑、拘役或者管制,并处或者单处罚金;情节特别严重的,处三年以上七年以下有期徒刑,并处罚金。

≫**法条链接**≫

《刑法》第三百四十三条:违反矿产资源法的规定,未取得采矿许可证擅自采矿,擅自进入国家规划矿区、对国民经济具有重要价值的矿区和他人矿区范围采矿,或者擅自开采国家规定实行保护性开采的特定矿种,情节严重的,处三年以下有期徒刑、拘役或者管制,并处或者单处罚金;情节特别严重的,处三年以上七年以下有期徒刑,并处罚金。

195. 什么是盗伐林木罪,对其如何认定和处罚?

"盗伐林木罪"是指违反国家森林法规,以非法占有为目的,擅自砍伐国家、集体所有或者个人所有的森林或者其他林木,数量较大的行为。本罪的构成要件或特征解读如下:

(1)本罪侵犯的客体是国家对森林资源的管理活动和林木的所有权。

(2)本罪在客观方面表现为违反保护森林法规,盗伐国家、集体和个人所有的森林及其他林木,数量较大的行为。具体包括:①行为人以非法占有为目的,擅自砍伐国家、集体所有的林木的;②擅自砍伐他人依法承包经营管理的国家、集体所有的林木的;③擅自砍伐本人承包经营管理的国家或集体所有的林木的;④违反林业行政主管部门及法律规定的其他主管部门核发的采伐许可证的规定,采伐国家、集体及他人自留山上的或他人经营管理的森林或其他林木的;⑤国有企事业单位擅自采伐其他单位管理或所有的林木的;⑥集体组织擅自采伐国家或其他集体组织所有的林木,数额巨大。

(3)本罪的主体要件是一般主体。即达到刑事责任年龄且具备刑事责任能力的自然人。

(4)本罪在主观方面为故意。即明知林木不归本人或者本单位所有,而以非法占有为目的,故意盗伐。

在本罪的立案标准上,按照《最高人民检察院、公安部关于公安机关管辖的刑事案件立案追诉标准的规定(一)》第七十二条的规定,盗伐森林或者其他林木,涉嫌下列情形之一的,应予立案追诉:

(1)盗伐二至五立方米以上的;

(2)盗伐幼树一百至二百株以上的。

以非法占有为目的,具有下列情形之一的,属于本条规定的"盗伐森林或者其他林木":

(1)擅自砍伐国家、集体、他人所有或者他人承包经营管理的森林或者其他林木的;

(2)擅自砍伐本单位或者本人承包经营管理的森林或者其他林木的;

(3)在林木采伐许可证规定的地点以外采伐国家、集体、他人所有或者他人承包经营管理的森林或者其他林木的。

在处罚标准上,按照刑法规定,犯本罪的,处三年以下有期徒刑、拘役或者管制,并处或者单处罚金;数量巨大的,处三年以上七年以下有期徒刑,并处罚金;数量特别巨大的,处七年以上有期徒刑,并处罚金。

如果行为人具有采伐许可证,但滥伐森林或者其他林木,数量较大的,则应当按照滥伐林木罪定罪处罚。如果行为人非法收购、运输明知是盗伐、滥伐的林木,情节严重的,则应当认定为非法收购、运输盗伐、滥伐的林木罪。

≫法条链接≫

《刑法》第三百四十五条:盗伐森林或者其他林木,数量较大的,处三年以下有期徒刑、拘役或者管制,并处或者单处罚金;数量巨大的,处三年以上七年以下有期徒刑,并处罚金;数量特别巨大的,处七年以上有期徒刑,并处罚金。

违反森林法的规定,滥伐森林或者其他林木,数量较大的,处三年以下有期徒刑、拘役或者管制,并处或者单处罚金;数量巨大的,处三年以上七年以下有期徒刑,并处罚金。

非法收购、运输明知是盗伐、滥伐的林木,情节严重的,处三年以下有期徒刑、拘役或者管制,并处或者单处罚金;情节特别严重的,处三年以上七年以下有期徒刑,并处罚金。

盗伐、滥伐国家级自然保护区内的森林或者其他林木的,从重处罚。

196. 什么是非法持有毒品罪，对其如何认定和处罚？

"非法持有毒品罪"是指明知是鸦片、海洛因、甲基苯丙胺或者其他毒品，而非法持有且数量较大的行为。本罪的构成要件或特征解读如下：

(1)本罪侵犯的客体是国家毒品管理制度。

(2)本罪在客观方面表现为非法持有毒品并且数量较大。"持有毒品"是指行为人持有毒品时，没有合法的根据。在客观标准上，非法持有毒品达到一定数量才构成犯罪，即非法持有鸦片二百克以上，海洛因或者甲基苯丙胺十克以上或者其他毒品数量较大，才可能构成犯罪。

(3)本罪的主体要件是一般主体。即达到刑事责任年龄且具备刑事责任能力的自然人。

(4)本罪在主观方面表现为故意。即行为人明知是国家禁止非法持有的毒品而故意持有。

按照刑法规定，犯本罪的处罚标准因行为人非法持有毒品数量的不同而有所不同，具体参见法条链接。

>> **法条链接** >>

《刑法》第三百四十八条：非法持有鸦片一千克以上、海洛因或者甲基苯丙胺五十克以上或者其他毒品数量大的，处七年以上有期徒刑或者无期徒刑，并处罚金；非法持有鸦片二百克以上不满一千克、海洛因或者甲基苯丙胺十克以上不满五十克或者其他毒品数量较大的，处三年以下有期徒刑、拘役或者管制，并处罚金；情节严重的，处三年以上七年以下有期徒刑，并处罚金。

197. 什么是非法种植毒品原植物罪，对其如何认定和处罚？

"非法种植毒品原植物罪"是指违反毒品原植物种植管制法规，未经国家主管部门的批准，私自种植罂粟、大麻等毒品原植物，情节严重的行为。本罪的构成要件或特征解读如下：

(1)本罪侵犯的客体是国家对毒品原植物种植的管制制度。

(2)本罪在客观方面表现为行为人实施了违反国家有关法规，非法种植毒品原植物数量较大，或经公安机关处理后又种植以及抗拒铲除的行为。"种植数量较大"是指种植罂粟五百株以上不满三千株。其他毒品原植物数量较大，需要按照一定比例来认定，一般情况下，大麻二百五十株相当于鸦片五百株，大麻一千五百株相当于鸦片三千株,大麻数量较大按二百五十株以上不满一千五百株为标准。具体标准各地并不完全相同。

(3)本罪的主体要件是一般主体。即达到刑事责任年龄且具备刑事责任能力的自然人。

(4)本罪在主观上表现为故意。即行为人明知是毒品原植物而非法种植,或者经公安机关处理后又故意种植或者抗拒铲除。

按照刑法规定,犯本罪的,处五年以下有期徒刑、拘役或者管制,并处罚金。如果行为人非法种植罂粟三千株以上或者其他毒品原植物数量大的,处五年以上有期徒刑,并处罚金或者没收财产。

≫法条链接≫

《刑法》第三百五十一条:非法种植罂粟、大麻等毒品原植物的,一律强制铲除。有下列情形之一的,处五年以下有期徒刑、拘役或者管制,并处罚金:

(一)种植罂粟五百株以上不满三千株或者其他毒品原植物数量较大的;

(二)经公安机关处理后又种植的;

(三)抗拒铲除的。

非法种植罂粟三千株以上或者其他毒品原植物数量大的,处五年以上有期徒刑,并处罚金或者没收财产。

非法种植罂粟或者其他毒品原植物,在收获前自动铲除的,可以免除处罚。

常见的贪污贿赂罪

198. 什么是贪污罪,对其如何认定和处罚?

"贪污罪"是指国家工作人员利用职务上的便利,侵吞、窃取、骗取或者以其他手段非法占有公共财物的行为。本罪的构成要件或特征解读如下:

(1)本罪侵犯的客体是复杂客体。既侵犯了公共财物的所有权,又侵犯了国家机关、国有企业事业单位的正常活动以及国家工作人员的职务廉洁性。

(2)本罪在客观方面表现为利用职务之便,侵吞、窃取、骗取或者以其他手段非法占有公共财物的行为。"利用职务上的便利"是指行为人利用其职责范围内主管、经手、管理公共财产的职权所形成的便利条件,假借执行职务的形式非法占有公共财物;"主管"是指具有调拨、转移、使用或者以其他方式支配公共财产的职权;"经手"是指具有领取、支出等经办公共财物流转事务的权限;"管理"是指具有监守或保管公共财物的职权,例如会计人员、保管员等具有监守和保管公共财物的职权。

在具体行为方式上,有侵吞、窃取、骗取或者以其他手段等。"侵吞财物"是指行为人将自己管理或经手的公共财物非法转归自己或他人所有的行为;"窃取财物"是指行为人利用职务之便,采取秘密窃取的方式,将自己管理的公共财物非法占有的行为,即监守自盗;"骗取财物"是指行为人利用职务之便,采取虚构事实或隐瞒真相的方法,非法占有公共财物的行为;"其他方法"是指除了侵吞、盗窃、骗取之外的其他非法占有公共财物的方法,如内外勾结、公款私存等。

(3)本罪的犯罪主体是特殊主体。即国家工作人员或者受委托管理、经营国有财产的人员。

(4)本罪在主观方面必须出自直接故意,并具有非法占有公共财物的目的。

按照刑法规定,犯本罪的立案标准为五千元以上,贪污数额的不同是影响量刑的重要因素,具体标准参见法条链接。

≫**法条链接**≫

《刑法》第三百八十二条：国家工作人员利用职务上的便利，侵吞、窃取、骗取或者以其他手段非法占有公共财物的，是贪污罪。

受国家机关、国有公司、企业、事业单位、人民团体委托管理、经营国有财产的人员，利用职务上的便利，侵吞、窃取、骗取或者以其他手段非法占有国有财物的，以贪污论。

与前两款所列人员勾结，伙同贪污的，以共犯论处。

《刑法》第三百八十三条：对犯贪污罪的，根据情节轻重，分别依照下列规定处罚：

（一）个人贪污数额在十万元以上的，处十年以上有期徒刑或者无期徒刑，可以并处没收财产；情节特别严重的，处死刑，并处没收财产。

（二）个人贪污数额在五万元以上不满十万元的，处五年以上有期徒刑，可以并处没收财产；情节特别严重的，处无期徒刑，并处没收财产。

（三）个人贪污数额在五千元以上不满五万元的，处一年以上七年以下有期徒刑；情节严重的，处七年以上十年以下有期徒刑。个人贪污数额在五千元以上不满一万元，犯罪后有悔改表现、积极退赃的，可以减轻处罚或者免予刑事处罚，由其所在单位或者上级主管机关给予行政处分。

（四）个人贪污数额不满五千元，情节较重的，处二年以下有期徒刑或者拘役；情节较轻的，由其所在单位或者上级主管机关酌情给予行政处分。

对多次贪污未经处理的，按照累计贪污数额处罚。

199. 什么是受贿罪，对其如何认定和处罚？

"受贿罪"是指国家工作人员利用职务上的便利，索取他人财物，或者非法收受他人财物并为他人谋取利益的行为。本罪的构成要件或特征解读如下：

(1)本罪侵犯的客体是复杂客体。即国家机关、国有公司、企事业单位、人民团体的正常管理活动和国家工作人员的职务廉洁性。

(2)本罪在客观方面表现为行为人具有利用职务上的便利，向他人索取财物，或者收受他人财物并为他人谋取利益的行为。"利用职务上的便利"是指利用本人职务范围内的权力，即利用本人在职务上直接处理某项事务的权利。利用职权为他人谋取利益而收受他人财物，是典型的受贿行为。"利用与职务有关的便利"是指利用本人的职权或地位形成的便利条件，由本人向请托人索取或者非法收受财物的行为。

(3)本罪的主体是特殊主体,即国家工作人员。具体包括国家机关中从事公务的人员;国有公司、企事业单位、人民团体中从事公务的人员;国家机关、国有公司、企事业单位委派到非国有公司、企事业单位、社会团体从事公务的人员,以及其他依照法律从事公务的人员。

(4)本罪在主观方面是故意。

按照刑法规定,犯本罪的立案标准为五千元以上,受贿数额的不同是影响量刑的重要因素,具体标准参见法条链接。

≫法条链接≫

《刑法》第三百八十五条:国家工作人员利用职务上的便利,索取他人财物的,或者非法收受他人财物,为他人谋取利益的,是受贿罪。

国家工作人员在经济往来中,违反国家规定,收受各种名义的回扣、手续费,归个人所有的,以受贿论处。

《刑法》第三百八十六条:对犯受贿罪的,根据受贿所得数额及情节,依照本法第三百八十三条的规定处罚。索贿的从重处罚。

200. 什么是行贿罪,对其如何认定和处罚?

"行贿罪"指为谋取不正当利益,给国家工作人员以财物,或者在经济往来中,违反国家规定,给予国家工作人员以财物,数额较大,或者违反国家规定,给予国家工作人员以各种名义的回扣费、手续费的行为。本罪的构成要件或特征解读如下:

(1)本罪侵犯的客体是国家机关的正常管理和公职人员的职务廉洁性。

(2)本罪在犯罪客观方面表现为以下几种行贿数额较大行为:①为自己谋取不正当利益,给国家工作人员以财物;②用钱财收买国家工作人员;③违反国家规定,给国家工作人员以各种名义的回扣费、手续费等。

(3)本罪的主体是一般主体。即达到刑事责任年龄且具备刑事责任能力的自然人。

(4)本罪在犯罪主观方面表现为故意。即行贿人明知道行贿行为是违法的,但为了谋取私利有意而为之。

按照《最高人民检察院关于行贿罪立案标准》的规定,在经济往来中,违反国家规定,给予国家工作人员以财物,数额较大的,或者违反国家规定,给予国家工

作人员以各种名义的回扣、手续费的,以行贿罪追究刑事责任。涉嫌下列情形之一的,应予立案:

(1)行贿数额在一万元以上的;

(2)行贿数额不满一万元,但具有下列情形之一的:①为谋取非法利益而行贿的;②向三人以上行贿的;③向党政领导、司法工作人员、行政执法人员行贿的;④致使国家或者社会利益遭受重大损失的。

因被勒索给予国家工作人员以财物,已获得不正当利益的,以行贿罪追究刑事责任。

按照刑法规定,犯本罪的,处五年以下有期徒刑或者拘役;因行贿谋取不正当利益,情节严重的,或者使国家利益遭受重大损失的,处五年以上十年以下有期徒刑;情节特别严重的,处十年以上有期徒刑或者无期徒刑,可以并处没收财产。

≫法条链接≫

《刑法》第三百八十九条:为谋取不正当利益,给予国家工作人员以财物的,是行贿罪。

在经济往来中,违反国家规定,给予国家工作人员以财物,数额较大的,或者违反国家规定,给予国家工作人员以各种名义的回扣、手续费的,以行贿论处。

因被勒索给予国家工作人员以财物,没有获得不正当利益的,不是行贿。

《刑法》第三百九十条:对犯行贿罪的,处五年以下有期徒刑或者拘役;因行贿谋取不正当利益,情节严重的,或者使国家利益遭受重大损失的,处五年以上十年以下有期徒刑;情节特别严重的,处十年以上有期徒刑或者无期徒刑,可以并处没收财产。

行贿人在被追诉前主动交待行贿行为的,可以减轻处罚或者免除处罚。

附 录

中华人民共和国刑法(节选)

(1979年7月1日第五届全国人民代表大会第二次会议通过，1997年3月14日第八届全国人民代表大会第五次会议修订。已先后根据《中华人民共和国刑法修正案》八次修正或修改)

第一编 总 则

第一章 刑法的任务、基本原则和适用范围

第一条 为了惩罚犯罪，保护人民，根据宪法，结合我国同犯罪作斗争的具体经验及实际情况，制定本法。

第二条 中华人民共和国刑法的任务，是用刑罚同一切犯罪行为作斗争，以保卫国家安全，保卫人民民主专政的政权和社会主义制度，保护国有财产和劳动群众集体所有的财产，保护公民私人所有的财产，保护公民的人身权利、民主权利和其他权利，维护社会秩序、经济秩序，保障社会主义建设事业的顺利进行。

第三条 法律明文规定为犯罪行为的，依照法律定罪处刑；法律没有明文规定为犯罪行为的，不得定罪处刑。

第四条 对任何人犯罪，在适用法律上一律平等。不允许任何人有超越法律的特权。

第五条 刑罚的轻重，应当与犯罪分子所犯罪行和承担的刑事责任相适应。

第六条 凡在中华人民共和国领域内犯罪的，除法律有特别规定的以外，都适用本法。

凡在中华人民共和国船舶或者航空器内犯罪的，也适用本法。

犯罪的行为或者结果有一项发生在中华人民共和国领域内的，就认为是在中华人民共和国领域内犯罪。

第七条　中华人民共和国公民在中华人民共和国领域外犯本法规定之罪的,适用本法,但是按本法规定的最高刑为三年以下有期徒刑的,可以不予追究。

中华人民共和国国家工作人员和军人在中华人民共和国领域外犯本法规定之罪的,适用本法。

第八条　外国人在中华人民共和国领域外对中华人民共和国国家或者公民犯罪,而按本法规定的最低刑为三年以上有期徒刑的,可以适用本法,但是按照犯罪地的法律不受处罚的除外。

第九条　对于中华人民共和国缔结或者参加的国际条约所规定的罪行,中华人民共和国在所承担条约义务的范围内行使刑事管辖权的,适用本法。

第十条　凡在中华人民共和国领域外犯罪,依照本法应当负刑事责任的,虽然经过外国审判,仍然可以依照本法追究,但是在外国已经受过刑罚处罚的,可以免除或者减轻处罚。

第十一条　享有外交特权和豁免权的外国人的刑事责任,通过外交途径解决。

第十二条　中华人民共和国成立以后本法施行以前的行为,如果当时的法律不认为是犯罪的,适用当时的法律;如果当时的法律认为是犯罪的,依照本法总则第四章第八节的规定应当追诉的,按照当时的法律追究刑事责任,但是如果本法不认为是犯罪或者处刑较轻的,适用本法。

本法施行以前,依照当时的法律已经作出的生效判决,继续有效。

第二章　犯　罪

第一节　犯罪和刑事责任

第十三条　一切危害国家主权、领土完整和安全,分裂国家、颠覆人民民主专政的政权和推翻社会主义制度,破坏社会秩序和经济秩序,侵犯国有财产或者劳动群众集体所有的财产,侵犯公民私人所有的财产,侵犯公民的人身权利、民主权利和其他权利,以及其他危害社会的行为,依照法律应当受刑罚处罚的,都是犯罪,但是情节显著轻微危害不大的,不认为是犯罪。

第十四条　明知自己的行为会发生危害社会的结果,并且希望或者放任这种结果发生,因而构成犯罪的,是故意犯罪。

故意犯罪,应当负刑事责任。

第十五条　应当预见自己的行为可能发生危害社会的结果,因为疏忽大意而没有预见,或者已经预见而轻信能够避免,以致发生这种结果的,是过失犯罪。

过失犯罪,法律有规定的才负刑事责任。

第十六条　行为在客观上虽然造成了损害结果,但是不是出于故意或者过失,而是由于不能抗拒或者不能预见的原因所引起的,不是犯罪。

第十七条　已满十六周岁的人犯罪,应当负刑事责任。

已满十四周岁不满十六周岁的人,犯故意杀人、故意伤害致人重伤或者死亡、强奸、抢劫、贩卖毒品、放火、爆炸、投毒罪的,应当负刑事责任。

已满十四周岁不满十八周岁的人犯罪,应当从轻或者减轻处罚。

因不满十六周岁不予刑事处罚的,责令他的家长或者监护人加以管教;在必要的时候,也可以由政府收容教养。

已满七十五周岁的人故意犯罪的,可以从轻或者减轻处罚;过失犯罪的,应当从轻或者减轻处罚。

第十八条　精神病人在不能辨认或者不能控制自己行为的时候造成危害结果,经法定程序鉴定确认的,不负刑事责任,但是应当责令他的家属或者监护人严加看管和医疗;在必要的时候,由政府强制医疗。

间歇性的精神病人在精神正常的时候犯罪,应当负刑事责任。

尚未完全丧失辨认或者控制自己行为能力的精神病人犯罪的,应当负刑事责任,但是可以从轻或者减轻处罚。

醉酒的人犯罪,应当负刑事责任。

第十九条　又聋又哑的人或者盲人犯罪,可以从轻、减轻或者免除处罚。

第二十条　为了使国家、公共利益、本人或者他人的人身、财产和其他权利免受正在进行的不法侵害,而采取的制止不法侵害的行为,对不法侵害人造成损害的,属于正当防卫,不负刑事责任。

正当防卫明显超过必要限度造成重大损害的,应当负刑事责任,但是应当减轻或者免除处罚。

对正在进行行凶、杀人、抢劫、强奸、绑架以及其他严重危及人身安全的暴力犯罪,采取防卫行为,造成不法侵害人伤亡的,不属于防卫过当,不负刑事责任。

第二十一条　为了使国家、公共利益、本人或者他人的人身、财产和其他权利免受正在发生的危险,不得已采取的紧急避险行为,造成损害的,不负刑事责任。

紧急避险超过必要限度造成不应有的损害的,应当负刑事责任,但是应当减轻或者免除处罚。

第一款中关于避免本人危险的规定,不适用于职务上、业务上负有特定责任的人。

第二节 犯罪的预备、未遂和中止

第二十二条 为了犯罪,准备工具、制造条件的,是犯罪预备。

对于预备犯,可以比照既遂犯从轻、减轻处罚或者免除处罚。

第二十三条 已经着手实行犯罪,由于犯罪分子意志以外的原因而未得逞的,是犯罪未遂。

对于未遂犯,可以比照既遂犯从轻或者减轻处罚。

第二十四条 在犯罪过程中,自动放弃犯罪或者自动有效地防止犯罪结果发生的,是犯罪中止。

对于中止犯,没有造成损害的,应当免除处罚;造成损害的,应当减轻处罚。

第三节 共同犯罪

第二十五条 共同犯罪是指二人以上共同故意犯罪。

二人以上共同过失犯罪,不以共同犯罪论处;应当负刑事责任的,按照他们所犯的罪分别处罚。

第二十六条 组织、领导犯罪集团进行犯罪活动的或者在共同犯罪中起主要作用的,是主犯。

三人以上为共同实施犯罪而组成的较为固定的犯罪组织,是犯罪集团。

对组织、领导犯罪集团的首要分子,按照集团所犯的全部罪行处罚。

对于第三款规定以外的主犯,应当按照其所参与的或者组织、指挥的全部犯罪处罚。

第二十七条 在共同犯罪中起次要或者辅助作用的,是从犯。

对于从犯,应当从轻、减轻处罚或者免除处罚。

第二十八条 对于被胁迫参加犯罪的,应当按照他的犯罪情节减轻处罚或者免除处罚。

第二十九条 教唆他人犯罪的,应当按照他在共同犯罪中所起的作用处罚。教唆不满十八周岁的人犯罪的,应当从重处罚。

如果被教唆的人没有犯被教唆的罪,对于教唆犯,可以从轻或者减轻处罚。

第四节 单位犯罪

第三十条 公司、企业、事业单位、机关、团体实施的危害社会的行为,法律规定为单位犯罪的,应当负刑事责任。

第三十一条 单位犯罪的,对单位判处罚金,并对其直接负责的主管人员和其他直接责任人员判处刑罚。本法分则和其他法律另有规定的,依照规定。

第三章 刑 罚

第一节 刑罚的种类

第三十二条 刑罚分为主刑和附加刑。

第三十三条 主刑的种类如下:

(一)管制;

(二)拘役;

(三)有期徒刑;

(四)无期徒刑;

(五)死刑。

第三十四条 附加刑的种类如下:

(一)罚金;

(二)剥夺政治权利;

(三)没收财产。

附加刑也可以独立适用。

第三十五条 对于犯罪的外国人,可以独立适用或者附加适用驱逐出境。

第三十六条 由于犯罪行为而使被害人遭受经济损失的,对犯罪分子除依法给予刑事处罚外,并应根据情况判处赔偿经济损失。

承担民事赔偿责任的犯罪分子,同时被判处罚金,其财产不足以全部支付的,或者被判处没收财产的,应当先承担对被害人的民事赔偿责任。

第三十七条 对于犯罪情节轻微不需要判处刑罚的,可以免予刑事处罚,但是可以根据案件的不同情况,予以训诫或者责令具结悔过、赔礼道歉、赔偿损失,或者由主管部门予以行政处罚或者行政处分。

第二节 管 制

第三十八条 管制的期限,为三个月以上二年以下。

判处管制,可以根据犯罪情况,同时禁止犯罪分子在执行期间从事特定活动,进入特定区域、场所,接触特定的人。

对判处管制的犯罪分子,依法实行社区矫正。

违反第二款规定的禁止令的,由公安机关依照《中华人民共和国治安管理处罚法》的规定处罚。

第三十九条 被判处管制的犯罪分子,在执行期间,应当遵守下列规定:

(一)遵守法律、行政法规,服从监督;

(二)未经执行机关批准,不得行使言论、出版、集会、结社、游行、示威自由的权利;

(三)按照执行机关规定报告自己的活动情况;

(四)遵守执行机关关于会客的规定;

(五)离开所居住的市、县或者迁居,应当报经执行机关批准。

对于被判处管制的犯罪分子,在劳动中应当同工同酬。

第四十条 被判处管制的犯罪分子,管制期满,执行机关应即向本人和其所在单位或者居住地的群众宣布解除管制。

第四十一条 管制的刑期,从判决执行之日起计算;判决执行以前先行羁押的,羁押一日折抵刑期二日。

第三节 拘 役

第四十二条 拘役的期限,为一个月以上六个月以下。

第四十三条 被判处拘役的犯罪分子,由公安机关就近执行。

在执行期间,被判处拘役的犯罪分子每月可以回家一天至两天;参加劳动的,可以酌量发给报酬。

第四十四条 拘役的刑期,从判决执行之日起计算;判决执行以前先行羁押的,羁押一日折抵刑期一日。

第四节 有期徒刑、无期徒刑

第四十五条 有期徒刑的期限,除本法第五十条、第六十九条规定外,为六个月以上十五年以下。

第四十六条 被判处有期徒刑、无期徒刑的犯罪分子,在监狱或者其他执行场所执行;凡有劳动能力的,都应当参加劳动,接受教育和改造。

第四十七条 有期徒刑的刑期,从判决执行之日起计算;判决执行以前先行羁押的,羁押一日折抵刑期一日。

第五节 死 刑

第四十八条 死刑只适用于罪行极其严重的犯罪分子。对于应当判处死刑的犯罪分子,如果不是必须立即执行的,可以判处死刑同时宣告缓期二年执行。

死刑除依法由最高人民法院判决的以外,都应当报请最高人民法院核准。死刑缓期执行的,可以由高级人民法院判决或者核准。

第四十九条 犯罪的时候不满十八周岁的人和审判的时候怀孕的妇女,不适用死刑。

审判的时候已满七十五周岁的人,不适用死刑,但以特别残忍手段致人死亡的除外。

第五十条　判处死刑缓期执行的,在死刑缓期执行期间,如果没有故意犯罪,二年期满以后,减为无期徒刑;如果确有重大立功表现,二年期满以后,减为二十五年有期徒刑;如果故意犯罪,查证属实的,由最高人民法院核准,执行死刑。

对被判处死刑缓期执行的累犯以及因故意杀人、强奸、抢劫、绑架、放火、爆炸、投放危险物质或者有组织的暴力性犯罪被判处死刑缓期执行的犯罪分子,人民法院根据犯罪情节等情况可以同时决定对其限制减刑。

第五十一条　死刑缓期执行的期间,从判决确定之日起计算。死刑缓期执行减为有期徒刑的刑期,从死刑缓期执行期满之日起计算。

第六节　罚　金

第五十二条　判处罚金,应当根据犯罪情节决定罚金数额。

第五十三条　罚金在判决指定的期限内一次或者分期缴纳。期满不缴纳的,强制缴纳。对于不能全部缴纳罚金的,人民法院在任何时候发现被执行人有可以执行的财产,应当随时追缴。如果由于遭遇不能抗拒的灾祸缴纳确实有困难的,可以酌情减少或者免除。

第七节　剥夺政治权利

第五十四条　剥夺政治权利是剥夺下列权利:

(一)选举权和被选举权;

(二)言论、出版、集会、结社、游行、示威自由的权利;

(三)担任国家机关职务的权利;

(四)担任国有公司、企业、事业单位和人民团体领导职务的权利。

第五十五条　剥夺政治权利的期限,除本法第五十七条规定外,为一年以上五年以下。

判处管制附加剥夺政治权利的,剥夺政治权利的期限与管制的期限相等,同时执行。

第五十六条　对于危害国家安全的犯罪分子应当附加剥夺政治权利;对于故意杀人、强奸、放火、爆炸、投毒、抢劫等严重破坏社会秩序的犯罪分子,可以附加剥夺政治权利。

独立适用剥夺政治权利的,依照本法分则的规定。

第五十七条　对于被判处死刑、无期徒刑的犯罪分子,应当剥夺政治权利终身。

在死刑缓期执行减为有期徒刑或者无期徒刑减为有期徒刑的时候,应当把附加剥夺政治权利的期限改为三年以上十年以下。

第五十八条 附加剥夺政治权利的刑期,从徒刑、拘役执行完毕之日或者从假释之日起计算;剥夺政治权利的效力当然施用于主刑执行期间。

被剥夺政治权利的犯罪分子,在执行期间,应当遵守法律、行政法规和国务院公安部门有关监督管理的规定,服从监督;不得行使本法第五十四条规定的各项权利。

第八节 没收财产

第五十九条 没收财产是没收犯罪分子个人所有财产的一部或者全部。没收全部财产的,应当对犯罪分子个人及其扶养的家属保留必需的生活费用。

在判处没收财产的时候,不得没收属于犯罪分子家属所有或者应有的财产。

第六十条 没收财产以前犯罪分子所负的正当债务,需要以没收的财产偿还的,经债权人请求,应当偿还。

第四章 刑罚的具体运用

第一节 量 刑

第六十一条 对于犯罪分子决定刑罚的时候,应当根据犯罪的事实、犯罪的性质、情节和对于社会的危害程度,依照本法的有关规定判处。

第六十二条 犯罪分子具有本法规定的从重处罚、从轻处罚情节的,应当在法定刑的限度以内判处刑罚。

第六十三条 犯罪分子具有本法规定的减轻处罚情节的,应当在法定刑以下判处刑罚;本法规定有数个量刑幅度的,应当在法定量刑幅度的下一个量刑幅度内判处刑罚。

犯罪分子虽然不具有本法规定的减轻处罚情节,但是根据案件的特殊情况,经最高人民法院核准,也可以在法定刑以下判处刑罚。

第六十四条 犯罪分子违法所得的一切财物,应当予以追缴或者责令退赔;对被害人的合法财产,应当及时返还;违禁品和供犯罪所用的本人财物,应当予以没收。没收的财物和罚金,一律上缴国库,不得挪用和自行处理。

第二节 累 犯

第六十五条 被判处有期徒刑以上刑罚的犯罪分子,刑罚执行完毕或者赦免以后,在五年以内再犯应当判处有期徒刑以上刑罚之罪的,是累犯,应当从重处罚,但是过失犯罪和不满十八周岁的人犯罪的除外。

前款规定的期限,对于被假释的犯罪分子,从假释期满之日起计算。

第六十六条　危害国家安全犯罪、恐怖活动犯罪、黑社会性质的组织犯罪的犯罪分子，在刑罚执行完毕或者赦免以后，在任何时候再犯上述任一类罪的，都以累犯论处。

第三节　自首和立功

第六十七条　犯罪以后自动投案，如实供述自己的罪行的，是自首。对于自首的犯罪分子，可以从轻或者减轻处罚。其中，犯罪较轻的，可以免除处罚。

被采取强制措施的犯罪嫌疑人、被告人和正在服刑的罪犯，如实供述司法机关还未掌握的本人其他罪行的，以自首论。

犯罪嫌疑人虽不具有前两款规定的自首情节，但是如实供述自己罪行的，可以从轻处罚；因其如实供述自己罪行，避免特别严重后果发生的，可以减轻处罚。

第六十八条　犯罪分子有揭发他人犯罪行为，查证属实的，或者提供重要线索，从而得以侦破其他案件等立功表现的，可以从轻或者减轻处罚；有重大立功表现的，可以减轻或者免除处罚。

第四节　数罪并罚

第六十九条　判决宣告以前一人犯数罪的，除判处死刑和无期徒刑的以外，应当在总和刑期以下、数刑中最高刑期以上，酌情决定执行的刑期，但是管制最高不能超过三年，拘役最高不能超过一年，有期徒刑总和刑期不满三十五年的，最高不能超过二十年，总和刑期在三十五年以上的，最高不能超过二十五年。

数罪中有判处附加刑的，附加刑仍须执行，其中附加刑种类相同的，合并执行，种类不同的，分别执行。

第七十条　判决宣告以后，刑罚执行完毕以前，发现被判刑的犯罪分子在判决宣告以前还有其他罪没有判决的，应当对新发现的罪作出判决，把前后两个判决所判处的刑罚，依照本法第六十九条的规定，决定执行的刑罚。已经执行的刑期，应当计算在新判决决定的刑期以内。

第七十一条　判决宣告以后，刑罚执行完毕以前，被判刑的犯罪分子又犯罪的，应当对新犯的罪作出判决，把前罪没有执行的刑罚和后罪所判处的刑罚，依照本法第六十九条的规定，决定执行的刑罚。

第五节　缓　刑

第七十二条　对于被判处拘役、三年以下有期徒刑的犯罪分子，同时符合下列条件的，可以宣告缓刑，对其中不满十八周岁的人、怀孕的妇女和已满七十五周岁的人，应当宣告缓刑：

(一)犯罪情节较轻；

(二)有悔罪表现；

(三)没有再犯罪的危险；

(四)宣告缓刑对所居住社区没有重大不良影响。

宣告缓刑，可以根据犯罪情况，同时禁止犯罪分子在缓刑考验期限内从事特定活动，进入特定区域、场所，接触特定的人。

被宣告缓刑的犯罪分子，如果被判处附加刑，附加刑仍须执行。

第七十三条　拘役的缓刑考验期限为原判刑期以上一年以下，但是不能少于二个月。

有期徒刑的缓刑考验期限为原判刑期以上五年以下，但是不能少于一年。

缓刑考验期限，从判决确定之日起计算。

第七十四条　对于累犯和犯罪集团的首要分子，不适用缓刑。

第七十五条　被宣告缓刑的犯罪分子，应当遵守下列规定：

(一)遵守法律、行政法规，服从监督；

(二)按照考察机关的规定报告自己的活动情况；

(三)遵守考察机关关于会客的规定；

(四)离开所居住的市、县或者迁居，应当报经考察机关批准。

第七十六条　对宣告缓刑的犯罪分子，在缓刑考验期限内，依法实行社区矫正，如果没有本法第七十七条规定的情形，缓刑考验期满，原判的刑罚就不再执行，并公开予以宣告。

第七十七条　被宣告缓刑的犯罪分子，在缓刑考验期限内犯新罪或者发现判决宣告以前还有其他罪没有判决的，应当撤销缓刑，对新犯的罪或者新发现的罪作出判决，把前罪和后罪所判处的刑罚，依照本法第六十九条的规定，决定执行的刑罚。

被宣告缓刑的犯罪分子，在缓刑考验期限内，违反法律、行政法规或者国务院有关部门关于缓刑的监督管理规定，或者违反人民法院判决中的禁止令，情节严重的，应当撤销缓刑，执行原判刑罚。

第六节　减　刑

第七十八条　被判处管制、拘役、有期徒刑、无期徒刑的犯罪分子，在执行期间，如果认真遵守监规，接受教育改造，确有悔改表现的，或者有立功表现的，可以减刑；有下列重大立功表现之一的，应当减刑：

(一)阻止他人重大犯罪活动的；

(二)检举监狱内外重大犯罪活动，经查证属实的；

(三)有发明创造或者重大技术革新的;

(四)在日常生产、生活中舍己救人的;

(五)在抗御自然灾害或者排除重大事故中,有突出表现的;

(六)对国家和社会有其他重大贡献的。

减刑以后实际执行的刑期不能少于下列期限:

(一)判处管制、拘役、有期徒刑的,不能少于原判刑期的二分之一;

(二)判处无期徒刑的,不能少于十三年;

(三)人民法院依照本法第五十条第二款规定限制减刑的死刑缓期执行的犯罪分子,缓期执行期满后依法减为无期徒刑的,不能少于二十五年,缓期执行期满后依法减为二十五年有期徒刑的,不能少于二十年。

第七十九条 对于犯罪分子的减刑,由执行机关向中级以上人民法院提出减刑建议书。人民法院应当组成合议庭进行审理,对确有悔改或者立功事实的,裁定予以减刑。非经法定程序不得减刑。

第八十条 无期徒刑减为有期徒刑的刑期,从裁定减刑之日起计算。

第七节 假 释

第八十一条 被判处有期徒刑的犯罪分子,执行原判刑期二分之一以上,被判处无期徒刑的犯罪分子,实际执行十三年以上,如果认真遵守监规,接受教育改造,确有悔改表现,没有再犯罪的危险的,可以假释。如果有特殊情况,经最高人民法院核准,可以不受上述执行刑期的限制。

对累犯以及因故意杀人、强奸、抢劫、绑架、放火、爆炸、投放危险物质或者有组织的暴力性犯罪被判处十年以上有期徒刑、无期徒刑的犯罪分子,不得假释。

对犯罪分子决定假释时,应当考虑其假释后对所居住社区的影响。

第八十二条 对于犯罪分子的假释,依照本法第七十九条规定的程序进行。非经法定程序不得假释。

第八十三条 有期徒刑的假释考验期限,为没有执行完毕的刑期;无期徒刑的假释考验期限为十年。

假释考验期限,从假释之日起计算。

第八十四条 被宣告假释的犯罪分子,应当遵守下列规定:

(一)遵守法律、行政法规,服从监督;

(二)按照监督机关的规定报告自己的活动情况;

(三)遵守监督机关关于会客的规定;

(四)离开所居住的市、县或者迁居,应当报经监督机关批准。

第八十五条　对假释的犯罪分子,在假释考验期限内,依法实行社区矫正,如果没有本法第八十六条规定的情形,假释考验期满,就认为原判刑罚已经执行完毕,并公开予以宣告。

第八十六条　被假释的犯罪分子,在假释考验期限内犯新罪,应当撤销假释,依照本法第七十一条的规定实行数罪并罚。

在假释考验期限内,发现被假释的犯罪分子在判决宣告以前还有其他罪没有判决的,应当撤销假释,依照本法第七十条的规定实行数罪并罚。

被假释的犯罪分子,在假释考验期限内,有违反法律、行政法规或者国务院有关部门关于假释的监督管理规定的行为,尚未构成新的犯罪的,应当依照法定程序撤销假释,收监执行未执行完毕的刑罚。

第八节　时　效

第八十七条　犯罪经过下列期限不再追诉:

(一)法定最高刑为不满五年有期徒刑的,经过五年;

(二)法定最高刑为五年以上不满十年有期徒刑的,经过十年;

(三)法定最高刑为十年以上有期徒刑的,经过十五年;

(四)法定最高刑为无期徒刑、死刑的,经过二十年。如果二十年以后认为必须追诉的,须报请最高人民检察院核准。

第八十八条　在人民检察院、公安机关、国家安全机关立案侦查或者在人民法院受理案件以后,逃避侦查或者审判的,不受追诉期限的限制。

被害人在追诉期限内提出控告,人民法院、人民检察院、公安机关应当立案而不予立案的,不受追诉期限的限制。

第八十九条　追诉期限从犯罪之日起计算;犯罪行为有连续或者继续状态的,从犯罪行为终了之日起计算。

在追诉期限以内又犯罪的,前罪追诉的期限从犯后罪之日起计算。

第五章　其他规定

第九十条　民族自治地方不能全部适用本法规定的,可以由自治区或者省的人民代表大会根据当地民族的政治、经济、文化的特点和本法规定的基本原则,制定变通或者补充的规定,报请全国人民代表大会常务委员会批准施行。

第九十一条　本法所称公共财产,是指下列财产:

(一)国有财产;

(二)劳动群众集体所有的财产;

(三)用于扶贫和其他公益事业的社会捐助或者专项基金的财产。

在国家机关、国有公司、企业、集体企业和人民团体管理、使用或者运输中的私人财产,以公共财产论。

第九十二条　本法所称公民私人所有的财产,是指下列财产:

(一)公民的合法收入、储蓄、房屋和其他生活资料;

(二)依法归个人、家庭所有的生产资料;

(三)个体户和私营企业的合法财产;

(四)依法归个人所有的股份、股票、债券和其他财产。

第九十三条　本法所称国家工作人员,是指国家机关中从事公务的人员。

国有公司、企业、事业单位、人民团体中从事公务的人员和国家机关、国有公司、企业、事业单位委派到非国有公司、企业、事业单位、社会团体从事公务的人员,以及其他依照法律从事公务的人员,以国家工作人员论。

第九十四条　本法所称司法工作人员,是指有侦查、检察、审判、监管职责的工作人员。

第九十五条　本法所称重伤,是指有下列情形之一的伤害:

(一)使人肢体残废或者毁人容貌的;

(二)使人丧失听觉、视觉或者其他器官机能的;

(三)其他对于人身健康有重大伤害的。

第九十六条　本法所称违反国家规定,是指违反全国人民代表大会及其常务委员会制定的法律和决定,国务院制定的行政法规、规定的行政措施、发布的决定和命令。

第九十七条　本法所称首要分子,是指在犯罪集团或者聚众犯罪中起组织、策划、指挥作用的犯罪分子。

第九十八条　本法所称告诉才处理,是指被害人告诉才处理。如果被害人因受强制、威吓无法告诉的,人民检察院和被害人的近亲属也可以告诉。

第九十九条　本法所称以上、以下、以内,包括本数。

第一百条　依法受过刑事处罚的人,在入伍、就业的时候,应当如实向有关单位报告自己曾受过刑事处罚,不得隐瞒。

犯罪的时候不满十八周岁被判处五年有期徒刑以下刑罚的人,免除前款规定的报告义务。

第一百零一条　本法总则适用于其他有刑罚规定的法律,但是其他法律有特别规定的除外。

第二编 分 则

第二章 危害公共安全罪

第一百一十四条 放火、决水、爆炸以及投放毒害性、放射性、传染病病原体等物质或者以其他危险方法危害公共安全,尚未造成严重后果的,处三年以上十年以下有期徒刑。

第一百一十五条 放火、决水、爆炸以及投放毒害性、放射性、传染病病原体等物质或者以其他危险方法致人重伤、死亡或者使公私财产遭受重大损失的,处十年以上有期徒刑、无期徒刑或者死刑。

过失犯前款罪的,处三年以上七年以下有期徒刑;情节较轻的,处三年以下有期徒刑或者拘役。

第一百一十六条 破坏火车、汽车、电车、船只、航空器,足以使火车、汽车、电车、船只、航空器发生倾覆、毁坏危险,尚未造成严重后果的,处三年以上十年以下有期徒刑。

第一百一十七条 破坏轨道、桥梁、隧道、公路、机场、航道、灯塔、标志或者进行其他破坏活动,足以使火车、汽车、电车、船只、航空器发生倾覆、毁坏危险,尚未造成严重后果的,处三年以上十年以下有期徒刑。

第一百一十八条 破坏电力、燃气或者其他易燃易爆设备,危害公共安全,尚未造成严重后果的,处三年以上十年以下有期徒刑。

第一百一十九条 破坏交通工具、交通设施、电力设备、燃气设备、易燃易爆设备,造成严重后果的,处十年以上有期徒刑、无期徒刑或者死刑。

过失犯前款罪的,处三年以上七年以下有期徒刑;情节较轻的,处三年以下有期徒刑或者拘役。

第一百二十条 组织、领导恐怖活动组织的,处十年以上有期徒刑或者无期徒刑;积极参加的,处三年以上十年以下有期徒刑;其他参加的,处三年以下有期徒刑、拘役、管制或者剥夺政治权利。

犯前款罪并实施杀人、爆炸、绑架等犯罪的,依照数罪并罚的规定处罚。

资助恐怖活动组织或者实施恐怖活动的个人的,处五年以下有期徒刑、拘役、管制或者剥夺政治权利,并处罚金;情节严重的,处五年以上有期徒刑,并处罚金或者没收财产。

单位犯前款罪的,对单位判处罚金,并对其直接负责的主管人员和其他直接责任人员,依照前款的规定处罚。

第一百二十一条 以暴力、胁迫或者其他方法劫持航空器的,处十年以上有期徒刑或者无期徒刑;致人重伤、死亡或者使航空器遭受严重破坏的,处死刑。

第一百二十二条 以暴力、胁迫或者其他方法劫持船只、汽车的,处五年以上十年以下有期徒刑;造成严重后果的,处十年以上有期徒刑或者无期徒刑。

第一百二十三条 对飞行中的航空器上的人员使用暴力,危及飞行安全,尚未造成严重后果的,处五年以下有期徒刑或者拘役;造成严重后果的,处五年以上有期徒刑。

第一百二十四条 破坏广播电视设施、公用电信设施,危害公共安全的,处三年以上七年以下有期徒刑;造成严重后果的,处七年以上有期徒刑。

过失犯前款罪的,处三年以上七年以下有期徒刑;情节较轻的,处三年以下有期徒刑或者拘役。

第一百二十五条 非法制造、买卖、运输、邮寄、储存枪支、弹药、爆炸物的,处三年以上十年以下有期徒刑;情节严重的,处十年以上有期徒刑、无期徒刑或者死刑。

非法制造、买卖、运输、储存毒害性、放射性、传染病病原体等物质,危害公共安全的,依照前款的规定处罚。

单位犯前两款罪的,对单位判处罚金,并对其直接负责的主管人员和其他直接责任人员,依照第一款的规定处罚。

第一百二十六条 依法被指定、确定的枪支制造企业、销售企业,违反枪支管理规定,有下列行为之一的,对单位判处罚金,并对其直接负责的主管人员和其他直接责任人员,处五年以下有期徒刑;情节严重的,处五年以上十年以下有期徒刑;情节特别严重的,处十年以上有期徒刑或者无期徒刑:

(一)以非法销售为目的,超过限额或者不按照规定的品种制造、配售枪支的;

(二)以非法销售为目的,制造无号、重号、假号的枪支的;

(三)非法销售枪支或者在境内销售为出口制造的枪支的。

第一百二十七条 盗窃、抢夺枪支、弹药、爆炸物的,或者盗窃、抢夺毒害性、放射性、传染病病原体等物质,危害公共安全的,处三年以上十年以下有期徒刑;情节严重的,处十年以上有期徒刑、无期徒刑或者死刑。

抢劫枪支、弹药、爆炸物的,或者抢劫毒害性、放射性、传染病病原体等物质,危害公共安全的,或者盗窃、抢夺国家机关、军警人员、民兵的枪支、弹药、爆炸物的,处十年以上有期徒刑、无期徒刑或者死刑。

第一百二十八条　违反枪支管理规定,非法持有、私藏枪支、弹药的,处三年以下有期徒刑、拘役或者管制;情节严重的,处三年以上七年以下有期徒刑。

依法配备公务用枪的人员,非法出租、出借枪支的,依照前款的规定处罚。

依法配置枪支的人员,非法出租、出借枪支,造成严重后果的,依照第一款的规定处罚。

单位犯第二款、第三款罪的,对单位判处罚金,并对其直接负责的主管人员和其他直接责任人员,依照第一款的规定处罚。

第一百二十九条　依法配备公务用枪的人员,丢失枪支不及时报告,造成严重后果的,处三年以下有期徒刑或者拘役。

第一百三十条　非法携带枪支、弹药、管制刀具或者爆炸性、易燃性、放射性、毒害性、腐蚀性物品,进入公共场所或者公共交通工具,危及公共安全,情节严重的,处三年以下有期徒刑、拘役或者管制。

第一百三十一条　航空人员违反规章制度,致使发生重大飞行事故,造成严重后果的,处三年以下有期徒刑或者拘役;造成飞机坠毁或者人员死亡的,处三年以上七年以下有期徒刑。

第一百三十二条　铁路职工违反规章制度,致使发生铁路运营安全事故,造成严重后果的,处三年以下有期徒刑或者拘役;造成特别严重后果的,处三年以上七年以下有期徒刑。

第一百三十三条　违反交通运输管理法规,因而发生重大事故,致人重伤、死亡或者使公私财产遭受重大损失的,处三年以下有期徒刑或者拘役;交通运输肇事后逃逸或者有其他特别恶劣情节的,处三年以上七年以下有期徒刑;因逃逸致人死亡的,处七年以上有期徒刑。

在道路上驾驶机动车追逐竞驶,情节恶劣的,或者在道路上醉酒驾驶机动车的,处拘役,并处罚金。

有前款行为,同时构成其他犯罪的,依照处罚较重的规定定罪处罚。

第一百三十四条　在生产、作业中违反有关安全管理的规定,因而发生重大伤亡事故或者造成其他严重后果的,处三年以下有期徒刑或者拘役;情节特别恶劣的,处三年以上七年以下有期徒刑。

强令他人违章冒险作业,因而发生重大伤亡事故或者造成其他严重后果的,处五年以下有期徒刑或者拘役;情节特别恶劣的,处五年以上有期徒刑。

第一百三十五条 安全生产设施或者安全生产条件不符合国家规定,因而发生重大伤亡事故或者造成其他严重后果的,对直接负责的主管人员和其他直接责任人员,处三年以下有期徒刑或者拘役;情节特别恶劣的,处三年以上七年以下有期徒刑。

举办大型群众性活动违反安全管理规定,因而发生重大伤亡事故或者造成其他严重后果的,对直接负责的主管人员和其他直接责任人员,处三年以下有期徒刑或者拘役;情节特别恶劣的,处三年以上七年以下有期徒刑。

第一百三十六条 违反爆炸性、易燃性、放射性、毒害性、腐蚀性物品的管理规定,在生产、储存、运输、使用中发生重大事故,造成严重后果的,处三年以下有期徒刑或者拘役;后果特别严重的,处三年以上七年以下有期徒刑。

第一百三十七条 建设单位、设计单位、施工单位、工程监理单位违反国家规定,降低工程质量标准,造成重大安全事故的,对直接责任人员,处五年以下有期徒刑或者拘役,并处罚金;后果特别严重的,处五年以上十年以下有期徒刑,并处罚金。

第一百三十八条 明知校舍或者教育教学设施有危险,而不采取措施或者不及时报告,致使发生重大伤亡事故的,对直接责任人员,处三年以下有期徒刑或者拘役;后果特别严重的,处三年以上七年以下有期徒刑。

第一百三十九条 违反消防管理法规,经消防监督机构通知采取改正措施而拒绝执行,造成严重后果的,对直接责任人员,处三年以下有期徒刑或者拘役;后果特别严重的,处三年以上七年以下有期徒刑。

在安全事故发生后,负有报告职责的人员不报或者谎报事故情况,贻误事故抢救,情节严重的,处三年以下有期徒刑或者拘役;情节特别严重的,处三年以上七年以下有期徒刑。

第三章 破坏社会主义市场经济秩序罪

第一节 生产、销售伪劣商品罪

第一百四十条 生产者、销售者在产品中掺杂、掺假,以假充真,以次充好或者以不合格产品冒充合格产品,销售金额五万元以上不满二十万元的,处二年以下有期徒刑或者拘役,并处或者单处销售金额百分之五十以上二倍以下罚金;销售金额二十万元以上不满五十万元的,处二年以上七年以下有期徒刑,并处销售金额百分之五十以上二倍以下罚金;销售金额五十万元以上不满二百万元的,处七年以上有期徒刑,并处销售金额百分之五十以上二倍以下罚金;销售金额二百万元以上的,处十五年有期徒刑或者无期徒刑,并处销售金额百分之五十以上二倍以下罚金或者没收财产。

第一百四十一条 生产、销售假药的,处三年以下有期徒刑或者拘役,并处罚金;对人体健康造成严重危害或者有其他严重情节的,处三年以上十年以下有期徒刑,并处罚金;致人死亡或者有其他特别严重情节的,处十年以上有期徒刑、无期徒刑或者死刑,并处罚金或者没收财产。

本条所称假药,是指依照《中华人民共和国药品管理法》的规定属于假药和按假药处理的药品、非药品。

第一百四十二条 生产、销售劣药,对人体健康造成严重危害的,处三年以上十年以下有期徒刑,并处销售金额百分之五十以上二倍以下罚金;后果特别严重的,处十年以上有期徒刑或者无期徒刑,并处销售金额百分之五十以上二倍以下罚金或者没收财产。

本条所称劣药,是指依照《中华人民共和国药品管理法》的规定属于劣药的药品。

第一百四十三条 生产、销售不符合食品安全标准的食品,足以造成严重食物中毒事故或者其他严重食源性疾病的,处三年以下有期徒刑或者拘役,并处罚金;对人体健康造成严重危害或者有其他严重情节的,处三年以上七年以下有期徒刑,并处罚金;后果特别严重的,处七年以上有期徒刑或者无期徒刑,并处罚金或者没收财产。

第一百四十四条 在生产、销售的食品中掺入有毒、有害的非食品原料的,或者销售明知掺有有毒、有害的非食品原料的食品的,处五年以下有期徒刑,并处罚金;对人体健康造成严重危害或者有其他严重情节的,处五年以上十年以下有期徒刑,并处罚金;致人死亡或者有其他特别严重情节的,依照本法第一百四十一条的规定处罚。

第一百四十五条 生产不符合保障人体健康的国家标准、行业标准的医疗器械、医用卫生材料,或者销售明知是不符合保障人体健康的国家标准、行业标准的医疗器械、医用卫生材料,足以严重危害人体健康的,处三年以下有期徒刑或者拘役,并处销售金额百分之五十以上二倍以下罚金;对人体健康造成严重危害的,处三年以上十年以下有期徒刑,并处销售金额百分之五十以上二倍以下罚金;后果特别严重的,处十年以上有期徒刑或者无期徒刑,并处销售金额百分之五十以上二倍以下罚金或者没收财产。

第一百四十六条 生产不符合保障人身、财产安全的国家标准、行业标准的电器、压力容器、易燃易爆产品或者其他不符合保障人身、财产安全的国家标准、行业标准的产品,或者销售明知是以上不符合保障人身、财产安全的国家标准、行业标准的产品,造成严重后果的,处五年以下有期徒刑,并处销售金额百分之五十以上二倍以下罚金;后果特别严重的,处五年以上有期徒刑,并处销售金额百分之五十以上二倍以下罚金。

第一百四十七条 生产假农药、假兽药、假化肥,销售明知是假的或者失去使用效能的农药、兽药、化肥、种子,或者生产者、销售者以不合格的农药、兽药、化肥、种子冒充合格的农药、兽药、化肥、种子,使生产遭受较大损失的,处三年以下有期徒刑或者拘役,并处或者单处销售金额百分之五十以上二倍以下罚金;使生产遭受重大损失的,处三年以上七年以下有期徒刑,并处销售金额百分之五十以上二倍以下罚金;使生产遭受特别重大损失的,处七年以上有期徒刑或者无期徒刑,并处销售金额百分之五十以上二倍以下罚金或者没收财产。

第一百四十八条 生产不符合卫生标准的化妆品,或者销售明知是不符合卫生标准的化妆品,造成严重后果的,处三年以下有期徒刑或者拘役,并处或者单处销售金额百分之五十以上二倍以下罚金。

第一百四十九条 生产、销售本节第一百四十一条至第一百四十八条所列产品,不构成各该条规定的犯罪,但是销售金额在五万元以上的,依照本节第一百四十条的规定定罪处罚。

生产、销售本节第一百四十一条至第一百四十八条所列产品,构成各该条规定的犯罪,同时又构成本节第一百四十条规定之罪的,依照处罚较重的规定定罪处罚。

第一百五十条 单位犯本节第一百四十条至第一百四十八条规定之罪的,对单位判处罚金,并对其直接负责的主管人员和其他直接责任人员,依照各该条的规定处罚。

第二节 走私罪

第一百五十一条 走私武器、弹药、核材料或者伪造的货币的,处七年以上有期徒刑,并处罚金或者没收财产;情节特别严重的,处无期徒刑或者死刑,并处没收财产;情节较轻的,处三年以上七年以下有期徒刑,并处罚金。

走私国家禁止出口的文物、黄金、白银和其他贵重金属或者国家禁止进出口的珍贵动物及其制品的,处五年以上十年以下有期徒刑,并处罚金;情节特别严重的,处十年以上有期徒刑或者无期徒刑,并处没收财产;情节较轻的,处五年以下有期徒刑,并处罚金。

走私珍稀植物及其制品等国家禁止进出口的其他货物、物品的,处五年以下有期徒刑或者拘役,并处或者单处罚金;情节严重的,处五年以上有期徒刑,并处罚金。

单位犯本条规定之罪的,对单位判处罚金,并对其直接负责的主管人员和其他直接责任人员,依照本条各款的规定处罚。

第一百五十二条 以牟利或者传播为目的,走私淫秽的影片、录像带、录音带、图片、书刊或者其他淫秽物品的,处三年以上十年以下有期徒刑,并处罚金;情节严重的,处十年以上有期徒刑或者无期徒刑,并处罚金或者没收财产;情节较轻的,处三年以下有期徒刑、拘役或者管制,并处罚金。

逃避海关监管将境外固体废物、液态废物和气态废物运输进境,情节严重的,处五年以下有期徒刑,并处或者单处罚金;情节特别严重的,处五年以上有期徒刑,并处罚金。

单位犯前两款罪的,对单位判处罚金,并对其直接负责的主管人员和其他直接责任人员,依照前两款的规定处罚。

第一百五十三条 走私本法第一百五十一条、第一百五十二条、第三百四十七条规定以外的货物、物品的,根据情节轻重,分别依照下列规定处罚:

(一)走私货物、物品偷逃应缴税额较大或者一年内曾因走私被给予二次行政处罚后又走私的,处三年以下有期徒刑或者拘役,并处偷逃应缴税额一倍以上五倍以下罚金。

(二)走私货物、物品偷逃应缴税额巨大或者有其他严重情节的,处三年以上十年以下有期徒刑,并处偷逃应缴税额一倍以上五倍以下罚金。

(三)走私货物、物品偷逃应缴税额特别巨大或者有其他特别严重情节的,处十年以上有期徒刑或者无期徒刑,并处偷逃应缴税额一倍以上五倍以下罚金或者没收财产。

单位犯前款罪的,对单位判处罚金,并对其直接负责的主管人员和其他直接责任人员,处三年以下有期徒刑或者拘役;情节严重的,处三年以上十年以下有期徒刑;情节特别严重的,处十年以上有期徒刑。

对多次走私未经处理的,按照累计走私货物、物品的偷逃应缴税额处罚。

第一百五十四条 下列走私行为,根据本节规定构成犯罪的,依照本法第一百五十三条的规定定罪处罚:

(一)未经海关许可并且未补缴应缴税额,擅自将批准进口的来料加工、来件装配、补偿贸易的原材料、零件、制成品、设备等保税货物,在境内销售牟利的;

(二)未经海关许可并且未补缴应缴税额,擅自将特定减税、免税进口的货物、物品,在境内销售牟利的。

第一百五十五条 下列行为,以走私罪论处,依照本节的有关规定处罚:

(一)直接向走私人非法收购国家禁止进口物品的,或者直接向走私人非法收购走私进口的其他货物、物品,数额较大的;

(二)在内海、领海、界河、界湖运输、收购、贩卖国家禁止进出口物品的,或者运输、收购、贩卖国家限制进出口货物、物品,数额较大,没有合法证明的。

第一百五十六条 与走私罪犯通谋,为其提供贷款、资金、账号、发票、证明,或者为其提供运输、保管、邮寄或者其他方便的,以走私罪的共犯论处。

第一百五十七条 武装掩护走私的,依照本法第一百五十一条第一款的规定从重处罚。

以暴力、威胁方法抗拒缉私的,以走私罪和本法第二百七十七条规定的阻碍国家机关工作人员依法执行职务罪,依照数罪并罚的规定处罚。

第三节 妨害对公司、企业的管理秩序罪

第一百五十八条 申请公司登记使用虚假证明文件或者采取其他欺诈手段虚报注册资本,欺骗公司登记主管部门,取得公司登记,虚报注册资本数额巨大、后果严重或者有其他严重情节的,处三年以下有期徒刑或者拘役,并处或者单处虚报注册资本金额百分之一以上百分之五以下罚金。

单位犯前款罪的,对单位判处罚金,并对其直接负责的主管人员和其他直接责任人员,处三年以下有期徒刑或者拘役。

第一百五十九条 公司发起人、股东违反公司法的规定未交付货币、实物或者未转移财产权,虚假出资,或者在公司成立后又抽逃其出资,数额巨大、后果严重或者有其他严重情节的,处五年以下有期徒刑或者拘役,并处或者单处虚假出资金额或者抽逃出资金额百分之二以上百分之十以下罚金。

单位犯前款罪的,对单位判处罚金,并对其直接负责的主管人员和其他直接责任人员,处五年以下有期徒刑或者拘役。

第一百六十条 在招股说明书、认股书、公司、企业债券募集办法中隐瞒重要事实或者编造重大虚假内容,发行股票或者公司、企业债券,数额巨大、后果严重或者有其他严重情节的,处五年以下有期徒刑或者拘役,并处或者单处非法募集资金金额百分之一以上百分之五以下罚金。

单位犯前款罪的,对单位判处罚金,并对其直接负责的主管人员和其他直接责任人员,处五年以下有期徒刑或者拘役。

第一百六十一条 依法负有信息披露义务的公司、企业向股东和社会公众提供虚假的或者隐瞒重要事实的财务会计报告,或者对依法应当披露的其他重要信息不按照规定披露,严重损害股东或者其他人利益,或者有其他严重情节的,对其直接负责的主管人员和其他直接责任人员,处三年以下有期徒刑或者拘役,并处或者单处二万元以上二十万元以下罚金。

第一百六十二条 公司、企业进行清算时,隐匿财产,对资产负债表或者财产清单作虚伪记载或者在未清偿债务前分配公司、企业财产,严重损害债权人或者其他人利益的,对其直接负责的主管人员和其他直接责任人员,处五年以下有期徒刑或者拘役,并处或者单处二万元以上二十万元以下罚金。

隐匿或者故意销毁依法应当保存的会计凭证、会计账簿、财务会计报告,情节严重的,处五年以下有期徒刑或者拘役,并处或者单处二万元以上二十万元以下罚金。

单位犯前款罪的,对单位判处罚金,并对其直接负责的主管人员和其他直接责任人员,依照前款的规定处罚。

公司、企业通过隐匿财产、承担虚构的债务或者以其他方法转移、处分财产,实施虚假破产,严重损害债权人或者其他人利益的,对其直接负责的主管人员和其他直接责任人员,处五年以下有期徒刑或者拘役,并处或者单处二万元以上二十万元以下罚金。

第一百六十三条 公司、企业或者其他单位的工作人员利用职务上的便利,索取他人财物或者非法收受他人财物,为他人谋取利益,数额较大的,处五年以下有期徒刑或者拘役;数额巨大的,处五年以上有期徒刑,可以并处没收财产。

公司、企业或者其他单位的工作人员在经济往来中,利用职务上的便利,违反国家规定,收受各种名义的回扣、手续费,归个人所有的,依照前款的规定处罚。

国有公司、企业或者其他国有单位中从事公务的人员和国有公司、企业或者其他国有单位委派到非国有公司、企业以及其他单位从事公务的人员有前两款行为的,依照本法第三百八十五条、第三百八十六条的规定定罪处罚。

第一百六十四条 为谋取不正当利益,给予公司、企业或者其他单位的工作人员以财物,数额较大的,处三年以下有期徒刑或者拘役;数额巨大的,处三年以上十年以下有期徒刑,并处罚金。

为谋取不正当商业利益,给予外国公职人员或者国际公共组织官员以财物的,依照前款的规定处罚。

单位犯前两款罪的,对单位判处罚金,并对其直接负责的主管人员和其他直接责任人员,依照第一款的规定处罚。

行贿人在被追诉前主动交待行贿行为的,可以减轻处罚或者免除处罚。

第一百六十五条 国有公司、企业的董事、经理利用职务便利,自己经营或者为他人经营与其所任职公司、企业同类的营业,获取非法利益,数额巨大的,处三年以下有期徒刑或者拘役,并处或者单处罚金;数额特别巨大的,处三年以上七年以下有期徒刑,并处罚金。

第一百六十六条 国有公司、企业、事业单位的工作人员,利用职务便利,有下列情形之一,使国家利益遭受重大损失的,处三年以下有期徒刑或者拘役,并处或者单处罚金;致使国家利益遭受特别重大损失的,处三年以上七年以下有期徒刑,并处罚金:

(一)将本单位的盈利业务交由自己的亲友进行经营的;

(二)以明显高于市场的价格向自己的亲友经营管理的单位采购商品或者以明显低于市场的价格向自己的亲友经营管理的单位销售商品的;

(三)向自己的亲友经营管理的单位采购不合格商品的。

第一百六十七条 国有公司、企业、事业单位直接负责的主管人员,在签订、履行合同过程中,因严重不负责任被诈骗,致使国家利益遭受重大损失的,处三年以下有期徒刑或者拘役;致使国家利益遭受特别重大损失的,处三年以上七年以下有期徒刑。

第一百六十八条 国有公司、企业的工作人员,由于严重不负责任或者滥用职权,造成国有公司、企业破产或者严重损失,致使国家利益遭受重大损失的,处三年以下有期徒刑或者拘役;致使国家利益遭受特别重大损失的,处三年以上七年以下有期徒刑。

国有事业单位的工作人员有前款行为,致使国家利益遭受重大损失的,依照前款的规定处罚。

国有公司、企业、事业单位的工作人员,徇私舞弊,犯前两款罪的,依照第一款的规定从重处罚。

第一百六十九条 国有公司、企业或者其上级主管部门直接负责的主管人员,徇私舞弊,将国有资产低价折股或者低价出售,致使国家利益遭受重大损失的,处三年以下有期徒刑或者拘役;致使国家利益遭受特别重大损失的,处三年以上七年以下有期徒刑。

上市公司的董事、监事、高级管理人员违背对公司的忠实义务,利用职务便利,操纵上市公司从事下列行为之一,致使上市公司利益遭受重大损失的,处三年以下有期徒刑或者拘役,并处或者单处罚金;致使上市公司利益遭受特别重大损失的,处三年以上七年以下有期徒刑,并处罚金:

(一)无偿向其他单位或者个人提供资金、商品、服务或者其他资产的;

(二)以明显不公平的条件,提供或者接受资金、商品、服务或者其他资产的;

(三)向明显不具有清偿能力的单位或者个人提供资金、商品、服务或者其他资产的;

(四)为明显不具有清偿能力的单位或者个人提供担保,或者无正当理由为其他单位或者个人提供担保的;

(五)无正当理由放弃债权、承担债务的;

(六)采用其他方式损害上市公司利益的。

上市公司的控股股东或者实际控制人,指使上市公司董事、监事、高级管理人员实施前款行为的,依照前款的规定处罚。

犯前款罪的上市公司的控股股东或者实际控制人是单位的,对单位判处罚金,并对其直接负责的主管人员和其他直接责任人员,依照第一款的规定处罚。

第四节　破坏金融管理秩序罪

第一百七十条　伪造货币的,处三年以上十年以下有期徒刑,并处五万元以上五十万元以下罚金;有下列情形之一的,处十年以上有期徒刑、无期徒刑或者死刑,并处五万元以上五十万元以下罚金或者没收财产:

(一)伪造货币集团的首要分子;

(二)伪造货币数额特别巨大的;

(三)有其他特别严重情节的。

第一百七十一条　出售、购买伪造的货币或者明知是伪造的货币而运输,数额较大的,处三年以下有期徒刑或者拘役,并处二万元以上二十万元以下罚金;数额巨大的,处三年以上十年以下有期徒刑,并处五万元以上五十万元以下罚金;数额特别巨大的,处十年以上有期徒刑或者无期徒刑,并处五万元以上五十万元以下罚金或者没收财产。

银行或者其他金融机构的工作人员购买伪造的货币或者利用职务上的便利,以伪造的货币换取货币的,处三年以上十年以下有期徒刑,并处二万元以上二十万元以下罚金;数额巨大或者有其他严重情节的,处十年以上有期徒刑或者无期徒刑,并处二万元以上二十万元以下罚金或者没收财产;情节较轻的,处三年以下有期徒刑或者拘役,并处或者单处一万元以上十万元以下罚金。

伪造货币并出售或者运输伪造的货币的,依照本法第一百七十条的规定定罪从重处罚。

第一百七十二条 明知是伪造的货币而持有、使用,数额较大的,处三年以下有期徒刑或者拘役,并处或者单处一万元以上十万元以下罚金;数额巨大的,处三年以上十年以下有期徒刑,并处二万元以上二十万元以下罚金;数额特别巨大的,处十年以上有期徒刑,并处五万元以上五十万元以下罚金或者没收财产。

第一百七十三条 变造货币,数额较大的,处三年以下有期徒刑或者拘役,并处或者单处一万元以上十万元以下罚金;数额巨大的,处三年以上十年以下有期徒刑,并处二万元以上二十万元以下罚金。

第一百七十四条 未经国家有关主管部门批准,擅自设立商业银行、证券交易所、期货交易所、证券公司、期货经纪公司、保险公司或者其他金融机构的,处三年以下有期徒刑或者拘役,并处或者单处二万元以上二十万元以下罚金;情节严重的,处三年以上十年以下有期徒刑,并处五万元以上五十万元以下罚金。

伪造、变造、转让商业银行、证券交易所、期货交易所、证券公司、期货经纪公司、保险公司或者其他金融机构的经营许可证或者批准文件的,依照前款的规定处罚。

单位犯前两款罪的,对单位判处罚金,并对其直接负责的主管人员和其他直接责任人员,依照第一款的规定处罚。

第一百七十五条 以转贷牟利为目的,套取金融机构信贷资金高利转贷他人,违法所得数额较大的,处三年以下有期徒刑或者拘役,并处违法所得一倍以上五倍以下罚金;数额巨大的,处三年以上七年以下有期徒刑,并处违法所得一倍以上五倍以下罚金。

单位犯前款罪的,对单位判处罚金,并对其直接负责的主管人员和其他直接责任人员,处三年以下有期徒刑或者拘役。

以欺骗手段取得银行或者其他金融机构贷款、票据承兑、信用证、保函等,给银行或者其他金融机构造成重大损失或者有其他严重情节的,处三年以下有期徒刑或者拘役,并处或者单处罚金;给银行或者其他金融机构造成特别重大损失或者有其他特别严重情节的,处三年以上七年以下有期徒刑,并处罚金。

单位犯前款罪的,对单位判处罚金,并对其直接负责的主管人员和其他直接责任人员,依照前款的规定处罚。

第一百七十六条 非法吸收公众存款或者变相吸收公众存款,扰乱金融秩序的,处三年以下有期徒刑或者拘役,并处或者单处二万元以上二十万元以下罚金;数额巨大或者有其他严重情节的,处三年以上十年以下有期徒刑,并处五万元以上五十万元以下罚金。

单位犯前款罪的,对单位判处罚金,并对其直接负责的主管人员和其他直接责任人员,依照前款的规定处罚。

第一百七十七条 有下列情形之一,伪造、变造金融票证的,处五年以下有期徒刑或者拘役,并处或者单处二万元以上二十万元以下罚金;情节严重的,处五年以上十年以下有期徒刑,并处五万元以上五十万元以下罚金;情节特别严重的,处十年以上有期徒刑或者无期徒刑,并处五万元以上五十万元以下罚金或者没收财产:

(一)伪造、变造汇票、本票、支票的;

(二)伪造、变造委托收款凭证、汇款凭证、银行存单等其他银行结算凭证的;

(三)伪造、变造信用证或者附随的单据、文件的;

(四)伪造信用卡的。

单位犯前款罪的,对单位判处罚金,并对其直接负责的主管人员和其他直接责任人员,依照前款的规定处罚。

有下列情形之一,妨害信用卡管理的,处三年以下有期徒刑或者拘役,并处或者单处一万元以上十万元以下罚金;数量巨大或者有其他严重情节的,处三年以上十年以下有期徒刑,并处二万元以上二十万元以下罚金:

(一)明知是伪造的信用卡而持有、运输的,或者明知是伪造的空白信用卡而持有、运输,数量较大的;

(二)非法持有他人信用卡,数量较大的;

(三)使用虚假的身份证明骗领信用卡的;

(四)出售、购买、为他人提供伪造的信用卡或者以虚假的身份证明骗领的信用卡的。

窃取、收买或者非法提供他人信用卡信息资料的,依照前款规定处罚。

银行或者其他金融机构的工作人员利用职务上的便利,犯第二款罪的,从重处罚。

第一百七十八条 伪造、变造国库券或者国家发行的其他有价证券,数额较大的,处三年以下有期徒刑或者拘役,并处或者单处二万元以上二十万元以下罚金;数额巨大的,处三年以上十年以下有期徒刑,并处五万元以上五十万元以下罚金;数额特别巨大的,处十年以上有期徒刑或者无期徒刑,并处五万元以上五十万元以下罚金或者没收财产。

伪造、变造股票或者公司、企业债券,数额较大的,处三年以下有期徒刑或者拘役,并处或者单处一万元以上十万元以下罚金;数额巨大的,处三年以上十年以下有期徒刑,并处二万元以上二十万元以下罚金。

单位犯前两款罪的,对单位判处罚金,并对其直接负责的主管人员和其他直接责任人员,依照前两款的规定处罚。

第一百七十九条 未经国家有关主管部门批准,擅自发行股票或者公司、企业债券,数额巨大、后果严重或者有其他严重情节的,处五年以下有期徒刑或者拘役,并处或者单处非法募集资金金额百分之一以上百分之五以下罚金。

单位犯前款罪的,对单位判处罚金,并对其直接负责的主管人员和其他直接责任人员,处五年以下有期徒刑或者拘役。

第一百八十条 证券、期货交易内幕信息的知情人员或者非法获取证券、期货交易内幕信息的人员,在涉及证券的发行,证券、期货交易或者其他对证券、期货交易价格有重大影响的信息尚未公开前,买入或者卖出该证券,或者从事与该内幕信息有关的期货交易,或者泄露该信息,或者明示、暗示他人从事上述交易活动,情节严重的,处五年以下有期徒刑或者拘役,并处或者单处违法所得一倍以上五倍以下罚金;情节特别严重的,处五年以上十年以下有期徒刑,并处违法所得一倍以上五倍以下罚金。

单位犯前款罪的,对单位判处罚金,并对其直接负责的主管人员和其他直接责任人员,处五年以下有期徒刑或者拘役。

内幕信息、知情人员的范围,依照法律、行政法规的规定确定。

证券交易所、期货交易所、证券公司、期货经纪公司、基金管理公司、商业银行、保险公司等金融机构的从业人员以及有关监管部门或者行业协会的工作人员,利用因职务便利获取的内幕信息以外的其他未公开的信息,违反规定,从事与该信息相关的证券、期货交易活动,或者明示、暗示他人从事相关交易活动,情节严重的,依照第一款的规定处罚。

第一百八十一条 编造并且传播影响证券、期货交易的虚假信息,扰乱证券、期货交易市场,造成严重后果的,处五年以下有期徒刑或者拘役,并处或者单处一万元以上十万元以下罚金。

证券交易所、期货交易所、证券公司、期货经纪公司的从业人员,证券业协会、期货业协会或者证券期货监督管理部门的工作人员,故意提供虚假信息或者伪造、变造、销毁交易记录,诱骗投资者买卖证券、期货合约,造成严重后果的,处五年以下有期徒刑或者拘役,并处或者单处一万元以上十万元以下罚金;情节特别恶劣的,处五年以上十年以下有期徒刑,并处二万元以上二十万元以下罚金。

单位犯前两款罪的,对单位判处罚金,并对其直接负责的主管人员和其他直接责任人员,处五年以下有期徒刑或者拘役。

第一百八十二条 有下列情形之一,操纵证券、期货市场,情节严重的,处五年以下有期徒刑或者拘役,并处或者单处罚金;情节特别严重的,处五年以上十年以下有期徒刑,并处罚金:

(一)单独或者合谋,集中资金优势、持股或者持仓优势或者利用信息优势联合或者连续买卖,操纵证券、期货交易价格或者证券、期货交易量的;

(二)与他人串通,以事先约定的时间、价格和方式相互进行证券、期货交易,影响证券、期货交易价格或者证券、期货交易量的;

(三)在自己实际控制的账户之间进行证券交易,或者以自己为交易对象,自买自卖期货合约,影响证券、期货交易价格或者证券、期货交易量的;

(四)以其他方法操纵证券、期货市场的。

单位犯前款罪的,对单位判处罚金,并对其直接负责的主管人员和其他直接责任人员,依照前款的规定处罚。

第一百八十三条 保险公司的工作人员利用职务上的便利,故意编造未曾发生的保险事故进行虚假理赔,骗取保险金归自己所有的,依照本法第二百七十一条的规定定罪处罚。

国有保险公司工作人员和国有保险公司委派到非国有保险公司从事公务的人员有前款行为的,依照本法第三百八十二条、第三百八十三条的规定定罪处罚。

第一百八十四条 银行或者其他金融机构的工作人员在金融业务活动中索取他人财物或者非法收受他人财物,为他人谋取利益的,或者违反国家规定,收受各种名义的回扣、手续费,归个人所有的,依照本法第一百六十三条的规定定罪处罚。

国有金融机构工作人员和国有金融机构委派到非国有金融机构从事公务的人员有前款行为的,依照本法第三百八十五条、第三百八十六条的规定定罪处罚。

第一百八十五条 商业银行、证券交易所、期货交易所、证券公司、期货经纪公司、保险公司或者其他金融机构的工作人员利用职务上的便利,挪用本单位或者客户资金的,依照本法第二百七十二条的规定定罪处罚。

国有商业银行、证券交易所、期货交易所、证券公司、期货经纪公司、保险公司或者其他国有金融机构的工作人员和国有商业银行、证券交易所、期货交易所、证券公司、期货经纪公司、保险公司或者其他国有金融机构委派到前款规定中的非国有机构从事公务的人员有前款行为的,依照本法第三百八十四条的规定定罪处罚。

商业银行、证券交易所、期货交易所、证券公司、期货经纪公司、保险公司或者其他金融机构,违背受托义务,擅自运用客户资金或者其他委托、信托的财产,情节严重的,对单位判处罚金,并对其直接负责的主管人员和其他直接责任人员,处三年以下有期徒刑或者拘役,并处三万元以上三十万元以下罚金;情节特别严重的,处三年以上十年以下有期徒刑,并处五万元以上五十万元以下罚金。

社会保障基金管理机构、住房公积金管理机构等公众资金管理机构,以及保险公司、保险资产管理公司、证券投资基金管理公司,违反国家规定运用资金的,对其直接负责的主管人员和其他直接责任人员,依照前款的规定处罚。

第一百八十六条　银行或者其他金融机构的工作人员违反国家规定发放贷款,数额巨大或者造成重大损失的,处五年以下有期徒刑或者拘役,并处一万元以上十万元以下罚金;数额特别巨大或者造成特别重大损失的,处五年以上有期徒刑,并处二万元以上二十万元以下罚金。

银行或者其他金融机构的工作人员违反国家规定,向关系人发放贷款的,依照前款的规定从重处罚。

单位犯前两款罪的,对单位判处罚金,并对其直接负责的主管人员和其他直接责任人员,依照前两款的规定处罚。

关系人的范围,依照《中华人民共和国商业银行法》和有关金融法规确定。

第一百八十七条　银行或者其他金融机构的工作人员吸收客户资金不入账,数额巨大或者造成重大损失的,处五年以下有期徒刑或者拘役,并处二万元以上二十万元以下罚金;数额特别巨大或者造成特别重大损失的,处五年以上有期徒刑,并处五万元以上五十万元以下罚金。

单位犯前款罪的,对单位判处罚金,并对其直接负责的主管人员和其他直接责任人员,依照前款的规定处罚。

第一百八十八条　银行或者其他金融机构的工作人员违反规定,为他人出具信用证或者其他保函、票据、存单、资信证明,情节严重的,处五年以下有期徒刑或者拘役;情节特别严重的,处五年以上有期徒刑。

单位犯前款罪的,对单位判处罚金,并对其直接负责的主管人员和其他直接责任人员,依照前款的规定处罚。

第一百八十九条　银行或者其他金融机构的工作人员在票据业务中,对违反票据法规定的票据予以承兑、付款或者保证,造成重大损失的,处五年以下有期徒刑或者拘役;造成特别重大损失的,处五年以上有期徒刑。

单位犯前款罪的,对单位判处罚金,并对其直接负责的主管人员和其他直接责任人员,依照前款的规定处罚。

第一百九十条　国有公司、企业或者其他国有单位,违反国家规定,擅自将外汇存放境外,或者将境内的外汇非法转移到境外,情节严重的,对单位判处罚金,并对其直接负责的主管人员和其他直接责任人员,处五年以下有期徒刑或者拘役。

第一百九十一条　明知是毒品犯罪、黑社会性质的组织犯罪、恐怖活动犯罪、走私犯罪、贪污贿赂犯罪、破坏金融管理秩序犯罪、金融诈骗犯罪的所得及其产生的收益,为掩饰、隐瞒其来源和性质,有下列行为之一的,没收实施以上犯罪的所得及其产生的收益,处五年以下有期徒刑或者拘役,并处或者单处洗钱数额百分之五以上百分之二十以下罚金;情节严重的,处五年以上十年以下有期徒刑,并处洗钱数额百分之五以上百分之二十以下罚金:

(一)提供资金账户的;
(二)协助将财产转换为现金、金融票据、有价证券的;
(三)通过转账或者其他结算方式协助资金转移的;
(四)协助将资金汇往境外的;
(五)以其他方法掩饰、隐瞒犯罪所得及其收益的来源和性质的。

单位犯前款罪的,对单位判处罚金,并对其直接负责的主管人员和其他直接责任人员,处五年以下有期徒刑或者拘役;情节严重的,处五年以上十年以下有期徒刑。

第五节　金融诈骗罪

第一百九十二条　以非法占有为目的,使用诈骗方法非法集资,数额较大的,处五年以下有期徒刑或者拘役,并处二万元以上二十万元以下罚金;数额巨大或者有其他严重情节的,处五年以上十年以下有期徒刑,并处五万元以上五十万元以下罚金;数额特别巨大或者有其他特别严重情节的,处十年以上有期徒刑或者无期徒刑,并处五万元以上五十万元以下罚金或者没收财产。

第一百九十三条　有下列情形之一,以非法占有为目的,诈骗银行或者其他金融机构的贷款,数额较大的,处五年以下有期徒刑或者拘役,并处二万元以上二十万元以下罚金;数额巨大或者有其他严重情节的,处五年以上十年以下有期徒刑,并处五万元以上五十万元以下罚金;数额特别巨大或者有其他特别严重情

节的,处十年以上有期徒刑或者无期徒刑,并处五万元以上五十万元以下罚金或者没收财产:

(一)编造引进资金、项目等虚假理由的;

(二)使用虚假的经济合同的;

(三)使用虚假的证明文件的;

(四)使用虚假的产权证明作担保或者超出抵押物价值重复担保的;

(五)以其他方法诈骗贷款的。

第一百九十四条 有下列情形之一,进行金融票据诈骗活动,数额较大的,处五年以下有期徒刑或者拘役,并处二万元以上二十万元以下罚金;数额巨大或者有其他严重情节的,处五年以上十年以下有期徒刑,并处五万元以上五十万元以下罚金;数额特别巨大或者有其他特别严重情节的,处十年以上有期徒刑或者无期徒刑,并处五万元以上五十万元以下罚金或者没收财产:

(一)明知是伪造、变造的汇票、本票、支票而使用的;

(二)明知是作废的汇票、本票、支票而使用的;

(三)冒用他人的汇票、本票、支票的;

(四)签发空头支票或者与其预留印鉴不符的支票,骗取财物的;

(五)汇票、本票的出票人签发无资金保证的汇票、本票或者在出票时作虚假记载,骗取财物的。

使用伪造、变造的委托收款凭证、汇款凭证、银行存单等其他银行结算凭证的,依照前款的规定处罚。

第一百九十五条 有下列情形之一,进行信用证诈骗活动的,处五年以下有期徒刑或者拘役,并处二万元以上二十万元以下罚金;数额巨大或者有其他严重情节的,处五年以上十年以下有期徒刑,并处五万元以上五十万元以下罚金;数额特别巨大或者有其他特别严重情节的,处十年以上有期徒刑或者无期徒刑,并处五万元以上五十万元以下罚金或者没收财产:

(一)使用伪造、变造的信用证或者附随的单据、文件的;

(二)使用作废的信用证的;

(三)骗取信用证的;

(四)以其他方法进行信用证诈骗活动的。

第一百九十六条 有下列情形之一,进行信用卡诈骗活动,数额较大的,处五年以下有期徒刑或者拘役,并处二万元以上二十万元以下罚金;数额巨大或者有其他严重情节的,处五年以上十年以下有期徒刑,并处五万元以上五十万元以下罚金;数额特别巨大或者有其他特别严重情节的,处十年以上有期徒刑或者无期徒刑,并处五万元以上五十万元以下罚金或者没收财产:

(一)使用伪造的信用卡,或者使用以虚假的身份证明骗领的信用卡的;

(二)使用作废的信用卡的;

(三)冒用他人信用卡的;

(四)恶意透支的。

前款所称恶意透支,是指持卡人以非法占有为目的,超过规定限额或者规定期限透支,并且经发卡银行催收后仍不归还的行为。

盗窃信用卡并使用的,依照本法第二百六十四条的规定定罪处罚。

第一百九十七条 使用伪造、变造的国库券或者国家发行的其他有价证券,进行诈骗活动,数额较大的,处五年以下有期徒刑或者拘役,并处二万元以上二十万元以下罚金;数额巨大或者有其他严重情节的,处五年以上十年以下有期徒刑,并处五万元以上五十万元以下罚金;数额特别巨大或者有其他特别严重情节的,处十年以上有期徒刑或者无期徒刑,并处五万元以上五十万元以下罚金或者没收财产。

第一百九十八条 有下列情形之一,进行保险诈骗活动,数额较大的,处五年以下有期徒刑或者拘役,并处一万元以上十万元以下罚金;数额巨大或者有其他严重情节的,处五年以上十年以下有期徒刑,并处二万元以上二十万元以下罚金;数额特别巨大或者有其他特别严重情节的,处十年以上有期徒刑,并处二万元以上二十万元以下罚金或者没收财产:

(一)投保人故意虚构保险标的,骗取保险金的;

(二)投保人、被保险人或者受益人对发生的保险事故编造虚假的原因或者夸大损失的程度,骗取保险金的;

(三)投保人、被保险人或者受益人编造未曾发生的保险事故,骗取保险金的;

(四)投保人、被保险人故意造成财产损失的保险事故,骗取保险金的;

(五)投保人、受益人故意造成被保险人死亡、伤残或者疾病,骗取保险金的。

有前款第四项、第五项所列行为,同时构成其他犯罪的,依照数罪并罚的规定处罚。

单位犯第一款罪的,对单位判处罚金,并对其直接负责的主管人员和其他直接责任人员,处五年以下有期徒刑或者拘役;数额巨大或者有其他严重情节的,处五年以上十年以下有期徒刑;数额特别巨大或者有其他特别严重情节的,处十年以上有期徒刑。

保险事故的鉴定人、证明人、财产评估人故意提供虚假的证明文件,为他人诈骗提供条件的,以保险诈骗的共犯论处。

第一百九十九条　犯本节第一百九十二条规定之罪,数额特别巨大并且给国家和人民利益造成特别重大损失的,处无期徒刑或者死刑,并处没收财产。

第二百条　单位犯本节第一百九十二条、第一百九十四条、第一百九十五条规定之罪的,对单位判处罚金,并对其直接负责的主管人员和其他直接责任人员,处五年以下有期徒刑或者拘役,可以并处罚金;数额巨大或者有其他严重情节的,处五年以上十年以下有期徒刑,并处罚金;数额特别巨大或者有其他特别严重情节的,处十年以上有期徒刑或者无期徒刑,并处罚金。

第六节　危害税收征管罪

第二百零一条　纳税人采取欺骗、隐瞒手段进行虚假纳税申报或者不申报,逃避缴纳税款数额较大并且占应纳税额百分之十以上的,处三年以下有期徒刑或者拘役,并处罚金;数额巨大并且占应纳税额百分之三十以上的,处三年以上七年以下有期徒刑,并处罚金。

扣缴义务人采取前款所列手段,不缴或者少缴已扣、已收税款,数额较大的,依照前款的规定处罚。

对多次实施前两款行为,未经处理的,按照累计数额计算。

有第一款行为,经税务机关依法下达追缴通知后,补缴应纳税款,缴纳滞纳金,已受行政处罚的,不予追究刑事责任;但是,五年内因逃避缴纳税款受过刑事处罚或者被税务机关给予二次以上行政处罚的除外。

第二百零二条　以暴力、威胁方法拒不缴纳税款的,处三年以下有期徒刑或者拘役,并处拒缴税款一倍以上五倍以下罚金;情节严重的,处三年以上七年以下有期徒刑,并处拒缴税款一倍以上五倍以下罚金。

第二百零三条　纳税人欠缴应纳税款,采取转移或者隐匿财产的手段,致使税务机关无法追缴欠缴的税款,数额在一万元以上不满十万元的,处三年以下有期徒刑或者拘役,并处或者单处欠缴税款一倍以上五倍以下罚金;数额在十万元以上的,处三年以上七年以下有期徒刑,并处欠缴税款一倍以上五倍以下罚金。

第二百零四条　以假报出口或者其他欺骗手段,骗取国家出口退税款,数额较大的,处五年以下有期徒刑或者拘役,并处骗取税款一倍以上五倍以下罚金;数额巨大或者有其他严重情节的,处五年以上十年以下有期徒刑,并处骗取税款一倍以上五倍以下罚金;数额特别巨大或者有其他特别严重情节的,处十年以上有期徒刑或者无期徒刑,并处骗取税款一倍以上五倍以下罚金或者没收财产。

纳税人缴纳税款后,采取前款规定的欺骗方法,骗取所缴纳的税款的,依照本法第二百零一条的规定定罪处罚;骗取税款超过所缴纳的税款部分,依照前款的规定处罚。

第二百零五条 虚开增值税专用发票或者虚开用于骗取出口退税、抵扣税款的其他发票的,处三年以下有期徒刑或者拘役,并处二万元以上二十万元以下罚金;虚开的税款数额较大或者有其他严重情节的,处三年以上十年以下有期徒刑,并处五万元以上五十万元以下罚金;虚开的税款数额巨大或者有其他特别严重情节的,处十年以上有期徒刑或者无期徒刑,并处五万元以上五十万元以下罚金或者没收财产。

单位犯本条规定之罪的,对单位判处罚金,并对其直接负责的主管人员和其他直接责任人员,处三年以下有期徒刑或者拘役;虚开的税款数额较大或者有其他严重情节的,处三年以上十年以下有期徒刑;虚开的税款数额巨大或者有其他特别严重情节的,处十年以上有期徒刑或者无期徒刑。

虚开增值税专用发票或者虚开用于骗取出口退税、抵扣税款的其他发票,是指有为他人虚开、为自己虚开、让他人为自己虚开、介绍他人虚开行为之一的。

虚开本法第二百零五条规定以外的其他发票,情节严重的,处二年以下有期徒刑、拘役或者管制,并处罚金;情节特别严重的,处二年以上七年以下有期徒刑,并处罚金。

单位犯前款罪的,对单位判处罚金,并对其直接负责的主管人员和其他直接责任人员,依照前款的规定处罚。

第二百零六条 伪造或者出售伪造的增值税专用发票的,处三年以下有期徒刑、拘役或者管制,并处二万元以上二十万元以下罚金;数量较大或者有其他严重情节的,处三年以上十年以下有期徒刑,并处五万元以上五十万元以下罚金;数量巨大或者有其他特别严重情节的,处十年以上有期徒刑或者无期徒刑,并处五万元以上五十万元以下罚金或者没收财产。

单位犯本条规定之罪的,对单位判处罚金,并对其直接负责的主管人员和其他直接责任人员,处三年以下有期徒刑、拘役或者管制;数量较大或者有其他严重情节的,处三年以上十年以下有期徒刑;数量巨大或者有其他特别严重情节的,处十年以上有期徒刑或者无期徒刑。

第二百零七条 非法出售增值税专用发票的,处三年以下有期徒刑、拘役或者管制,并处二万元以上二十万元以下罚金;数量较大的,处三年以上十年以下有期徒刑,并处五万元以上五十万元以下罚金;数量巨大的,处十年以上有期徒刑或者无期徒刑,并处五万元以上五十万元以下罚金或者没收财产。

第二百零八条　非法购买增值税专用发票或者购买伪造的增值税专用发票的,处五年以下有期徒刑或者拘役,并处或者单处二万元以上二十万元以下罚金。

非法购买增值税专用发票或者购买伪造的增值税专用发票又虚开或者出售的,分别依照本法第二百零五条、第二百零六条、第二百零七条的规定定罪处罚。

第二百零九条　伪造、擅自制造或者出售伪造、擅自制造的可以用于骗取出口退税、抵扣税款的其他发票的,处三年以下有期徒刑、拘役或者管制,并处二万元以上二十万元以下罚金;数量巨大的,处三年以上七年以下有期徒刑,并处五万元以上五十万元以下罚金;数量特别巨大的,处七年以上有期徒刑,并处五万元以上五十万元以下罚金或者没收财产。

伪造、擅自制造或者出售伪造、擅自制造的前款规定以外的其他发票的,处二年以下有期徒刑、拘役或者管制,并处或者单处一万元以上五万元以下罚金;情节严重的,处二年以上七年以下有期徒刑,并处五万元以上五十万元以下罚金。

非法出售可以用于骗取出口退税、抵扣税款的其他发票的,依照第一款的规定处罚。

非法出售第三款规定以外的其他发票的,依照第二款的规定处罚。

第二百一十条　盗窃增值税专用发票或者可以用于骗取出口退税、抵扣税款的其他发票的,依照本法第二百六十四条的规定定罪处罚。

使用欺骗手段骗取增值税专用发票或者可以用于骗取出口退税、抵扣税款的其他发票的,依照本法第二百六十六条的规定定罪处罚。

明知是伪造的发票而持有,数量较大的,处二年以下有期徒刑、拘役或者管制,并处罚金;数量巨大的,处二年以上七年以下有期徒刑,并处罚金。

单位犯前款罪的,对单位判处罚金,并对其直接负责的主管人员和其他直接责任人员,依照前款的规定处罚。

第二百一十一条　单位犯本节第二百零一条、第二百零三条、第二百零四条、第二百零七条、第二百零八条、第二百零九条规定之罪的,对单位判处罚金,并对其直接负责的主管人员和其他直接责任人员,依照各该条的规定处罚。

第二百一十二条　犯本节第二百零一条至第二百零五条规定之罪,被判处罚金、没收财产的,在执行前,应当先由税务机关追缴税款和所骗取的出口退税款。

第七节 侵犯知识产权罪

第二百一十三条 未经注册商标所有人许可,在同一种商品上使用与其注册商标相同的商标,情节严重的,处三年以下有期徒刑或者拘役,并处或者单处罚金;情节特别严重的,处三年以上七年以下有期徒刑,并处罚金。

第二百一十四条 销售明知是假冒注册商标的商品,销售金额数额较大的,处三年以下有期徒刑或者拘役,并处或者单处罚金;销售金额数额巨大的,处三年以上七年以下有期徒刑,并处罚金。

第二百一十五条 伪造、擅自制造他人注册商标标识或者销售伪造、擅自制造的注册商标标识,情节严重的,处三年以下有期徒刑、拘役或者管制,并处或者单处罚金;情节特别严重的,处三年以上七年以下有期徒刑,并处罚金。

第二百一十六条 假冒他人专利,情节严重的,处三年以下有期徒刑或者拘役,并处或者单处罚金。

第二百一十七条 以营利为目的,有下列侵犯著作权情形之一,违法所得数额较大或者有其他严重情节的,处三年以下有期徒刑或者拘役,并处或者单处罚金;违法所得数额巨大或者有其他特别严重情节的,处三年以上七年以下有期徒刑,并处罚金:

(一)未经著作权人许可,复制发行其文字作品、音乐、电影、电视、录像作品、计算机软件及其他作品的;

(二)出版他人享有专有出版权的图书的;

(三)未经录音录像制作者许可,复制发行其制作的录音录像的;

(四)制作、出售假冒他人署名的美术作品的。

第二百一十八条 以营利为目的,销售明知是本法第二百一十七条规定的侵权复制品,违法所得数额巨大的,处三年以下有期徒刑或者拘役,并处或者单处罚金。

第二百一十九条 有下列侵犯商业秘密行为之一,给商业秘密的权利人造成重大损失的,处三年以下有期徒刑或者拘役,并处或者单处罚金;造成特别严重后果的,处三年以上七年以下有期徒刑,并处罚金:

(一)以盗窃、利诱、胁迫或者其他不正当手段获取权利人的商业秘密的;

(二)披露、使用或者允许他人使用以前项手段获取的权利人的商业秘密的;

(三)违反约定或者违反权利人有关保守商业秘密的要求,披露、使用或者允许他人使用其所掌握的商业秘密的。

明知或者应知前款所列行为,获取、使用或者披露他人的商业秘密的,以侵犯商业秘密论。

本条所称商业秘密,是指不为公众所知悉,能为权利人带来经济利益,具有实用性并经权利人采取保密措施的技术信息和经营信息。

本条所称权利人,是指商业秘密的所有人和经商业秘密所有人许可的商业秘密使用人。

第二百二十条　单位犯本节第二百一十三条至第二百一十九条规定之罪的,对单位判处罚金,并对其直接负责的主管人员和其他直接责任人员,依照本节各该条的规定处罚。

第八节　扰乱市场秩序罪

第二百二十一条　捏造并散布虚伪事实,损害他人的商业信誉、商品声誉,给他人造成重大损失或者有其他严重情节的,处二年以下有期徒刑或者拘役,并处或者单处罚金。

第二百二十二条　广告主、广告经营者、广告发布者违反国家规定,利用广告对商品或者服务作虚假宣传,情节严重的,处二年以下有期徒刑或者拘役,并处或者单处罚金。

第二百二十三条　投标人相互串通投标报价,损害招标人或者其他投标人利益,情节严重的,处三年以下有期徒刑或者拘役,并处或者单处罚金。

投标人与招标人串通投标,损害国家、集体、公民的合法利益的,依照前款的规定处罚。

第二百二十四条　有下列情形之一,以非法占有为目的,在签订、履行合同过程中,骗取对方当事人财物,数额较大的,处三年以下有期徒刑或者拘役,并处或者单处罚金;数额巨大或者有其他严重情节的,处三年以上十年以下有期徒刑,并处罚金;数额特别巨大或者有其他特别严重情节的,处十年以上有期徒刑或者无期徒刑,并处罚金或者没收财产:

(一)以虚构的单位或者冒用他人名义签订合同的;

(二)以伪造、变造、作废的票据或者其他虚假的产权证明作担保的;

(三)没有实际履行能力,以先履行小额合同或者部分履行合同的方法,诱骗对方当事人继续签订和履行合同的;

(四)收受对方当事人给付的货物、货款、预付款或者担保财产后逃匿的;

(五)以其他方法骗取对方当事人财物的。

组织、领导以推销商品、提供服务等经营活动为名,要求参加者以缴纳费用或者购买商品、服务等方式获得加入资格,并按照一定顺序组成层级,直接或者间接以发展人员的数量作为计酬或者返利依据,引诱、胁迫参加者继续发展他人参加,骗取财物,扰乱经济社会秩序的传销活动的,处五年以下有期徒刑或者拘役,并处罚金;情节严重的,处五年以上有期徒刑,并处罚金。

第二百二十五条　违反国家规定,有下列非法经营行为之一,扰乱市场秩序,情节严重的,处五年以下有期徒刑或者拘役,并处或者单处违法所得一倍以上五倍以下罚金;情节特别严重的,处五年以上有期徒刑,并处违法所得一倍以上五倍以下罚金或者没收财产:

(一)未经许可经营法律、行政法规规定的专营、专卖物品或者其他限制买卖的物品的;

(二)买卖进出口许可证、进出口原产地证明以及其他法律、行政法规规定的经营许可证或者批准文件的;

(三)未经国家有关主管部门批准非法经营证券、期货、保险业务的,或者非法从事资金支付结算业务的;

(四)其他严重扰乱市场秩序的非法经营行为。

第二百二十六条　以暴力、威胁手段,实施下列行为之一,情节严重的,处三年以下有期徒刑或者拘役,并处或者单处罚金;情节特别严重的,处三年以上七年以下有期徒刑,并处罚金:

(一)强买强卖商品的;

(二)强迫他人提供或者接受服务的;

(三)强迫他人参与或者退出投标、拍卖的;

(四)强迫他人转让或者收购公司、企业的股份、债券或者其他资产的;

(五)强迫他人参与或者退出特定的经营活动的。

第二百二十七条　伪造或者倒卖伪造的车票、船票、邮票或者其他有价票证,数额较大的,处二年以下有期徒刑、拘役或者管制,并处或者单处票证价额一倍以上五倍以下罚金;数额巨大的,处二年以上七年以下有期徒刑,并处票证价额一倍以上五倍以下罚金。

倒卖车票、船票,情节严重的,处三年以下有期徒刑、拘役或者管制,并处或者单处票证价额一倍以上五倍以下罚金。

第二百二十八条　以牟利为目的,违反土地管理法规,非法转让、倒卖土地使用权,情节严重的,处三年以下有期徒刑或者拘役,并处或者单处非法转让、倒卖土地使用权价额百分之五以上百分之二十以下罚金;情节特别严重的,处三年以上七年以下有期徒刑,并处非法转让、倒卖土地使用权价额百分之五以上百分之二十以下罚金。

第二百二十九条　承担资产评估、验资、验证、会计、审计、法律服务等职责的中介组织的人员故意提供虚假证明文件,情节严重的,处五年以下有期徒刑或者拘役,并处罚金。

前款规定的人员,索取他人财物或者非法收受他人财物,犯前款罪的,处五年以上十年以下有期徒刑,并处罚金。

第一款规定的人员,严重不负责任,出具的证明文件有重大失实,造成严重后果的,处三年以下有期徒刑或者拘役,并处或者单处罚金。

第二百三十条　违反进出口商品检验法的规定,逃避商品检验,将必须经商检机构检验的进口商品未报经检验而擅自销售、使用,或者将必须经商检机构检验的出口商品未报经检验合格而擅自出口,情节严重的,处三年以下有期徒刑或者拘役,并处或者单处罚金。

第二百三十一条　单位犯本节第二百二十一条至第二百三十条规定之罪的,对单位判处罚金,并对其直接负责的主管人员和其他直接责任人员,依照本节各该条的规定处罚。

第四章　侵犯公民人身权利、民主权利罪

第二百三十二条　故意杀人的,处死刑、无期徒刑或者十年以上有期徒刑;情节较轻的,处三年以上十年以下有期徒刑。

第二百三十三条　过失致人死亡的,处三年以上七年以下有期徒刑;情节较轻的,处三年以下有期徒刑。本法另有规定的,依照规定。

第二百三十四条　故意伤害他人身体的,处三年以下有期徒刑、拘役或者管制。

犯前款罪,致人重伤的,处三年以上十年以下有期徒刑;致人死亡或者以特别残忍手段致人重伤造成严重残疾的,处十年以上有期徒刑、无期徒刑或者死刑。本法另有规定的,依照规定。

组织他人出卖人体器官的,处五年以下有期徒刑,并处罚金;情节严重的,处五年以上有期徒刑,并处罚金或者没收财产。

未经本人同意摘取其器官,或者摘取不满十八周岁的人的器官,或者强迫、欺骗他人捐献器官的,依照本法第二百三十四条、第二百三十二条的规定定罪处罚。

违背本人生前意愿摘取其尸体器官,或者本人生前未表示同意,违反国家规

定,违背其近亲属意愿摘取其尸体器官的,依照本法第三百零二条的规定定罪处罚。

第二百三十五条　过失伤害他人致人重伤的,处三年以下有期徒刑或者拘役。本法另有规定的,依照规定。

第二百三十六条　以暴力、胁迫或者其他手段强奸妇女的,处三年以上十年以下有期徒刑。

奸淫不满十四周岁的幼女的,以强奸论,从重处罚。

强奸妇女、奸淫幼女,有下列情形之一的,处十年以上有期徒刑、无期徒刑或者死刑:

(一)强奸妇女、奸淫幼女情节恶劣的;

(二)强奸妇女、奸淫幼女多人的;

(三)在公共场所当众强奸妇女的;

(四)二人以上轮奸的;

(五)致使被害人重伤、死亡或者造成其他严重后果的。

第二百三十七条　以暴力、胁迫或者其他方法强制猥亵妇女或者侮辱妇女的,处五年以下有期徒刑或者拘役。

聚众或者在公共场所当众犯前款罪的,处五年以上有期徒刑。

猥亵儿童的,依照前两款的规定从重处罚。

第二百三十八条　非法拘禁他人或者以其他方法非法剥夺他人人身自由的,处三年以下有期徒刑、拘役、管制或者剥夺政治权利。具有殴打、侮辱情节的,从重处罚。

犯前款罪,致人重伤的,处三年以上十年以下有期徒刑;致人死亡的,处十年以上有期徒刑。使用暴力致人伤残、死亡的,依照本法第二百三十四条、第二百三十二条的规定定罪处罚。

为索取债务非法扣押、拘禁他人的,依照前两款的规定处罚。

国家机关工作人员利用职权犯前三款罪的,依照前三款的规定从重处罚。

第二百三十九条　以勒索财物为目的绑架他人的,或者绑架他人作为人质的,处十年以上有期徒刑或者无期徒刑,并处罚金或者没收财产;情节较轻的,处五年以上十年以下有期徒刑,并处罚金。

犯前款罪,致使被绑架人死亡或者杀害被绑架人的,处死刑,并处没收财产。

以勒索财物为目的偷盗婴幼儿的,依照前两款的规定处罚。

第二百四十条　拐卖妇女、儿童的,处五年以上十年以下有期徒刑,并处罚金；有下列情形之一的，处十年以上有期徒刑或者无期徒刑，并处罚金或者没收财产；情节特别严重的，处死刑，并处没收财产：

（一）拐卖妇女、儿童集团的首要分子；

（二）拐卖妇女、儿童三人以上的；

（三）奸淫被拐卖的妇女的；

（四）诱骗、强迫被拐卖的妇女卖淫或者将被拐卖的妇女卖给他人迫使其卖淫的；

（五）以出卖为目的，使用暴力、胁迫或者麻醉方法绑架妇女、儿童的；

（六）以出卖为目的，偷盗婴幼儿的；

（七）造成被拐卖的妇女、儿童或者其亲属重伤、死亡或者其他严重后果的；

（八）将妇女、儿童卖往境外的。

拐卖妇女、儿童是指以出卖为目的，有拐骗、绑架、收买、贩卖、接送、中转妇女、儿童的行为之一的。

第二百四十一条 收买被拐卖的妇女、儿童的，处三年以下有期徒刑、拘役或者管制。

收买被拐卖的妇女，强行与其发生性关系的，依照本法第二百三十六条的规定定罪处罚。

收买被拐卖的妇女、儿童，非法剥夺、限制其人身自由或者有伤害、侮辱等犯罪行为的，依照本法的有关规定定罪处罚。

收买被拐卖的妇女、儿童，并有第二款、第三款规定的犯罪行为的，依照数罪并罚的规定处罚。

收买被拐卖的妇女、儿童又出卖的，依照本法第二百四十条的规定定罪处罚。

收买被拐卖的妇女、儿童，按照被买妇女的意愿，不阻碍其返回原居住地的，对被买儿童没有虐待行为，不阻碍对其进行解救的，可以不追究刑事责任。

第二百四十二条 以暴力、威胁方法阻碍国家机关工作人员解救被收买的妇女、儿童的，依照本法第二百七十七条的规定定罪处罚。

聚众阻碍国家机关工作人员解救被收买的妇女、儿童的首要分子，处五年以下有期徒刑或者拘役；其他参与者使用暴力、威胁方法的，依照前款的规定处罚。

第二百四十三条 捏造事实诬告陷害他人，意图使他人受刑事追究，情节严重的，处三年以下有期徒刑、拘役或者管制；造成严重后果的，处三年以上十年以下有期徒刑。

国家机关工作人员犯前款罪的,从重处罚。

不是有意诬陷,而是错告,或者检举失实的,不适用前两款的规定。

第二百四十四条 以暴力、威胁或者限制人身自由的方法强迫他人劳动的,处三年以下有期徒刑或者拘役,并处罚金;情节严重的,处三年以上十年以下有期徒刑,并处罚金。

明知他人实施前款行为,为其招募、运送人员或者有其他协助强迫他人劳动行为的,依照前款的规定处罚。

单位犯前两款罪的,对单位判处罚金,并对其直接负责的主管人员和其他直接责任人员,依照第一款的规定处罚。

第二百四十五条 非法搜查他人身体、住宅,或者非法侵入他人住宅的,处三年以下有期徒刑或者拘役。

司法工作人员滥用职权,犯前款罪的,从重处罚。

第二百四十六条 以暴力或者其他方法公然侮辱他人或者捏造事实诽谤他人,情节严重的,处三年以下有期徒刑、拘役、管制或者剥夺政治权利。

前款罪,告诉的才处理,但是严重危害社会秩序和国家利益的除外。

第二百四十七条 司法工作人员对犯罪嫌疑人、被告人实行刑讯逼供或者使用暴力逼取证人证言的,处三年以下有期徒刑或者拘役。致人伤残、死亡的,依照本法第二百三十四条、第二百三十二条的规定定罪从重处罚。

第二百四十八条 监狱、拘留所、看守所等监管机构的监管人员对被监管人进行殴打或者体罚虐待,情节严重的,处三年以下有期徒刑或者拘役;情节特别严重的,处三年以上十年以下有期徒刑。致人伤残、死亡的,依照本法第二百三十四条、第二百三十二条的规定定罪从重处罚。

监管人员指使被监管人殴打或者体罚虐待其他被监管人的,依照前款的规定处罚。

第二百四十九条 煽动民族仇恨、民族歧视,情节严重的,处三年以下有期徒刑、拘役、管制或者剥夺政治权利;情节特别严重的,处三年以上十年以下有期徒刑。

第二百五十条 在出版物中刊载歧视、侮辱少数民族的内容,情节恶劣,造成严重后果的,对直接责任人员,处三年以下有期徒刑、拘役或者管制。

第二百五十一条 国家机关工作人员非法剥夺公民的宗教信仰自由和侵犯少数民族风俗习惯,情节严重的,处二年以下有期徒刑或者拘役。

第二百五十二条 隐匿、毁弃或者非法开拆他人信件,侵犯公民通信自由权利,情节严重的,处一年以下有期徒刑或者拘役。

第二百五十三条　邮政工作人员私自开拆或者隐匿、毁弃邮件、电报的,处二年以下有期徒刑或者拘役。

犯前款罪而窃取财物的,依照本法第二百六十四条的规定定罪从重处罚。

国家机关或者金融、电信、交通、教育、医疗等单位的工作人员,违反国家规定,将本单位在履行职责或者提供服务过程中获得的公民个人信息,出售或者非法提供给他人,情节严重的,处三年以下有期徒刑或者拘役,并处或者单处罚金。

窃取或者以其他方法非法获取上述信息,情节严重的,依照前款的规定处罚。

单位犯前两款罪的,对单位判处罚金,并对其直接负责的主管人员和其他直接责任人员,依照各该款的规定处罚。

第二百五十四条　国家机关工作人员滥用职权、假公济私,对控告人、申诉人、批评人、举报人实行报复陷害的,处二年以下有期徒刑或者拘役;情节严重的,处二年以上七年以下有期徒刑。

第二百五十五条　公司、企业、事业单位、机关、团体的领导人,对依法履行职责、抵制违反会计法、统计法行为的会计、统计人员实行打击报复,情节恶劣的,处三年以下有期徒刑或者拘役。

第二百五十六条　在选举各级人民代表大会代表和国家机关领导人员时,以暴力、威胁、欺骗、贿赂、伪造选举文件、虚报选举票数等手段破坏选举或者妨害选民和代表自由行使选举权和被选举权,情节严重的,处三年以下有期徒刑、拘役或者剥夺政治权利。

第二百五十七条　以暴力干涉他人婚姻自由的,处二年以下有期徒刑或者拘役。

犯前款罪,致使被害人死亡的,处二年以上七年以下有期徒刑。

第一款罪,告诉的才处理。

第二百五十八条　有配偶而重婚的,或者明知他人有配偶而与之结婚的,处二年以下有期徒刑或者拘役。

第二百五十九条　明知是现役军人的配偶而与之同居或者结婚的,处三年以下有期徒刑或者拘役。

利用职权、从属关系,以胁迫手段奸淫现役军人的妻子的,依照本法第二百三十六条的规定定罪处罚。

第二百六十条　虐待家庭成员,情节恶劣的,处二年以下有期徒刑、拘役或者管制。

犯前款罪，致使被害人重伤、死亡的，处二年以上七年以下有期徒刑。

第一款罪，告诉的才处理。

第二百六十一条 对于年老、年幼、患病或者其他没有独立生活能力的人，负有扶养义务而拒绝扶养，情节恶劣的，处五年以下有期徒刑、拘役或者管制。

第二百六十二条 拐骗不满十四周岁的未成年人，脱离家庭或者监护人的，处五年以下有期徒刑或者拘役。

以暴力、胁迫手段组织残疾人或者不满十四周岁的未成年人乞讨的，处三年以下有期徒刑或者拘役，并处罚金；情节严重的，处三年以上七年以下有期徒刑，并处罚金。

组织未成年人进行盗窃、诈骗、抢夺、敲诈勒索等违反治安管理活动的，处三年以下有期徒刑或者拘役，并处罚金；情节严重的，处三年以上七年以下有期徒刑，并处罚金。

第五章 侵犯财产罪

第二百六十三条 以暴力、胁迫或者其他方法抢劫公私财物的，处三年以上十年以下有期徒刑，并处罚金；有下列情形之一的，处十年以上有期徒刑、无期徒刑或者死刑，并处罚金或者没收财产：

（一）入户抢劫的；

（二）在公共交通工具上抢劫的；

（三）抢劫银行或者其他金融机构的；

（四）多次抢劫或者抢劫数额巨大的；

（五）抢劫致人重伤、死亡的；

（六）冒充军警人员抢劫的；

（七）持枪抢劫的；

（八）抢劫军用物资或者抢险、救灾、救济物资的。

第二百六十四条 盗窃公私财物，数额较大的，或者多次盗窃、入户盗窃、携带凶器盗窃、扒窃的，处三年以下有期徒刑、拘役或者管制，并处或者单处罚金；数额巨大或者有其他严重情节的，处三年以上十年以下有期徒刑，并处罚金；数额特别巨大或者有其他特别严重情节的，处十年以上有期徒刑或者无期徒刑，并处罚金或者没收财产。

第二百六十五条 以牟利为目的，盗接他人通信线路、复制他人电信码号或者明知是盗接、复制的电信设备、设施而使用的，依照本法第二百六十四条的规定定罪处罚。

第二百六十六条　诈骗公私财物,数额较大的,处三年以下有期徒刑、拘役或者管制,并处或者单处罚金;数额巨大或者有其他严重情节的,处三年以上十年以下有期徒刑,并处罚金;数额特别巨大或者有其他特别严重情节的,处十年以上有期徒刑或者无期徒刑,并处罚金或者没收财产。本法另有规定的,依照规定。

第二百六十七条　抢夺公私财物,数额较大的,处三年以下有期徒刑、拘役或者管制,并处或者单处罚金;数额巨大或者有其他严重情节的,处三年以上十年以下有期徒刑,并处罚金;数额特别巨大或者有其他特别严重情节的,处十年以上有期徒刑或者无期徒刑,并处罚金或者没收财产。

携带凶器抢夺的,依照本法第二百六十三条的规定定罪处罚。

第二百六十八条　聚众哄抢公私财物,数额较大或者有其他严重情节的,对首要分子和积极参加的,处三年以下有期徒刑、拘役或者管制,并处罚金;数额巨大或者有其他特别严重情节的,处三年以上十年以下有期徒刑,并处罚金。

第二百六十九条　犯盗窃、诈骗、抢夺罪,为窝藏赃物、抗拒抓捕或者毁灭罪证而当场使用暴力或者以暴力相威胁的,依照本法第二百六十三条的规定定罪处罚。

第二百七十条　将代为保管的他人财物非法占为己有,数额较大,拒不退还的,处二年以下有期徒刑、拘役或者罚金;数额巨大或者有其他严重情节的,处二年以上五年以下有期徒刑,并处罚金。

将他人的遗忘物或者埋藏物非法占为己有,数额较大,拒不交出的,依照前款的规定处罚。

本条罪,告诉的才处理。

第二百七十一条　公司、企业或者其他单位的人员,利用职务上的便利,将本单位财物非法占为己有,数额较大的,处五年以下有期徒刑或者拘役;数额巨大的,处五年以上有期徒刑,可以并处没收财产。

国有公司、企业或者其他国有单位中从事公务的人员和国有公司、企业或者其他国有单位委派到非国有公司、企业以及其他单位从事公务的人员有前款行为的,依照本法第三百八十二条、第三百八十三条的规定定罪处罚。

第二百七十二条　公司、企业或者其他单位的工作人员,利用职务上的便利,挪用本单位资金归个人使用或者借贷给他人,数额较大、超过三个月未还的,或者虽未超过三个月,但数额较大、进行营利活动的,或者进行非法活动的,处三年以下有期徒刑或者拘役;挪用本单位资金数额巨大的,或者数额较大不退还的,处三年以上十年以下有期徒刑。

国有公司、企业或者其他国有单位中从事公务的人员和国有公司、企业或者其他国有单位委派到非国有公司、企业以及其他单位从事公务的人员有前款行为的,依照本法第三百八十四条的规定定罪处罚。

第二百七十三条　挪用用于救灾、抢险、防汛、优抚、扶贫、移民、救济款物,情节严重,致使国家和人民群众利益遭受重大损害的,对直接责任人员,处三年以下有期徒刑或者拘役;情节特别严重的,处三年以上七年以下有期徒刑。

第二百七十四条　敲诈勒索公私财物,数额较大或者多次敲诈勒索的,处三年以下有期徒刑、拘役或者管制,并处或者单处罚金;数额巨大或者有其他严重情节的,处三年以上十年以下有期徒刑,并处罚金;数额特别巨大或者有其他特别严重情节的,处十年以上有期徒刑,并处罚金。

第二百七十五条　故意毁坏公私财物,数额较大或者有其他严重情节的,处三年以下有期徒刑、拘役或者罚金;数额巨大或者有其他特别严重情节的,处三年以上七年以下有期徒刑。

第二百七十六条　由于泄愤报复或者其他个人目的,毁坏机器设备、残害耕畜或者以其他方法破坏生产经营的,处三年以下有期徒刑、拘役或者管制;情节严重的,处三年以上七年以下有期徒刑。

以转移财产、逃匿等方法逃避支付劳动者的劳动报酬或者有能力支付而不支付劳动者的劳动报酬,数额较大,经政府有关部门责令支付仍不支付的,处三年以下有期徒刑或者拘役,并处或者单处罚金;造成严重后果的,处三年以上七年以下有期徒刑,并处罚金。

单位犯前款罪的,对单位判处罚金,并对其直接负责的主管人员和其他直接责任人员,依照前款的规定处罚。

有前两款行为,尚未造成严重后果,在提起公诉前支付劳动者的劳动报酬,并依法承担相应赔偿责任的,可以减轻或者免除处罚。

第六章　妨害社会管理秩序罪

第一节　扰乱公共秩序罪

第二百七十七条　以暴力、威胁方法阻碍国家机关工作人员依法执行职务的,处三年以下有期徒刑、拘役、管制或者罚金。

以暴力、威胁方法阻碍全国人民代表大会和地方各级人民代表大会代表依法执行代表职务的,依照前款的规定处罚。

在自然灾害和突发事件中,以暴力、威胁方法阻碍红十字会工作人员依法履行职责的,依照第一款的规定处罚。

故意阻碍国家安全机关、公安机关依法执行国家安全工作任务,未使用暴力、威胁方法,造成严重后果的,依照第一款的规定处罚。

第二百七十八条　煽动群众暴力抗拒国家法律、行政法规实施的,处三年以下有期徒刑、拘役、管制或者剥夺政治权利;造成严重后果的,处三年以上七年以下有期徒刑。

第二百七十九条　冒充国家机关工作人员招摇撞骗的,处三年以下有期徒刑、拘役、管制或者剥夺政治权利;情节严重的,处三年以上十年以下有期徒刑。

冒充人民警察招摇撞骗的,依照前款的规定从重处罚。

第二百八十条　伪造、变造、买卖或者盗窃、抢夺、毁灭国家机关的公文、证件、印章的,处三年以下有期徒刑、拘役、管制或者剥夺政治权利;情节严重的,处三年以上十年以下有期徒刑。

伪造公司、企业、事业单位、人民团体的印章的,处三年以下有期徒刑、拘役、管制或者剥夺政治权利。

伪造、变造居民身份证的,处三年以下有期徒刑、拘役、管制或者剥夺政治权利;情节严重的,处三年以上七年以下有期徒刑。

第二百八十一条　非法生产、买卖人民警察制式服装、车辆号牌等专用标志、警械,情节严重的,处三年以下有期徒刑、拘役或者管制,并处或者单处罚金。

单位犯前款罪的,对单位判处罚金,并对其直接负责的主管人员和其他直接责任人员,依照前款的规定处罚。

第二百八十二条　以窃取、刺探、收买方法,非法获取国家秘密的,处三年以下有期徒刑、拘役、管制或者剥夺政治权利;情节严重的,处三年以上七年以下有期徒刑。

非法持有属于国家绝密、机密的文件、资料或者其他物品,拒不说明来源与用途的,处三年以下有期徒刑、拘役或者管制。

第二百八十三条　非法生产、销售窃听、窃照等专用间谍器材的,处三年以下有期徒刑、拘役或者管制。

第二百八十四条　非法使用窃听、窃照专用器材,造成严重后果的,处二年以下有期徒刑、拘役或者管制。

第二百八十五条　违反国家规定,侵入国家事务、国防建设、尖端科学技术领域的计算机信息系统的,处三年以下有期徒刑或者拘役。

违反国家规定,侵入前款规定以外的计算机信息系统或者采用其他技术手段,获取该计算机信息系统中存储、处理或者传输的数据,或者对该计算机信息系统实施非法控制,情节严重的,处三年以下有期徒刑或者拘役,并处或者单处罚金;情节特别严重的,处三年以上七年以下有期徒刑,并处罚金。

提供专门用于侵入、非法控制计算机信息系统的程序、工具,或者明知他人实施侵入、非法控制计算机信息系统的违法犯罪行为而为其提供程序、工具,情节严重的,依照前款的规定处罚。

第二百八十六条 违反国家规定,对计算机信息系统功能进行删除、修改、增加、干扰,造成计算机信息系统不能正常运行,后果严重的,处五年以下有期徒刑或者拘役;后果特别严重的,处五年以上有期徒刑。

违反国家规定,对计算机信息系统中存储、处理或者传输的数据和应用程序进行删除、修改、增加的操作,后果严重的,依照前款的规定处罚。

故意制作、传播计算机病毒等破坏性程序,影响计算机系统正常运行,后果严重的,依照第一款的规定处罚。

第二百八十七条 利用计算机实施金融诈骗、盗窃、贪污、挪用公款、窃取国家秘密或者其他犯罪的,依照本法有关规定定罪处罚。

第二百八十八条 违反国家规定,擅自设置、使用无线电台(站),或者擅自占用频率,经责令停止使用后拒不停止使用,干扰无线电通讯正常进行,造成严重后果的,处三年以下有期徒刑、拘役或者管制,并处或者单处罚金。

单位犯前款罪的,对单位判处罚金,并对其直接负责的主管人员和其他直接责任人员,依照前款的规定处罚。

第二百八十九条 聚众"打砸抢",致人伤残、死亡的,依照本法第二百三十四条、第二百三十二条的规定定罪处罚。毁坏或者抢走公私财物的,除判令退赔外,对首要分子,依照本法第二百六十三条的规定定罪处罚。

第二百九十条 聚众扰乱社会秩序,情节严重,致使工作、生产、营业和教学、科研无法进行,造成严重损失的,对首要分子,处三年以上七年以下有期徒刑;对其他积极参加的,处三年以下有期徒刑、拘役、管制或者剥夺政治权利。

聚众冲击国家机关,致使国家机关工作无法进行,造成严重损失的,对首要分子,处五年以上十年以下有期徒刑;对其他积极参加的,处五年以下有期徒刑、拘役、管制或者剥夺政治权利。

第二百九十一条 聚众扰乱车站、码头、民用航空站、商场、公园、影剧院、展览会、运动场或者其他公共场所秩序,聚众堵塞交通或者破坏交通秩序,抗拒、阻碍国家治安管理工作人员依法执行职务,情节严重的,对首要分子,处五年以下有期徒刑、拘役或者管制。

投放虚假的爆炸性、毒害性、放射性、传染病病原体等物质,或者编造爆炸威胁、生化威胁、放射威胁等恐怖信息,或者明知是编造的恐怖信息而故意传播,严重扰乱社会秩序的,处五年以下有期徒刑、拘役或者管制;造成严重后果的,处五年以上有期徒刑。

第二百九十二条 聚众斗殴的,对首要分子和其他积极参加的,处三年以下有期徒刑、拘役或者管制;有下列情形之一的,对首要分子和其他积极参加的,处三年以上十年以下有期徒刑:

(一)多次聚众斗殴的;

(二)聚众斗殴人数多,规模大,社会影响恶劣的;

(三)在公共场所或者交通要道聚众斗殴,造成社会秩序严重混乱的;

(四)持械聚众斗殴的。

聚众斗殴,致人重伤、死亡的,依照本法第二百三十四条、第二百三十二条的规定定罪处罚。

第二百九十三条 有下列寻衅滋事行为之一,破坏社会秩序的,处五年以下有期徒刑、拘役或者管制:

(一)随意殴打他人,情节恶劣的;

(二)追逐、拦截、辱骂、恐吓他人,情节恶劣的;

(三)强拿硬要或者任意损毁、占用公私财物,情节严重的;

(四)在公共场所起哄闹事,造成公共场所秩序严重混乱的。

纠集他人多次实施前款行为,严重破坏社会秩序的,处五年以上十年以下有期徒刑,可以并处罚金。

第二百九十四条 组织、领导黑社会性质的组织的,处七年以上有期徒刑,并处没收财产;积极参加的,处三年以上七年以下有期徒刑,可以并处罚金或者没收财产;其他参加的,处三年以下有期徒刑、拘役、管制或者剥夺政治权利,可以并处罚金。

境外的黑社会组织的人员到中华人民共和国境内发展组织成员的,处三年以上十年以下有期徒刑。

国家机关工作人员包庇黑社会性质的组织,或者纵容黑社会性质的组织进行违法犯罪活动的,处五年以下有期徒刑;情节严重的,处五年以上有期徒刑。

犯前三款罪又有其他犯罪行为的,依照数罪并罚的规定处罚。

黑社会性质的组织应当同时具备以下特征:

(一)形成较稳定的犯罪组织,人数较多,有明确的组织者、领导者,骨干成员基本固定;

(二)有组织地通过违法犯罪活动或者其他手段获取经济利益,具有一定的经济实力,以支持该组织的活动;

(三)以暴力、威胁或者其他手段,有组织地多次进行违法犯罪活动,为非作恶,欺压、残害群众;

(四)通过实施违法犯罪活动,或者利用国家工作人员的包庇或者纵容,称霸一方,在一定区域或者行业内,形成非法控制或者重大影响,严重破坏经济、社会生活秩序。

第二百九十五条 传授犯罪方法的,处五年以下有期徒刑、拘役或者管制;情节严重的,处五年以上十年以下有期徒刑;情节特别严重的,处十年以上有期徒刑或者无期徒刑。

第二百九十六条 举行集会、游行、示威,未依照法律规定申请或者申请未获许可,或者未按照主管机关许可的起止时间、地点、路线进行,又拒不服从解散命令,严重破坏社会秩序的,对集会、游行、示威的负责人和直接责任人员,处五年以下有期徒刑、拘役、管制或者剥夺政治权利。

第二百九十七条 违反法律规定,携带武器、管制刀具或者爆炸物参加集会、游行、示威的,处三年以下有期徒刑、拘役、管制或者剥夺政治权利。

第二百九十八条 扰乱、冲击或者以其他方法破坏依法举行的集会、游行、示威,造成公共秩序混乱的,处五年以下有期徒刑、拘役、管制或者剥夺政治权利。

第二百九十九条 在公众场合故意以焚烧、毁损、涂划、玷污、践踏等方式侮辱中华人民共和国国旗、国徽的,处三年以下有期徒刑、拘役、管制或者剥夺政治权利。

第三百条 组织和利用会道门、邪教组织或者利用迷信破坏国家法律、行政法规实施的,处三年以上七年以下有期徒刑;情节特别严重的,处七年以上有期徒刑。

组织和利用会道门、邪教组织或者利用迷信蒙骗他人,致人死亡的,依照前款的规定处罚。

组织和利用会道门、邪教组织或者利用迷信奸淫妇女、诈骗财物的,分别依照本法第二百三十六条、第二百六十六条的规定定罪处罚。

第三百零一条　聚众进行淫乱活动的,对首要分子或者多次参加的,处五年以下有期徒刑、拘役或者管制。

引诱未成年人参加聚众淫乱活动的,依照前款的规定从重处罚。

第三百零二条　盗窃、侮辱尸体的,处三年以下有期徒刑、拘役或者管制。

第三百零三条　以营利为目的,聚众赌博或者以赌博为业的,处三年以下有期徒刑、拘役或者管制,并处罚金。

开设赌场的,处三年以下有期徒刑、拘役或者管制,并处罚金;情节严重的,处三年以上十年以下有期徒刑,并处罚金。

第三百零四条　邮政工作人员严重不负责任,故意延误投递邮件,致使公共财产、国家和人民利益遭受重大损失的,处二年以下有期徒刑或者拘役。

第二节　妨害司法罪

第三百零五条　在刑事诉讼中,证人、鉴定人、记录人、翻译人对与案件有重要关系的情节,故意作虚假证明、鉴定、记录、翻译,意图陷害他人或者隐匿罪证的,处三年以下有期徒刑或者拘役;情节严重的,处三年以上七年以下有期徒刑。

第三百零六条　在刑事诉讼中,辩护人、诉讼代理人毁灭、伪造证据,帮助当事人毁灭、伪造证据,威胁、引诱证人违背事实改变证言或者作伪证的,处三年以下有期徒刑或者拘役;情节严重的,处三年以上七年以下有期徒刑。

辩护人、诉讼代理人提供、出示、引用的证人证言或者其他证据失实,不是有意伪造的,不属于伪造证据。

第三百零七条　以暴力、威胁、贿买等方法阻止证人作证或者指使他人作伪证的,处三年以下有期徒刑或者拘役;情节严重的,处三年以上七年以下有期徒刑。

帮助当事人毁灭、伪造证据,情节严重的,处三年以下有期徒刑或者拘役。

司法工作人员犯前两款罪的,从重处罚。

第三百零八条　对证人进行打击报复的,处三年以下有期徒刑或者拘役;情节严重的,处三年以上七年以下有期徒刑。

第三百零九条　聚众哄闹、冲击法庭,或者殴打司法工作人员,严重扰乱法庭秩序的,处三年以下有期徒刑、拘役、管制或者罚金。

第三百一十条　明知是犯罪的人而为其提供隐藏处所、财物,帮助其逃匿或者作假证明包庇的,处三年以下有期徒刑、拘役或者管制;情节严重的,处三年以上十年以下有期徒刑。

犯前款罪,事前通谋的,以共同犯罪论处。

第三百一十一条　明知他人有间谍犯罪行为,在国家安全机关向其调查有关情况、收集有关证据时,拒绝提供,情节严重的,处三年以下有期徒刑、拘役或者管制。

第三百一十二条　明知是犯罪所得及其产生的收益而予以窝藏、转移、收购、代为销售或者以其他方法掩饰、隐瞒的,处三年以下有期徒刑、拘役或者管制,并处或者单处罚金;情节严重的,处三年以上七年以下有期徒刑,并处罚金。

单位犯前款罪的,对单位判处罚金,并对其直接负责的主管人员和其他直接责任人员,依照前款的规定处罚。

第三百一十三条　对人民法院的判决、裁定有能力执行而拒不执行,情节严重的,处三年以下有期徒刑、拘役或者罚金。

第三百一十四条　隐藏、转移、变卖、故意毁损已被司法机关查封、扣押、冻结的财产,情节严重的,处三年以下有期徒刑、拘役或者罚金。

第三百一十五条　依法被关押的罪犯,有下列破坏监管秩序行为之一,情节严重的,处三年以下有期徒刑:

(一)殴打监管人员的;

(二)组织其他被监管人破坏监管秩序的;

(三)聚众闹事,扰乱正常监管秩序的;

(四)殴打、体罚或者指使他人殴打、体罚其他被监管人的。

第三百一十六条　依法被关押的罪犯、被告人、犯罪嫌疑人脱逃的,处五年以下有期徒刑或者拘役。

劫夺押解途中的罪犯、被告人、犯罪嫌疑人的,处三年以上七年以下有期徒刑;情节严重的,处七年以上有期徒刑。

第三百一十七条　组织越狱的首要分子和积极参加的,处五年以上有期徒刑;其他参加的,处五年以下有期徒刑或者拘役。

暴动越狱或者聚众持械劫狱的首要分子和积极参加的,处十年以上有期徒刑或者无期徒刑;情节特别严重的,处死刑;其他参加的,处三年以上十年以下有期徒刑。

第三节　妨害国(边)境管理罪

第三百一十八条　组织他人偷越国(边)境的,处二年以上七年以下有期徒刑,并处罚金;有下列情形之一的,处七年以上有期徒刑或者无期徒刑,并处罚金或者没收财产:

(一)组织他人偷越国(边)境集团的首要分子；

(二)多次组织他人偷越国(边)境或者组织他人偷越国(边)境人数众多的；

(三)造成被组织人重伤、死亡的；

(四)剥夺或者限制被组织人人身自由的；

(五)以暴力、威胁方法抗拒检查的；

(六)违法所得数额巨大的；

(七)有其他特别严重情节的。

犯前款罪，对被组织人有杀害、伤害、强奸、拐卖等犯罪行为，或者对检查人员有杀害、伤害等犯罪行为的，依照数罪并罚的规定处罚。

第三百一十九条 以劳务输出、经贸往来或者其他名义，弄虚作假，骗取护照、签证等出境证件，为组织他人偷越国(边)境使用的，处三年以下有期徒刑，并处罚金；情节严重的，处三年以上十年以下有期徒刑，并处罚金。

单位犯前款罪的，对单位判处罚金，并对其直接负责的主管人员和其他直接责任人员，依照前款的规定处罚。

第三百二十条 为他人提供伪造、变造的护照、签证等出入境证件，或者出售护照、签证等出入境证件的，处五年以下有期徒刑，并处罚金；情节严重的，处五年以上有期徒刑，并处罚金。

第三百二十一条 运送他人偷越国(边)境的，处五年以下有期徒刑、拘役或者管制，并处罚金；有下列情形之一的，处五年以上十年以下有期徒刑，并处罚金：

(一)多次实施运送行为或者运送人数众多的；

(二)所使用的船只、车辆等交通工具不具备必要的安全条件，足以造成严重后果的；

(三)违法所得数额巨大的；

(四)有其他特别严重情节的。

在运送他人偷越国(边)境中造成被运送人重伤、死亡，或者以暴力、威胁方法抗拒检查的，处七年以上有期徒刑，并处罚金。

犯前两款罪，对被运送人有杀害、伤害、强奸、拐卖等犯罪行为，或者对检查人员有杀害、伤害等犯罪行为的，依照数罪并罚的规定处罚。

第三百二十二条 违反国(边)境管理法规，偷越国(边)境，情节严重的，处一年以下有期徒刑、拘役或者管制，并处罚金。

第三百二十三条 故意破坏国家边境的界碑、界桩或者永久性测量标志的，处三年以下有期徒刑或者拘役。

第四节 妨害文物管理罪

第三百二十四条 故意损毁国家保护的珍贵文物或者被确定为全国重点文物保护单位、省级文物保护单位的文物的,处三年以下有期徒刑或者拘役,并处或者单处罚金;情节严重的,处三年以上十年以下有期徒刑,并处罚金。

故意损毁国家保护的名胜古迹,情节严重的,处五年以下有期徒刑或者拘役,并处或者单处罚金。

过失损毁国家保护的珍贵文物或者被确定为全国重点文物保护单位、省级文物保护单位的文物,造成严重后果的,处三年以下有期徒刑或者拘役。

第三百二十五条 违反文物保护法规,将收藏的国家禁止出口的珍贵文物私自出售或者私自赠送给外国人的,处五年以下有期徒刑或者拘役,可以并处罚金。

单位犯前款罪的,对单位判处罚金,并对其直接负责的主管人员和其他直接责任人员,依照前款的规定处罚。

第三百二十六条 以牟利为目的,倒卖国家禁止经营的文物,情节严重的,处五年以下有期徒刑或者拘役,并处罚金;情节特别严重的,处五年以上十年以下有期徒刑,并处罚金。

单位犯前款罪的,对单位判处罚金,并对其直接负责的主管人员和其他直接责任人员,依照前款的规定处罚。

第三百二十七条 违反文物保护法规,国有博物馆、图书馆等单位将国家保护的文物藏品出售或者私自送给非国有单位或者个人的,对单位判处罚金,并对其直接负责的主管人员和其他直接责任人员,处三年以下有期徒刑或者拘役。

第三百二十八条 盗掘具有历史、艺术、科学价值的古文化遗址、古墓葬的,处三年以上十年以下有期徒刑,并处罚金;情节较轻的,处三年以下有期徒刑、拘役或者管制,并处罚金;有下列情形之一的,处十年以上有期徒刑或者无期徒刑,并处罚金或者没收财产:

(一)盗掘确定为全国重点文物保护单位和省级文物保护单位的古文化遗址、古墓葬的;

(二)盗掘古文化遗址、古墓葬集团的首要分子;

(三)多次盗掘古文化遗址、古墓葬的;

(四)盗掘古文化遗址、古墓葬,并盗窃珍贵文物或者造成珍贵文物严重破坏的。

第三百二十九条　抢夺、窃取国家所有的档案的,处五年以下有期徒刑或者拘役。

违反档案法的规定,擅自出卖、转让国家所有的档案,情节严重的,处三年以下有期徒刑或者拘役。

有前两款行为,同时又构成本法规定的其他犯罪的,依照处罚较重的规定定罪处罚。

第五节　危害公共卫生罪

第三百三十条　违反传染病防治法的规定,有下列情形之一,引起甲类传染病传播或者有传播严重危险的,处三年以下有期徒刑或者拘役;后果特别严重的,处三年以上七年以下有期徒刑:

(一)供水单位供应的饮用水不符合国家规定的卫生标准的;

(二)拒绝按照卫生防疫机构提出的卫生要求,对传染病病原体污染的污水、污物、粪便进行消毒处理的;

(三)准许或者纵容传染病病人、病原携带者和疑似传染病病人从事国务院卫生行政部门规定禁止从事的易使该传染病扩散的工作的;

(四)拒绝执行卫生防疫机构依照传染病防治法提出的预防、控制措施的。

单位犯前款罪的,对单位判处罚金,并对其直接负责的主管人员和其他直接责任人员,依照前款的规定处罚。

甲类传染病的范围,依照《中华人民共和国传染病防治法》和国务院有关规定确定。

第三百三十一条　从事实验、保藏、携带、运输传染病菌种、毒种的人员,违反国务院卫生行政部门的有关规定,造成传染病菌种、毒种扩散,后果严重的,处三年以下有期徒刑或者拘役;后果特别严重的,处三年以上七年以下有期徒刑。

第三百三十二条　违反国境卫生检疫规定,引起检疫传染病传播或者有传播严重危险的,处三年以下有期徒刑或者拘役,并处或者单处罚金。

单位犯前款罪的,对单位判处罚金,并对其直接负责的主管人员和其他直接责任人员,依照前款的规定处罚。

第三百三十三条　非法组织他人出卖血液的,处五年以下有期徒刑,并处罚金;以暴力、威胁方法强迫他人出卖血液的,处五年以上十年以下有期徒刑,并处罚金。

有前款行为,对他人造成伤害的,依照本法第二百三十四条的规定定罪处罚。

第三百三十四条　非法采集、供应血液或者制作、供应血液制品,不符合国家规定的标准,足以危害人体健康的,处五年以下有期徒刑或者拘役,并处罚金;对人体健康造成严重危害的,处五年以上十年以下有期徒刑,并处罚金;造成特别严重后果的,处十年以上有期徒刑或者无期徒刑,并处罚金或者没收财产。

经国家主管部门批准采集、供应血液或者制作、供应血液制品的部门,不依照规定进行检测或者违背其他操作规定,造成危害他人身体健康后果的,对单位判处罚金,并对其直接负责的主管人员和其他直接责任人员,处五年以下有期徒刑或者拘役。

第三百三十五条　医务人员由于严重不负责任,造成就诊人死亡或者严重损害就诊人身体健康的,处三年以下有期徒刑或者拘役。

第三百三十六条　未取得医生执业资格的人非法行医,情节严重的,处三年以下有期徒刑、拘役或者管制,并处或者单处罚金;严重损害就诊人身体健康的,处三年以上十年以下有期徒刑,并处罚金;造成就诊人死亡的,处十年以上有期徒刑,并处罚金。

未取得医生执业资格的人擅自为他人进行节育复通手术、假节育手术、终止妊娠手术或者摘取宫内节育器,情节严重的,处三年以下有期徒刑、拘役或者管制,并处或者单处罚金;严重损害就诊人身体健康的,处三年以上十年以下有期徒刑,并处罚金;造成就诊人死亡的,处十年以上有期徒刑,并处罚金。

第三百三十七条　违反有关动植物防疫、检疫的国家规定,引起重大动植物疫情的,或者有引起重大动植物疫情危险,情节严重的,处三年以下有期徒刑或者拘役,并处或者单处罚金。

单位犯前款罪的,对单位判处罚金,并对其直接负责的主管人员和其他直接责任人员,依照前款的规定处罚。

第六节　破坏环境资源保护罪

第三百三十八条　违反国家规定,排放、倾倒或者处置有放射性的废物、含传染病病原体的废物、有毒物质或者其他有害物质,严重污染环境的,处三年以下有期徒刑或者拘役,并处或者单处罚金;后果特别严重的,处三年以上七年以下有期徒刑,并处罚金。

第三百三十九条　违反国家规定,将境外的固体废物进境倾倒、堆放、处置的,处五年以下有期徒刑或者拘役,并处罚金;造成重大环境污染事故,致使公私财产遭受重大损失或者严重危害人体健康的,处五年以上十年以下有期徒刑,并处罚金;后果特别严重的,处十年以上有期徒刑,并处罚金。

未经国务院有关主管部门许可,擅自进口固体废物用作原料,造成重大环境污染事故,致使公私财产遭受重大损失或者严重危害人体健康的,处五年以下有期徒刑或者拘役,并处罚金;后果特别严重的,处五年以上十年以下有期徒刑,并处罚金。

以原料利用为名,进口不能用作原料的固体废物、液态废物和气态废物的,依照本法第一百五十二条第二款、第三款的规定定罪处罚。

第三百四十条 违反保护水产资源法规,在禁渔区、禁渔期或者使用禁用的工具、方法捕捞水产品,情节严重的,处三年以下有期徒刑、拘役、管制或者罚金。

第三百四十一条 非法猎捕、杀害国家重点保护的珍贵、濒危野生动物的,或者非法收购、运输、出售国家重点保护的珍贵、濒危野生动物及其制品的,处五年以下有期徒刑或者拘役,并处罚金;情节严重的,处五年以上十年以下有期徒刑,并处罚金;情节特别严重的,处十年以上有期徒刑,并处罚金或者没收财产。

违反狩猎法规,在禁猎区、禁猎期或者使用禁用的工具、方法进行狩猎,破坏野生动物资源,情节严重的,处三年以下有期徒刑、拘役、管制或者罚金。

第三百四十二条 违反土地管理法规,非法占用耕地、林地等农用地,改变被占用土地用途,数量较大,造成耕地、林地等农用地大量毁坏的,处五年以下有期徒刑或者拘役,并处或者单处罚金。

第三百四十三条 违反矿产资源法的规定,未取得采矿许可证擅自采矿,擅自进入国家规划矿区、对国民经济具有重要价值的矿区和他人矿区范围采矿,或者擅自开采国家规定实行保护性开采的特定矿种,情节严重的,处三年以下有期徒刑、拘役或者管制,并处或者单处罚金;情节特别严重的,处三年以上七年以下有期徒刑,并处罚金。

违反矿产资源法的规定,采取破坏性的开采方法开采矿产资源,造成矿产资源严重破坏的,处五年以下有期徒刑或者拘役,并处罚金。

第三百四十四条 违反国家规定,非法采伐、毁坏珍贵树木或者国家重点保护的其他植物的,或者非法收购、运输、加工、出售珍贵树木或者国家重点保护的其他植物及其制品的,处三年以下有期徒刑、拘役或者管制,并处罚金;情节严重的,处三年以上七年以下有期徒刑,并处罚金。

第三百四十五条 盗伐森林或者其他林木,数量较大的,处三年以下有期徒刑、拘役或者管制,并处或者单处罚金;数量巨大的,处三年以上七年以下有期徒刑,并处罚金;数量特别巨大的,处七年以上有期徒刑,并处罚金。

违反森林法的规定,滥伐森林或者其他林木,数量较大的,处三年以下有期徒刑、拘役或者管制,并处或者单处罚金;数量巨大的,处三年以上七年以下有期徒刑,并处罚金。

非法收购、运输明知是盗伐、滥伐的林木,情节严重的,处三年以下有期徒刑、拘役或者管制,并处或者单处罚金;情节特别严重的,处三年以上七年以下有期徒刑,并处罚金。

盗伐、滥伐国家级自然保护区内的森林或者其他林木的,从重处罚。

第三百四十六条 单位犯本节第三百三十八条至第三百四十五条规定之罪的,对单位判处罚金,并对其直接负责的主管人员和其他直接责任人员,依照本节各该条的规定处罚。

第七节 走私、贩卖、运输、制造毒品罪

第三百四十七条 走私、贩卖、运输、制造毒品,无论数量多少,都应当追究刑事责任,予以刑事处罚。

走私、贩卖、运输、制造毒品,有下列情形之一的,处十五年有期徒刑、无期徒刑或者死刑,并处没收财产:

(一)走私、贩卖、运输、制造鸦片一千克以上、海洛因或者甲基苯丙胺五十克以上或者其他毒品数量大的;

(二)走私、贩卖、运输、制造毒品集团的首要分子;

(三)武装掩护走私、贩卖、运输、制造毒品的;

(四)以暴力抗拒检查、拘留、逮捕,情节严重的;

(五)参与有组织的国际贩毒活动的。

走私、贩卖、运输、制造鸦片二百克以上不满一千克、海洛因或者甲基苯丙胺十克以上不满五十克或者其他毒品数量较大的,处七年以上有期徒刑,并处罚金。

走私、贩卖、运输、制造鸦片不满二百克、海洛因或者甲基苯丙胺不满十克或者其他少量毒品的,处三年以下有期徒刑、拘役或者管制,并处罚金;情节严重的,处三年以上七年以下有期徒刑,并处罚金。

单位犯第二款、第三款、第四款罪的,对单位判处罚金,并对其直接负责的主管人员和其他直接责任人员,依照各该款的规定处罚。

利用、教唆未成年人走私、贩卖、运输、制造毒品,或者向未成年人出售毒品的,从重处罚。

对多次走私、贩卖、运输、制造毒品,未经处理的,毒品数量累计计算。

第三百四十八条 非法持有鸦片一千克以上、海洛因或者甲基苯丙胺五十

克以上或者其他毒品数量大的,处七年以上有期徒刑或者无期徒刑,并处罚金;非法持有鸦片二百克以上不满一千克、海洛因或者甲基苯丙胺十克以上不满五十克或者其他毒品数量较大的,处三年以下有期徒刑、拘役或者管制,并处罚金;情节严重的,处三年以上七年以下有期徒刑,并处罚金。

第三百四十九条　包庇走私、贩卖、运输、制造毒品的犯罪分子的,为犯罪分子窝藏、转移、隐瞒毒品或者犯罪所得的财物的,处三年以下有期徒刑、拘役或者管制;情节严重的,处三年以上十年以下有期徒刑。

缉毒人员或者其他国家机关工作人员掩护、包庇走私、贩卖、运输、制造毒品的犯罪分子的,依照前款的规定从重处罚。

犯前两款罪,事先通谋的,以走私、贩卖、运输、制造毒品罪的共犯论处。

第三百五十条　违反国家规定,非法运输、携带醋酸酐、乙醚、三氯甲烷或者其他用于制造毒品的原料或者配剂进出境的,或者违反国家规定,在境内非法买卖上述物品的,处三年以下有期徒刑、拘役或者管制,并处罚金;数量大的,处三年以上十年以下有期徒刑,并处罚金。

明知他人制造毒品而为其提供前款规定的物品的,以制造毒品罪的共犯论处。

单位犯前两款罪的,对单位判处罚金,并对其直接负责的主管人员和其他直接责任人员,依照前两款的规定处罚。

第三百五十一条　非法种植罂粟、大麻等毒品原植物的,一律强制铲除。有下列情形之一的,处五年以下有期徒刑、拘役或者管制,并处罚金:

(一)种植罂粟五百株以上不满三千株或者其他毒品原植物数量较大的;

(二)经公安机关处理后又种植的;

(三)抗拒铲除的。

非法种植罂粟三千株以上或者其他毒品原植物数量大的,处五年以上有期徒刑,并处罚金或者没收财产。

非法种植罂粟或者其他毒品原植物,在收获前自动铲除的,可以免除处罚。

第三百五十二条　非法买卖、运输、携带、持有未经灭活的罂粟等毒品原植物种子或者幼苗,数量较大的,处三年以下有期徒刑、拘役或者管制,并处或者单处罚金。

第三百五十三条　引诱、教唆、欺骗他人吸食、注射毒品的,处三年以下有期徒刑、拘役或者管制,并处罚金;情节严重的,处三年以上七年以下有期徒刑,并处罚金。

强迫他人吸食、注射毒品的,处三年以上十年以下有期徒刑,并处罚金。

引诱、教唆、欺骗或者强迫未成年人吸食、注射毒品的,从重处罚。

第三百五十四条　容留他人吸食、注射毒品的,处三年以下有期徒刑、拘役或者管制,并处罚金。

第三百五十五条　依法从事生产、运输、管理、使用国家管制的麻醉药品、精神药品的人员,违反国家规定,向吸食、注射毒品的人提供国家规定管制的能够使人形成瘾癖的麻醉药品、精神药品的,处三年以下有期徒刑或者拘役,并处罚金;情节严重的,处三年以上七年以下有期徒刑,并处罚金。向走私、贩卖毒品的犯罪分子或者以牟利为目的,向吸食、注射毒品的人提供国家规定管制的能够使人形成瘾癖的麻醉药品、精神药品的,依照本法第三百四十七条的规定定罪处罚。

单位犯前款罪的,对单位判处罚金,并对其直接负责的主管人员和其他直接责任人员,依照前款的规定处罚。

第三百五十六条　因走私、贩卖、运输、制造、非法持有毒品罪被判过刑,又犯本节规定之罪的,从重处罚。

第三百五十七条　本法所称的毒品,是指鸦片、海洛因、甲基苯丙胺(冰毒)、吗啡、大麻、可卡因以及国家规定管制的其他能够使人形成瘾癖的麻醉药品和精神药品。

毒品的数量以查证属实的走私、贩卖、运输、制造、非法持有毒品的数量计算,不以纯度折算。

第八节　组织、强迫、引诱、容留、介绍卖淫罪

第三百五十八条　组织他人卖淫或者强迫他人卖淫的,处五年以上十年以下有期徒刑,并处罚金;有下列情形之一的,处十年以上有期徒刑或者无期徒刑,并处罚金或者没收财产:

(一)组织他人卖淫,情节严重的;

(二)强迫不满十四周岁的幼女卖淫的;

(三)强迫多人卖淫或者多次强迫他人卖淫的;

(四)强奸后迫使卖淫的;

(五)造成被强迫卖淫的人重伤、死亡或者其他严重后果的。

有前款所列情形之一,情节特别严重的,处无期徒刑或者死刑,并处没收财产。

为组织卖淫的人招募、运送人员或者有其他协助组织他人卖淫行为的,处五

年以下有期徒刑,并处罚金;情节严重的,处五年以上十年以下有期徒刑,并处罚金。

第三百五十九条　引诱、容留、介绍他人卖淫的,处五年以下有期徒刑、拘役或者管制,并处罚金;情节严重的,处五年以上有期徒刑,并处罚金。

引诱不满十四周岁的幼女卖淫的,处五年以上有期徒刑,并处罚金。

第三百六十条　明知自己患有梅毒、淋病等严重性病卖淫、嫖娼的,处五年以下有期徒刑、拘役或者管制,并处罚金。

嫖宿不满十四周岁的幼女的,处五年以上有期徒刑,并处罚金。

第三百六十一条　旅馆业、饮食服务业、文化娱乐业、出租汽车业等单位的人员,利用本单位的条件,组织、强迫、引诱、容留、介绍他人卖淫的,依照本法第三百五十八条、第三百五十九条的规定定罪处罚。

前款所列单位的主要负责人,犯前款罪的,从重处罚。

第三百六十二条　旅馆业、饮食服务业、文化娱乐业、出租汽车业等单位的人员,在公安机关查处卖淫、嫖娼活动时,为违法犯罪分子通风报信,情节严重的,依照本法第三百一十条的规定定罪处罚。

第九节　制作、贩卖、传播淫秽物品罪

第三百六十三条　以牟利为目的,制作、复制、出版、贩卖、传播淫秽物品的,处三年以下有期徒刑、拘役或者管制,并处罚金;情节严重的,处三年以上十年以下有期徒刑,并处罚金;情节特别严重的,处十年以上有期徒刑或者无期徒刑,并处罚金或者没收财产。

为他人提供书号,出版淫秽书刊的,处三年以下有期徒刑、拘役或者管制,并处或者单处罚金;明知他人用于出版淫秽书刊而提供书号的,依照前款的规定处罚。

第三百六十四条　传播淫秽的书刊、影片、音像、图片或者其他淫秽物品,情节严重的,处二年以下有期徒刑、拘役或者管制。

组织播放淫秽的电影、录像等音像制品的,处三年以下有期徒刑、拘役或者管制,并处罚金;情节严重的,处三年以上十年以下有期徒刑,并处罚金。

制作、复制淫秽的电影、录像等音像制品组织播放的,依照第二款的规定从重处罚。

向不满十八周岁的未成年人传播淫秽物品的,从重处罚。

第三百六十五条　组织进行淫秽表演的,处三年以下有期徒刑、拘役或者管制,并处罚金;情节严重的,处三年以上十年以下有期徒刑,并处罚金。

第三百六十六条　单位犯本节第三百六十三条、第三百六十四条、第三百六十五条规定之罪的,对单位判处罚金,并对其直接负责的主管人员和其他直接责任人员,依照各该条的规定处罚。

第三百六十七条　本法所称淫秽物品,是指具体描绘性行为或者露骨宣扬色情的诲淫性的书刊、影片、录像带、录音带、图片及其他淫秽物品。

有关人体生理、医学知识的科学著作不是淫秽物品。

包含有色情内容的有艺术价值的文学、艺术作品不视为淫秽物品。

第八章　贪污贿赂罪

第三百八十二条　国家工作人员利用职务上的便利,侵吞、窃取、骗取或者以其他手段非法占有公共财物的,是贪污罪。

受国家机关、国有公司、企业、事业单位、人民团体委托管理、经营国有财产的人员,利用职务上的便利,侵吞、窃取、骗取或者以其他手段非法占有国有财物的,以贪污论。

与前两款所列人员勾结,伙同贪污的,以共犯论处。

第三百八十三条　对犯贪污罪的,根据情节轻重,分别依照下列规定处罚:

(一)个人贪污数额在十万元以上的,处十年以上有期徒刑或者无期徒刑,可以并处没收财产;情节特别严重的,处死刑,并处没收财产。

(二)个人贪污数额在五万元以上不满十万元的,处五年以上有期徒刑,可以并处没收财产;情节特别严重的,处无期徒刑,并处没收财产。

(三)个人贪污数额在五千元以上不满五万元的,处一年以上七年以下有期徒刑;情节严重的,处七年以上十年以下有期徒刑。个人贪污数额在五千元以上不满一万元,犯罪后有悔改表现、积极退赃的,可以减轻处罚或者免予刑事处罚,由其所在单位或者上级主管机关给予行政处分。

(四)个人贪污数额不满五千元,情节较重的,处二年以下有期徒刑或者拘役;情节较轻的,由其所在单位或者上级主管机关酌情给予行政处分。

对多次贪污未经处理的,按照累计贪污数额处罚。

第三百八十四条　国家工作人员利用职务上的便利,挪用公款归个人使用,进行非法活动的,或者挪用公款数额较大、进行营利活动的,或者挪用公款数额较大、超过三个月未还的,是挪用公款罪,处五年以下有期徒刑或者拘役;情节严重的,处五年以上有期徒刑。挪用公款数额巨大不退还的,处十年以上有期徒刑或者无期徒刑。

挪用用于救灾、抢险、防汛、优抚、扶贫、移民、救济款物归个人使用的,从重处罚。

第三百八十五条　国家工作人员利用职务上的便利,索取他人财物的,或者非法收受他人财物,为他人谋取利益的,是受贿罪。

国家工作人员在经济往来中,违反国家规定,收受各种名义的回扣、手续费,归个人所有的,以受贿论处。

第三百八十六条　对犯受贿罪的,根据受贿所得数额及情节,依照本法第三百八十三条的规定处罚。索贿的从重处罚。

第三百八十七条　国家机关、国有公司、企业、事业单位、人民团体,索取、非法收受他人财物,为他人谋取利益,情节严重的,对单位判处罚金,并对其直接负责的主管人员和其他直接责任人员,处五年以下有期徒刑或者拘役。

前款所列单位,在经济往来中,在账外暗中收受各种名义的回扣、手续费的,以受贿论,依照前款的规定处罚。

第三百八十八条　国家工作人员利用本人职权或者地位形成的便利条件,通过其他国家工作人员职务上的行为,为请托人谋取不正当利益,索取请托人财物或者收受请托人财物的,以受贿论处。

国家工作人员的近亲属或者其他与该国家工作人员关系密切的人,通过该国家工作人员职务上的行为,或者利用该国家工作人员职权或者地位形成的便利条件,通过其他国家工作人员职务上的行为,为请托人谋取不正当利益,索取请托人财物或者收受请托人财物,数额较大或者有其他较重情节的,处三年以下有期徒刑或者拘役,并处罚金;数额巨大或者有其他严重情节的,处三年以上七年以下有期徒刑,并处罚金;数额特别巨大或者有其他特别严重情节的,处七年以上有期徒刑,并处罚金或者没收财产。

离职的国家工作人员或者其近亲属以及其他与其关系密切的人,利用该离职的国家工作人员原职权或者地位形成的便利条件实施前款行为的,依照前款的规定定罪处罚。

第三百八十九条　为谋取不正当利益,给予国家工作人员以财物的,是行贿罪。

在经济往来中,违反国家规定,给予国家工作人员以财物,数额较大的,或者违反国家规定,给予国家工作人员以各种名义的回扣、手续费的,以行贿论处。

因被勒索给予国家工作人员以财物,没有获得不正当利益的,不是行贿。

第三百九十条　对犯行贿罪的,处五年以下有期徒刑或者拘役;因行贿谋取不正当利益,情节严重的,或者使国家利益遭受重大损失的,处五年以上十年以下有期徒刑;情节特别严重的,处十年以上有期徒刑或者无期徒刑,可以并处没收财产。

行贿人在被追诉前主动交待行贿行为的,可以减轻处罚或者免除处罚。

第三百九十一条　为谋取不正当利益,给予国家机关、国有公司、企业、事业单位、人民团体以财物的,或者在经济往来中,违反国家规定,给予各种名义的回扣、手续费的,处三年以下有期徒刑或者拘役。

单位犯前款罪的,对单位判处罚金,并对其直接负责的主管人员和其他直接责任人员,依照前款的规定处罚。

第三百九十二条　向国家工作人员介绍贿赂,情节严重的,处三年以下有期徒刑或者拘役。

介绍贿赂人在被追诉前主动交待介绍贿赂行为的,可以减轻处罚或者免除处罚。

第三百九十三条　单位为谋取不正当利益而行贿,或者违反国家规定,给予国家工作人员以回扣、手续费,情节严重的,对单位判处罚金,并对其直接负责的主管人员和其他直接责任人员,处五年以下有期徒刑或者拘役。因行贿取得的违法所得归个人所有的,依照本法第三百八十九条、第三百九十条的规定定罪处罚。

第三百九十四条　国家工作人员在国内公务活动或者对外交往中接受礼物,依照国家规定应当交公而不交公,数额较大的,依照本法第三百八十二条、第三百八十三条的规定定罪处罚。

第三百九十五条　国家工作人员的财产、支出明显超过合法收入,差额巨大的,可以责令该国家工作人员说明来源,不能说明来源的,差额部分以非法所得论,处五年以下有期徒刑或者拘役;差额特别巨大的,处五年以上十年以下有期徒刑。财产的差额部分予以追缴。

国家工作人员在境外的存款,应当依照国家规定申报。数额较大、隐瞒不报的,处二年以下有期徒刑或者拘役;情节较轻的,由其所在单位或者上级主管机关酌情给予行政处分。

第三百九十六条　国家机关、国有公司、企业、事业单位、人民团体,违反国家规定,以单位名义将国有资产集体私分给个人,数额较大的,对其直接负责的主管人员和其他直接责任人员,处三年以下有期徒刑或者拘役,并处或者单处罚金;数额巨大的,处三年以上七年以下有期徒刑,并处罚金。

司法机关、行政执法机关违反国家规定,将应当上缴国家的罚没财物,以单位名义集体私分给个人的,依照前款的规定处罚。

附　则

第四百五十二条　本法自1997年10月1日起施行。

参考文献

[1] 高铭暄,马克昌主编:《刑法学》(第五版),北京:北京大学出版社,2011。
[2] 王作富主编:《刑法》(第三版),北京:中国人民大学出版社,2007。
[3] 苏惠渔主编:《刑法学》(第二版),北京:中国政法大学出版社,2007。
[4] 赵秉志等著:《刑法学》,北京:北京师范大学出版社,2010。
[5] 张明楷著:《刑法学》(第四版),北京:法律出版社,2011。
[6] 周光权著:《刑法总论》(第二版),北京:中国政法大学出版社,2011。
[7] 周光权著:《刑法各论》(第二版),北京:中国政法大学出版社,2011。

后 记

随着国家法治文明的逐步彰显和广泛传播，农村地区的经济、政治和社会等问题的解决手段不再局限于传统风俗、村规民约和国家政策，基层干群对法律的仰赖日益突显。农民、农业经济组织已开始学着用法律的武器维护合法权益、表达正当诉求、规范民事和经济行为；村民自治组织和基层政府也意识到依法行政、依法管理的重要性。农民朋友和农村地区各类经济组织、管理组织对涉农问题的各种法律知识的需求明显增多。为此，在安徽大学出版社的大力支持下，编著者编写了"农村实用法律解读系列丛书"，以供农村地区广大干部和群众在日常的经济和社会生活中检索使用。

《农村实用刑法解读》作为系列丛书的一部，主要就农村社会常见的刑事法律问题进行理论解读和法律诠释。本书重点围绕《刑法》以及相关司法解释等，选择其中贴近或关系农村社会的 200 个刑事法律问题，以问答的方式进行较为系统的解读。问题的选择既突出普遍实用性，又兼顾"三农"特色；既注重适度的理论阐释，也兼顾法规的解读，编撰的内容易读、易懂和实用。为增加问题解释的说服力，作者在对法律问题解读之后，多数问题附加了"法条链接"。对于常见问题或疑难问题，为了帮助理解和应用，还附加了"案例分析"或相关实用法律文书的"范本"。

本书在编著的过程中广泛参考了国内著名专家学者编写的相关法学教材和法律、法规的注释等，在此对这些作者表示感谢。本书能够顺利出版，得益于北京师范大学出版集团安徽大学出版社的大力支持，在此，对出版社特别是朱丽琴副总编辑和方青编辑表示感谢。

由于作者水平有限，加之丛书暨本书编撰的时间比较紧，错误在所难免，问题的选择也可能会顾此失彼，敬请读者指正，作者也会在今后的再版时予以完善和提高。

安徽农业大学　胡志斌

2014 年仲春于合肥